KB203977

無位道人으로 살아가는 法 硏究

林成順 著

무위도인으로 살아가는 법 연구

生 남청

서언(序言)

이 책은『임제의 진인관 연구』라는 제목으로 제출한 박사학위 청구논문을 일부의 내용과 구조를 교정하고 첨삭하여 새롭게 책으로 내놓은 것이다.

선서화를 전문으로 하던 내가 선사상을 접하게 되면서 더욱 더 깊은 선(禪)의 매력을 알게 된 것은 살아 있는 사람이 부처라는 말 한마디이다. 불교의 매력을 알게 된 것은 잿빛 옷만 봐도 좋았던 어린 시절에서 부터인지 살아오면서 마음속의 공허함을 채우지 못했었는데 선불교를 접하는 순간에 이것이다 하는 생각이 바로 들었기에 지금이 있을 수 있었다.

부처라는 말을 하지만 여래의 열 가지 이름으로 응공(應供), 정변지(正遍知), 명행족(明行足), 선서(善逝), 세간해(世間解), 무상사(無上士), 조어장부(調御丈夫), 천인사(天人師), 불(佛, 붓다, buddha), 세존(世尊)이라고 하는 것이다. 이와 같이 다양한 이름이 있지만 이것의 근원은 반야바라밀에서 시작된 것이다. 여래의 탄생은 반야바라밀에서 시작되어 여래십호뿐만 아니라 조사나 선사, 한도인, 무의도인, 무위진인 등으로 진행되어 왔던 것이다. 그러므로 사자가 새끼를 낳으면 사자새끼가 되는 것이지 여우가 되는 것은 아닌 것이다. 올바른 가치관에 의하여 바른 불법(佛法)을 깨달으면 어느 누구나 무의도인으로 행복한 삶을 살아갈 수 있을 것이다.

이 책의 구성은 대승경전에서 여래와 선어록에서 본래인과 『임제어록』에서 무의도인, 현대에서 도인의 표상으로 되어있다. 이렇게 구성한 이유는 이 생(生)에서 현신(現身)으로 무의도인으로 살아가기를 바라는 마음이기 때문이다. 이렇게 하려고 하면 첫째는 고정관념화 되어 있는 부처나 여래라는 일불(一佛)사상에서 다불(多佛)사상으로 전환하는 마음이 필요하다. 일불(一佛)을 추구하는 것은 소승(小乘)으로 구경(究竟)에는 성공(性空)을 주장하는 성문연각보살에서 더 나아가지 못하게 되는 것이다. 그러므로 이렇게 대승으로 전환하면 여래의 육신통도 이 자리에서 성취하게 된다는 사실을 알게 되는 것이다. 여러 내용들에 대해서는 자신들이 직접 냉난자지(冷暖自知)하는 것이 원칙이므로 더 많은 화사첨족(畫蛇添足)은 하지 않겠다.

끝으로 이 논문을 끝낼 수 있게 지도해주신 지도교수님과 선사상에 대하여 물심양면으로 가르쳐 주신 김해신흥사 양지스님께 심심한 사의와 항상 건강하시길 기원합니다.

불기 2567년 동지

임성순 합장

축 사

   먼저 나에게 축사를 부탁하는 것을 보면 쓸쓸한 생각이 먼저 드는 것은 무엇 때문일까? 세상에 유명하고 뛰어난 사람들이 많은데...

   이 논문을 보면서 생각한 것은 지금 살아 있는 모든 사람들이 부처라는 것인데 과연 누가 알아 줄 수 있을 것인가? 부처나 여래 등등은 명칭일 뿐이고 지금 자신이 누구인지 바로 아는 것을 부처나 여래라고 하는 것이라고 말하고 있는 것이다. 이런 단순한 논리를 온갖 언어로 만들어 설파(說破)한 것이 이 논문의 내용이라고 축사에 말하면 저자가 좋아할지 의문이다. 사실 저자가 말하였듯이 석가모니를 여래라고 하며 열 가지 이름이 여래십호라고 있는데 이것은 모두가 자신을 바로 아는 것이다.

   자기 자신을 바로 안다고 하는 것은 자기 마음의 궁극적인 것을 정확하게 아는 것이고 또한 인간의 평등을 주장하는 것이 아니겠는가? 모든 사람들이 평등하고 존귀하다는 것은 근원적인 마음을 두고 한 말일 것이다. 왜냐하면 세상의 사람들은 각자가 욕망이 다르고 형상이 다르므로 평등하지 않은 것이기 때문이다. 그렇기 때문에 더더욱 존중해야 하기에 '천상천하유아독존'이라고 하는 것이라고 생각한다. 서로가 서로를 존중하면 과연 전쟁이나 싸움이 필요할까? 경쟁을 하여야 더욱더 발전할 것인데 전쟁이나 경쟁이 없으면 무슨 행복이 있을 것인가라고 누군가는 생각할 수도 있겠지만 서로를 존중하기 위하여 노력한다면 또한 무한한 발전이 있을 것이다.

   이런 자유와 평등을 주장하기 위하여 반야의 공(空)을 설한 것이 경전이라고 할 수 있다. 공(空)을 석공(析空)이 아닌 체공(體空)을 주장하기에 이 자리에서 모두를 부처로 보고 대하며 실천할 수 있는 것이다. 그런데 지금의 현실은 서로 간에 투쟁과 시기만 있고 스스로 노력하지 않고 비교된 행복을 즐기며 타인을 괴롭히는 것을 낙으로 삼고 살아가는 사람들이 많은 것처럼 보인다. 과연 이런 행복이 자신을 놓친 행복이 아닐까? 타인의 고통을 자신의 행복으로 삼는 것이 진정한 행복일까 하는 의문을 가져본다. 이 책의 축사에 이런 말을 하는 것이 이 책을 헐뜯는 것은 아닐까하는 생각을 하면서도 주재 넘게 많은 말을 하였는데 이 책에서 주장하는 것은 모든 사람이 부처라는 사실을 말한 것일 것이다.

한마디 더하면 이 책은 부처는 멀리 있지 않다는 사실을 증명한 책이고 누구나 조금만 생각하면 자살이나 전쟁이 필요 없다는 사실을 말하고 있다. 자신을 놓치고 필요 없이 거짓말로 자신을 포장할 이유가 하나도 없다는 것을 설명하고 있는 책이다. 과학이 발달한 지금과 같은 시대에도 없는 것을 있는 것처럼 하여 신앙에 빠지게 할 필요가 있겠는가하는 의문이 든다. 이 책에서 말하고 있는 것처럼 육신통이 지금 이 자리에서 나타나는 것을 신비한 사람들만 하는 것처럼 이상한 깨달음이 있다고 주장하여 정당화하는 것은 모순인 것이다. 그러므로 누구나 마음만 전환하여 돈오하면 육신통은 먼 곳에 있는 것은 아닐 것이다.

이 책에서 주장하는 것처럼 죽어서 가는 극락은 없으므로 누구나 지금 이 생(生)에서 자유와 평등한 세상에서 행복한 삶을 살아가기를 기원합니다.

불기 2568년 원월초

법광 합장

목   차

Ⅰ. 서론

1. 연구의 목적

불교가 시작된 것은 석가모니가 아버지 정반왕과 어머니 마야부인에게서 태어나 출가하여 수행한 결과 깨달음을 얻었기 때문이다. 그리고 석가모니가 태어난 시기와 장소는 대략 기원전 6세기에서 5세기 무렵이고 태어난 곳은 카필라밧투[1]이다.

이렇게 시작된 불교가 중국으로 전해진 것은 기원전126년 이후 실크로드가 개설된 이후에 대상(隊商)과 함께 중국에 전파된 것이다. 그 당시의 그곳에는 힌두교와 자이나교를 비롯한 모든 종교가 번성하였으나 그때에 종교의 방계적인 존재였던 불교만이 중앙아시아에 전해졌다. 그리고 중국에 전해진 것은 우연만이 아니고 민족이나 계급을 초월하여 전파하고 침투해가는 잠재력을 불교자체가 지니고 있기 때문인데[2] 그 잠재력은 누구나 최고가 될 수 있다는 평등성을 주장하는 것이고 어디에 살던 자유롭게 살 수 있다는 마음의 자유가 있기 때문이다.

자유와 평등이라는 것은 인간이 공동체를 만들어 살아오면서부터 단체라는 집단에서 지켜야할 규칙과 법이 만들어지면서 구속이 시작된 것이다. 그리고 여러 사람들이 모여 살다보니 비교하는 마음이 생겨서 탐욕이 더해져 누에고치가 자

---

1) 후지타 코타즈외 저, 권오민 옮김(1992), 『초기·부파불교의 역사』, 서울: 민족사. pp.21~37. ; 네팔, 석가족으로 카필라밧투의 룸비니에서 탄생.
2) 겸전무웅 저, 정순일 역(1996), 『중국불교사』, 서울: 경서원. p.21.

신의 종족을 번식시키려고 자신을 감싸듯이 인간들도 더 나은 삶을 추구하기 위하여 자신들을 옭아 메는 법이나 규칙에 의하여 속박된 삶을 살아가게 된 것이다.

결국 석가모니 자신도 최고의 자리인 왕자라는 지위조차도 버리고 출가하여 인생이 무엇인지 자각하여 깨닫게 된 것도 사문3)으로 나아가서 실상을 보고는 인생의 고정된 관념에서 알던 것을 벗어나 더 나은 인생을 살기 위해서이다.

왕자라는 자신의 위치를 고수하였다면 이 세상에서 더 이상은 바랄 수도 없는 삶을 살 수도 있었겠지만 이것을 버리고 새로운 인생을 선택한 것이다. 이렇게 한 이유는 인생이 무상(無常)한 것이라는 것을 알고 나서 출가하여 정각하고 부처라는 불변의 진리를 체득하여 불교가 탄생한 것이다. 이렇게 탄생한 불교가 발전하여 초기불교와 부파불교 그리고 대승불교를 거쳐 선불교로 발전하게 된다. 그리고 부처님의 말씀을 기록한 것을 경전이라고 한다. 이 경전들은 석가모니 부처님이 입멸한 이후에 500명의 비구들이 모여 경전을 결집하였는데, 율은 우

---

3) 사문(四門): 사문은 '사문유관(四門遊觀)'이나 '사문출유(四門出遊)'로 경전에 기록된 것으로 동쪽 문으로 나가서 노인을 만나고 남쪽 문으로 나가서 병자를 만나고 서쪽 문으로 나가서 죽은 이를 보고 북쪽 문으로 나가서 수행자(修行者)를 만나서 출가(出家)한 것이라고 기록 되어있다. 『景德傳燈錄』卷1(T51, p.205b13~17), "即於四門遊觀 見四等事, 心有悲喜而作思惟, 此老病死終可厭離. 於是夜子時有一天人, 名曰淨居, 於窓牖中 叉手白太子言, 出家時至可去矣. 太子聞已 心生歡喜, 即逾城而去 於檀特山中修道." ; 『釋迦如來成道記註』卷1(X75, p.3c9), "此第三四門遊觀之相, 爲出家之張本也." ; 『釋氏通鑑』卷1(X76, p.8b14~16), "出城四門遊觀, 於東南西見老病死, 生厭離心. 於城北門見出家人, 生欣樂心. 二月八夜, 乘天馬踰城, 陵虛而去, 至檀特山." ; 『指月錄』卷1(X83, p.405b22~c3), "二月八日, 欲求出家, 而自念言, 當復何遇. 即於四門遊觀, 見生老病死四等事, 心有悲喜, 而作思惟, 此老病死終可厭離. 於是夜子時, 有淨居天人, 於窓牖中, 叉手白言. 出家時至, 可去矣. 於是諸天捧所乘馬足, 超然凌虛逾城而去. 曰不斷八苦, 不成無上菩提, 不轉法輪, 終不還也."

바리존자가, 법은 아난이 암송하여 편집한 '율장'과 '경장'이 현재와 같은 형태로 완성된 것[4]이다. 이것이 완성된 것은 기원전 100년 무렵일 것이며 여러 부파에 의하여 팔리어나 산스크리트어 등으로 기록되어 전해진 것이 초기의 경전이다. 그리고 이 경전들은 각 부파불교 내부의 출가자들에 의하여 편집되고 전승되어진 것은 출가 수행자들을 위한 경전이다. 그리고 재가 신자들을 위한 경전은 산실(散失)되었을 것[5]이기 때문에 초기불교를 『아함경』이나 『율장』으로 파악하려고 하면 유의해야 한다고 『초기·부파불교의 역사』[6]에서는 말하고 있다.

이런 초기불교의 경전들이 중국으로 전해진 것은 여러 역경인 들에 의하여 번역되어 전해진 것이기에 번역에도 문제가 있을 수 있으므로 유의해서 이해해야 한다고 하는 것이다. 여기에서 역사적인 부처나 여래의 내용을 더 설명하는 것보다는 『임제어록』에서 임제의현(臨濟義玄, ?∼866)이 주장하는 도인이 조사나 부처라고 하는 것을 알아보고자 한다. 불자라면 누구나 자신이 어떻게 하면 조사나 부처가 되는지 쉽게 말하지 못하는 문제를 해결하고자한다.

지금도 불교에서 부처를 초기불교의 시대에 가르치는 부처만 존재한다고 믿고 있는 이들이 많다. 그렇지만 초기불교의 시대에는 부처는 오직 석가모니부처님 한 분만 존재했던 일불시대를 말하는 것이므로 부처님이 설하신 가르침과 위배되는 문제가 생길 수도 있다. 즉 불교를 종교라고 하는 것은 자신을 믿고 따르라는 신앙의 종교가 아니라 부처님께서 깨달은 것을

---

4) 후지타 코타즈외 저, 권오민 옮김(1992), p.52.
5) 후지타 코타즈외 저, 권오민 옮김(1992), pp.52∼54.
6) 후지타 코타즈외 저, 권오민 옮김(1992), p.61.

모두가 똑같이 깨달아 부처와 똑같이 되기를 바라는 가르침이다. 그래서 지혜의 종교라고 하는 것이므로 수행자가 믿고 수행하는 것은 사람이 아니라 불법이라는 것을 『대반열반경』권6 「여래성품」에 의하면 다음과 같이 기록하고 있다.

　　가섭보살이 다시 부처님에게 고백하여 말했다. 세존이시여! 훌륭하고 뛰어난 설법입니다. 여래께서 설법하신 것은 진실하여 헛된 것이 아니니 제가 마땅히 금강의 지혜로 진귀한 마니보주와 같이 수지하겠습니다. 부처님께서 설법하신 것처럼 모든 비구들은 마땅히 네 가지 법에 의지하여야 할 것입니다. 무엇을 사의법이라 합니까? 불법에 의지하고 사람에게 의지하지 말아야 하고, 올바른 뜻에 의지하고 언어문자에 의지하지 말아야 하며, 지혜에 의지하고 지식에 의지하지 말아야 하고, 요의경에 의지하고 불요의경에 의지하지 않아야 한다. 이와 같이 사의법에 의지하여야 하고 응당 이 네 사람에 의지하는 것은 아닌 것이다.[7]

　　이 내용은 사의법(四依法)을 설하는 내용인데 『대반열반경』권6 「여래성품」제4에 의하면 불법에 의지하고 사람에게 의지하지 말라고 하는 것에서 법에 의지하는 것을 다음과 같이 설하고 있다.

---

7) 曇無讖, 『大般涅槃經』卷6(T12, p.401b25~c1), "迦葉菩薩復白佛言. 世尊. 善哉, 善哉. 如來所說眞實不虛, 我當頂受, 譬如金剛, 珍寶異物. 如佛所說, 是諸比丘當依四法. 何等爲四. 依法不依人, 依義不依語, 依智不依識, 依了義經不依不了義經. 如是四法, 應當證知非四種人."; 慧嚴等, 『大般涅槃經』卷6(T12, p.642a19~24), "迦葉菩薩復白佛言. 世尊. 善哉善哉. 如來所說眞實不虛, 我當頂受, 譬如金剛, 珍寶異物. 如佛所說. 是諸比丘當依四法. 何等爲四. 依法不依人, 依義不依語, 依智不依識, 依了義經不依不了義經."

부처님께서 말씀하시기를, 선남자여! 법에 의지한다고 하
는 것은 곧바로 여래의 대반열반에 의지하는 것이고 모든
불법이 바로 법성이고 법성이라는 것은 바로 여래이므로 여
래는 상주불변이다. 그런데도 만약에 다시 여래가 무상하다
고 말한다면 이 사람은 여래를 알지 못하고 법성을 친견하
지 못한 사람이다. 만약에 여래를 알지 못하고 법성을 친견
하지 못한 사람에게는 의지하지 말아야 한다. 위에서 말한
사과(四果)를 얻은 이들은 출세하여 법을 호지한 이들이므로
응당 이들이 불법의 도리를 깨달았기 때문이지 이 사람에게
의지하라는 것이 아니고 이 사과를 얻은 사람들이 깨달은
불법에 의지하라는 것이다.[8]

　불법에 의지한다고 하는 것은 자신의 불법을 수지하고 자신
의 법성을 자각하여야 하는 것이며 불성을 친견하여야 하는
것이므로 『대반열반경』권6에 의하면 "넓은 의미로 설하여 모
든 중생들은 모두가 불성이 있다는 것이고 자신이 '아뇩다라삼
먁삼보리심'을 내야 하는 것이고 자신이 부처가 되는 것"이라
고 다음과 같이 설하고 있다.

　　소위 여래가 상주하고 불변이므로 필경에는 안락한 것이
고 넓은 의미로 설하면 모두가 불성이 있는 것이다. 여래
의 모든 법장이 있는 곳을 정확하게 알고 공양을 이렇게
제불에게 하여 마치고 무상정법을 이와 같이 여시하게 건
립하여 수지하고 옹호하여야 한다. 만약에 '아뇩다라삼먁삼
보리심'을 이와 같이 내는 이가 있으면 마땅히 미래의 세

---

8) 『大般涅槃經』卷6(T12, p.642a25~b1), "佛言. 善男子. 依法者, 即是如來
大般涅槃. 一切佛法即是法性, 是法性者即是如來. 是故, 如來常住不變. 若
復有言. 如來無常. 是人不知, 不見法性. 若不知見是法性者, 不應依止. 如
上所說, 四人出世護持法者, 應當證知而爲依止."

상에서 반드시 자신이 정법을 건립하고 수지하며 불법을 옹호할 것이다. 그러므로 그대는 지금 바로 자신이 미래의 세상에서 불법을 호지하는 사람이라는 것을 알아야 한다. 왜냐하면 이와 같이 '아뇩다라삼먁삼보리심'을 내는 이가 미래의 세상에서 반드시 무상의 정법을 호지하기 때문이다.9)

그리고 『장아함경』권2 「제일분유행경10)」에도 "자신에게 귀의하여야 하고 불법에 귀의하여야 하며 다른 것에 귀의하지 않아야 한다."11) 라고 하고 있다. 이것은 처음부터 사과(四果)나 성문이나 연각 등의 사람에 의지하지 말고 불법에 의지해야 한다고 설법하고 있다. 이처럼 처음 출가의 시기에도 자신의 불법에 의지하여 수행하고 각자의 불성을 체득하여 수행하기를 당부하고 있다.

그리고 이후의 불교에서는 선(禪)과 교(敎)로 나눌 수 있는데 선은 부처의 마음으로 생활하는 것이고 교는 부처의 말씀으로 생활하는 것12)을 말한다. 그리고 교는 부처의 안목13)을 구족

---

9) 『大般涅槃經』卷6(T12, p.399a5~12), "所謂如來常住不變, 畢竟安樂, 廣說衆生悉有佛性. 善知如來所有法藏. 供養如是諸佛等已, 建立如是無上正法, 受持擁護. 若有始發阿耨多羅三藐三菩提心, 當知是人未來之世, 必能建立如是正法, 受持擁護. 是故汝今不應不知, 未來世中護法之人. 何以故. 是發心者於未來世, 必能護持無上正法."

10) 遊行經 : Mahāparinibbānasuttanta.(소승의 열반경이라고 하며 부처님이 각지를 유행하면서 여러 가지 계기를 통해 수행의 진실을 설함)

11) 『長阿含經』卷2(T01, p.15b13), "當自歸依, 歸依於法, 勿他歸依. ;『佛本行集經』卷31(T03, p.800a19~20), "即從佛受三自歸依, 歸依佛, 歸依法, 歸依僧." ;『大般涅槃經集解』卷19(T37, p.456b16~17), "唯自歸依我未來身一體三寶."

12) 『禪源諸詮集都序』卷1(T48, p.400b10~13), "初言師有本末者, 謂諸宗始祖即是釋迦. 經是佛語, 禪是佛意, 諸佛心口, 必不相違. 諸祖相承, 根本是佛. 親付菩薩, 造論始末, 唯弘佛經." ;『廬山蓮宗寶鑑』卷2(T47, p.315c1~c3), "教是佛眼, 禪是佛心. 心若無眼, 心無所依. 眼若無心, 眼無所見.

해야 하는 것인데 부처의 안목을 구족하지 않고 언어문자에만 빠지면 논쟁만 일삼는 외범(外凡)이 된다. 또한 선(禪)은 부처의 마음을 이심전심하지 못하고 수행을 하면 부처를 죽이는 것이라고 『선가귀감』에 의하면 다음과 같이 설하고 있다.

> 불법의 지혜는 언어문자로 표현할 수 없으므로 말로 설명할 수가 없고 불법은 의식의 대상에서 무상이므로 망심으로 깨달을 수 있는 것은 아니다. 언어문자로 알려고 하면 근본적으로 심왕을 잃게 되는 것이므로 자신의 심왕을 잃어버리면 세존이 꽃을 든 것을 가섭존자가 미소로 이심전심한 법이 모두 진부한 언어문자가 되어 끝내 쓸모없이 부처를 죽이게 된다. 마음으로 진여의 지혜를 체득하면 단지 저자거리의 쓸모없는 말도 뛰어난 설법이 되고 지저귀는 제비소리도 실상의 도리를 통달하는 설법이 된다.[14]

선(禪)과 교(敎)가 일체라는 것은 모두가 부처님의 깨달음으로 인하여 생긴 것이다. 그리고 선교(禪敎)로 나누어진 것도 더 나은 불교의 발전을 위해서 생긴 것이겠지만 분리하여 다른 것이라고 하다가 자신을 잃어버리면 결국은 외도가 되거나 부처를 비방하는 우(愚)를 범하게 된다.

그러므로 선교는 처음부터 같은 것이고 선불교 역시 교학을

心眼和合, 方辨東西. 禪教和融, 善知通塞. 當知機有利鈍, 法有開遮."; 『圓覺經夾頌集解講義』卷6(X10, p.313a2), "禪是佛心, 教是佛語."; 『禪家龜鑑』(H7, p.635b10), "禪是佛心, 教是佛語."

13) 『廬山蓮宗寶鑑』卷2(T47, p.315c1~2), "教是佛眼禪是佛心, 心若無眼心無所依, 眼若無心眼無所見, 心眼和合方辨東西."

14) 『朝鮮佛教通史』卷2(B31, p.539a9~11), "法無名故, 言不及也, 法無相故, 心不及也. 擬之於口者, 失本心王也, 失本心王, 則世尊拈花, 迦葉微笑, 盡落陳言, 終是死物也. 得之於心者, 非但街談, 善說法要, 至於鶯語, 深達實相也."

근거로 하여 발전한 것이므로 여기에서 논하고자 하는 것은 도인(道人)도 역시 부처님의 말씀인 경전이나 어록을 근거로 하여 알아보도록 하겠다.

부파불교의 시대에 초기경전의 분석과 주석에 의하여 지나친 무아(無我)의 견해에 집착하여 고행으로 수행을 삼는 문제 때문에 일불(一佛)에 천착하게 된 것이다. 그러나 대승불교의 시대에는 아공(我空)과 법공(法空)을 주장하게 되어 결국 다불(多佛)이 출현하게 되는 것이라고 주장하지만 문헌적인 근거는 빈약하다.[15)]

그러나 소승불교와 대승불교의 명확한 차이는 전자는 아라한으로 이끄는 단체들을 계획했고, 후자는 보살을 붇다 됨으로 이끈다는 점[16)]에 차이가 있는 것이다. 하지만 소승불교가 일불에 의하여 아라한이 만드는 신앙의 교단이 된다고 하면 대승불교는 보살이 부처가 된다는 것이다. 그러므로 이것을 대승경전에서 법신의 수명은 한량없고 허공과 같이 자유자재한 것이므로 일체법을 바르게 정념으로 알면 부처의 위신력이 있다는 것을 『반야경』의 지혜라고 한다. 그리하여 대승경전에서는 『반야경』의 성립이후에 대승경전이 공(空)사상을 받아들이는 동시에 여러 부처를 인정하여 대승의 보살이 출현하여 여래는 반야바라밀을 수행하면 될 수 있다고 하고 있다.

또 『법화경』에서 중생이 보살이 되고 중생이 불지견을 구족하게 되면 여래와 같은 불지견을 가지게 되어 일체가 성불할

---

15) 에드워드 콘즈저, 안성두·주민황 옮김(1988), 『인도불교사상사』, 서울, 민족사. pp.207~210.
16) 에드워드 콘즈저, 안성두·주민황 옮김(1988), 위의 책, p.250.

수 있다고 하고 있다. 그리고 『화엄경』에서는 청정법신인 비로자나불을 주불(主佛)로 하여 일체의 삼라만상이 해인삼매가 되어 깨달음의 꽃으로 장엄된 화엄삼매가 일상생활에서 이루어져 해탈하여 법신이 되는 것은 자신이 비로자나불이 되는 것이기에 여래가 되는 것이라고 하고 있다. 그리고 여래장이란 여래가 될 수 있는 불성(佛性)이 모두에게 구족되어 있지만 자신이 중생심의 번뇌 망념에 가려져있어 중생이라고 하지만 이 객진 번뇌만 제거되면 누구나 여래가 될 수 있는 것이다.

이것은 대승불교가 출현하는 과정은 서지학자들이 연구하였겠지만 현실적으로 대승불교가 출현하여 지금 존재하기에 부처·여래·조사·선사·도사 그리고 대승의 보살이 등장함으로 인하여 다불의 시대가 등장하게 된 것이다. 그러므로 다른 의미에서 보면 불교가 개혁된 것이지만 부처님의 바른 가르침에 따른 것으로 앞에 초기의 경에서도 기록하고 있듯이 "불법에 의지하여야 하고 사람에 의지하지 말라"고 한 부처님의 설법을 계승한 것이 된다.

이것은 각자가 불법에 맞게 지혜로 자각하여 자신의 불성을 깨닫고 불법에 맞게 수행하면 되지만 불법이 무엇인지 정확하게 알고 체험하고 훈습하여야 반야의 지혜를 구족하여 생활할 수 있다. 대승불교의 윤리적 가르침은 육바라밀의 교리 속17)에 있다고 하는 것은 대승보살의 출현을 말하는 것이다. 그러므로 보살이 부처가 된다는 것을 가정한 것이 대승불교라고 '에드워드 콘즈'는 주장하는 것이고 대승불교에서는 삼신을 구족하여야 하는 것이다. 삼신에 대한 내용은 경전의 시대를 지나 어록

17) 에드워드 콘즈저, 안성두·주민황 옮김(1988), 위의 책, p.223~230.

의 시대가 되었다는 것으로 완전한 대승불교가 탄생하게 된 것이라고 볼 수 있다. 이것은 대승불교가 주장하는 법신, 보신, 화신은 체상용으로 해석할 수 있는 것이 된다.

이 삼신은 멀리 있는 것이 아니고 자신 속에 있는 삼신이므로 부처는 멀리 있는 것이 아니고 삼신이 하나된 것이다. 그래서 이 일체가 바로 대승불교가 주장한 삼신을 정확하게 알고 실천하는 대승보살과 조사나 도인이 탄생하는 것인데 이것은 부처와 같은 것이다.

그러므로 부처가 문수보살과 보현보살을 좌우보처로 하는 것은 문수보살은 지혜를 구족해야 한다는 것을 말하는 것이고 보현보살은 문수의 지혜를 자비로 실천해야 하는 행화를 표현한 것이다. 그러므로 부처는 문수와 보현의 지혜와 자비를 실천하는 한 사람인 것이고 세 사람이 아닌 한사람의 도인이 된다.

대승불교에서는 공(空)을 실천하는 주체가 자신이 되어야 하므로 반야의 지혜를 구족해야 하는 주체(主體) 역시 자신이 되어야 한다. 즉 자신의 불성을 깨달으려고 하면 불법의 대의를 파악하여야 하는 것이다. 불법의 대의를 파악하기 위하여 경전을 읽고 사유하여 자신이 체득하여야 하는데 여기에서 경전으로만 파악하기 어려워 어록이 출현하게 되었다.

선사들의 어록은 현대에 말하는 이름이나 명성을 알리기 위한 수단이 아니라는 것은 "나의 말을 기록하지 말라"[18] 고 하며 지금 자신이 체득할 것을 요구하는 것이다. 그리고 항상 지

---

18) 『楞伽經宗通』卷7(X17, p.779b2~3), "汝等諸人各達自心, 莫記吾語."；
『大慧普覺禪師語錄』卷24(T47, p.915a7~8), "嚴禪還信得及麼莫記吾語."；
『天聖廣燈錄』卷8(X78, p.449a 18~19), "各達自心, 莫記吾語."

금 선사 자신이 만나고 있는 수행자를 제도하려고 하는 것이다. 이것은 자신이 미래의 명성을 위하여 설법을 하는 것이 아닌 것은 출가한 선사이기 때문이다. 즉 석가모니의 출가에 대하여 다음과 같이 『장아함경』권1에 태자로서 출가할 발원을 하고 있다.

　　　사문이 대답하여 말했다. 출가라고 하는 것은 자신의 마음 속에서 일어나는 욕망을 조복시켜서 영원히 번뇌 망념으로 오염된 때를 벗어나고 자비심으로 모든 일어나는 마음들을 성태장양하여 마음속에서 침요하려는 생각이 전혀 없는 정막(靜寞)한 마음으로 오로지 수도만 하는 사람입니다. 태자가 말했다. 위대하다! 이런 수도가 최고로 뛰어나구나! 하고 생각하여 마부에게 말했다. 내가 가지고온 보배 옷과 타고 온 수레를 가지고 돌아가 대왕에게 말씀하십시오. 나는 바로 이곳에서 머리와 수염을 제거하고 세벌의 법의만 입고 출가 수도하겠습니다. 이리하여 마음속에서 일어나는 욕망을 조복 시켜서 번뇌 망념으로 오염된 때를 버리고 마음을 청정하게 하여 살아가는 이 도술을 구할 것입니다.[19]

이와 같이 태자가 출가(出家)하게 되어 불교가 탄생한 이후에 『경덕전등록』권1 「사조우바국다」에 출가에 대하여 다음과 같이 기록하고 있다.

　　　4조 우바국다존자가 물었다. 그대는 육신으로 출가할 것인 가 아니면 마음으로 출가할 것인가? 파순이 대답했다. 저는

---

19) 『長阿含經』卷1(T01, p.7a10～16), "沙門答曰.夫出家者, 欲調伏心意, 永 離塵垢, 慈育群生, 無所侵嬈, 虛心靜寞, 唯道是務. 太子曰. 善哉. 此道最 眞. 尋勅御者. 賣吾寶衣并及乘轝, 還白大王. 我即於此剃除鬚髮, 服三法衣, 出家修道. 所以然者, 欲調伏心意, 捨離塵垢, 清淨自居, 以求道術."

육신과 마음으로 출가하지 않겠습니다. 우바국다존자가 말했다. 육신과 마음으로 출가하지 않으면 다시 무엇이 출가할 것인가? 대답했다. 출가라고 하는 것은 무아의 나로 출가하는 것이므로 무아의 나는 마음에서 번뇌 망념이 생멸하는 것이 아닙니다. 마음에서 생멸하지 않는 것을 항상 수도한다고 하는 것입니다. 제불도 역시 항상 마음에 번뇌 망념의 형상이 없으므로 그 마음의 본체도 역시 이와 같습니다.[20]

이렇게 하여 외도 파순이 출가하는 것을 모두가 자신이 무아(無我)의 아(我)가 출가한다고 하고 있듯이 수도하는 이유와 목적을 말하고 있다. 이렇게 하여 출가하였기에 선사들이 명예와 다른 욕망을 위하여 설법하는 것이 아니므로 현대와 같이 미래의 사람들을 위하여 설법하는 것이 아니다. 단지 지금 만나고 있는 수행자에게 설법하는 것은 지금의 수행자를 제도하는데 마음을 두고 있는 것이기에 기록하지 말고 기억하지 말라고 한 것이지 미래의 사람들을 위하여 기록하지 말라고 한 것이 아니다.

왜냐하면 지금 자신의 앞에 있는 사람도 제도하지 못하면서 미래의 사람들을 제도한다고 하는 말 때문에 『금강경』에서도 "하물며 사경(寫經)하여 다른 사람에게 주고 이 경(經)을 정확하게 깨달아 알고 수지(受持)하여 독송하며 타인에게 해설(解說)하여 주면 그 복덕(福德)은 무량(無量)하다"[21]고 하고 있는

---

20) 『景德傳燈錄』卷1第(T51, p.207b29~c4), "尊者問曰. 汝身出家心出家. 答曰. 我來出家非爲身心. 尊者曰. 不爲身心復誰出家. 答曰. 夫出家者無我我故, 無我我故即心不生滅. 心不生滅即是常道. 諸佛亦常, 心無形相其體亦然."
21) 『金剛般若波羅蜜經』(T08, p.750c11~13), "何況書寫, 受持讀誦, 爲人解說. 須菩提, 以要言之, 是經有不可思議, 不可稱量, 無邊功德."

것처럼 쉽게 전해준다는 것은 어렵다. 그래서 이렇게 한 것이지 미래의 사람들을 제도하지 않으려고 한 것은 아니다. 이처럼 『대반열반경』권6 「여래성품」4 에도 설명하고 있듯이 자신이 '아뇩다라삼먁삼보리심'을 내야 하는 것이므로 자신이 부처가 되어야 하는 것이라고 기록하고 있다. 경전이나 어록에서 요구하고 있는 것은 부처나 조사 그리고 선사나 도인이 모두 수도하는 수행자이고 자신의 마음속의 번뇌 망념을 제거하고 살아가라는 것이다.

여기에서 논하고자 하는 것은 부처나 조사 그리고 선사나 진인이 언어만 다르고 내용은 도인과 같다는 것과 이들의 형성에 대하여 파악하여 보고자 한다. 그래서 어떻게 하면 무위진인과 무의도인이 되는지 그들의 사상에 대하여 알아보고자 한다. 그리고 어록은 경전이 아니므로 석가모니 부처님의 실제 말씀이 아니라서 잘못된 것이라고 알고 있는 이들이 있기 때문에 한마디 더 덧붙인다면 앞에서 논했듯이 초기의 경전도 각 부파에서 자신들이 편집한 것이므로 이해를 하려고 하면 객관적인 판단이 필요한 것이다. 그러므로 그 경전이 중국으로 전해져서 다시 만들어진 위경[22]도 자신들이 주장하는 불법의 이치를 사람들이 믿고 알아주지 않음으로 인하여 부득이하게 만든 것을 말한다. 이 위경이나 어록이 잘못된 것이 아니라 불법의 이치를 설해준 것은 같지만 방편으로 설한 것이 있기 때문에 요의경에 의지하여 수행하여야 하고 불요의경에 의지하지 말라고 사의법에 기록하고 있다.

[22) 위경(僞經) : 부모은중경, 우란분경, 지장경, 보살계경, 범망경, 보살점찰경, 금강삼매경, 선문경, 불설법구경, 법왕경, 원각경, 수능엄경, 대범천왕문불결의경등

중국의 선종은 보리달마로부터 시작된다. 그로부터 가장 이상적인 인간상을 조사(祖師)로 내세웠다. 달마의 말에 의하면 조사라는 개념은 이해와 실천이 합일되는 인물을 의미한다. 따라서 중국선종에서 조사는 달마로부터 혜능시대에 이르는 초기 선종사에서 조사선이 토착화를 구축한 이후에 석두와 마조의 시대를 거쳐 임제의현 시대에는 무위진인(無位眞人), 내지 무의도인(無依道人) 등의 개념으로 출현하기도 하였다.

　본고에서는 임제가 제시한 무의도인, 무위진인에 대하여 『임제록』을 중심으로 고찰해보고자 한다. 따라서 무의도인이야말로 임제가 제시한 가장 완전하고 전형적인 인물임을 감안하여 어떻게 하면 무위진인과 무의도인이 되는지 그들의 사상에 대하여 알아보고자 한다. 『임제어록』에는 무의도인(無依道人), 무위진인(無位眞人), 청법저인(聽法底人), 농광영저인(弄光影底人), 승경저인(乘境底人), 착의저인(著衣底人) 등으로 출현하는데, 이들은 인물상이야말로 도인(道人)으로 살아가는 것에서 한 걸음 더 나아가 무의(無依)라는 겉옷을 하나 더 벗어버려야 한다는 것으로 도인이라는 말도 없는 진정견해를 구족한 대자유인을 주장하는 것[23]이다. 즉 도인은 사람 중에서도 더 사람다운 진실 된 사람을 말한 것이며 저인은 사람 중에서도 더 근원적인 사람을 지칭한다. 그러므로 수행자를 도(道)[24]를 수

---

23) 『萬松老人評唱天童覺和尙頌古從容庵錄』卷3(T48, p.251a21~24), "臨濟廣錄云. 唯有聽法無依道人, 是諸佛之母. 所以佛從無依生. 若悟無依佛亦無得. 若如是見得者, 是眞正見解."

24) 도(道) : 일반적으로 도에 대하여 설한 것으로는 『寶藏論』卷1「廣照空有品」1(T45, p. 144a27~29), "도를 수행하는 이는 진여와 화합하여야 하고 자비를 실천해야 하며 또 배워서 익힌다는 것은 자각하여 훈습하는 것을 도를 수행한다고 하고 있다.(夫學道者有三. 其一謂之眞. 其二謂之隣. 其三謂之聞. 習學謂之聞. 絶學謂之隣. 過此二者謂之眞.)" ; 『道行般若經』卷

행하는 사람이라고 하는 것이며 불교에서는 출가하여 불법에
맞게 수행하는 사람이나 중생들을 불법으로 인도하는 사람을
말한다.25) 도사(道師)나 도사(道士)26)그리고 도인(道人)은 불법
을 수행하는 사람이나 아니면 부처를 지칭27)하는 말로 사용되
기도 하지만 불도를 성취하려는 사람이나 성취한 사람이 어떤
마음을 가지고 어떻게 수행하는지 살펴보고자 한다.

　도교나 다른 종단에서 도(道)를 말하기도 하지만 여기에서는
불교라는 범주 내에서 알아보고자하는 것이고 개념도 불교의
도인이나 도사(道師), 도사(道士)를 같은 테두리에 넣고 전개하
려고 한다. 무의도인을 『증도가』에서는 한도인28)이라고 하기도

8(T08, p.465a15~16), "未得道者愚癡, 不曉是法, 不見是事." ; 『道行般
若經』卷10「曇無竭菩薩品」(T08, p.474b25~26), "得道者出我界, 度脫人不
可計, 今我且中道壞之(子).)" ; 『肇論』卷1(T45, p.160b21~24), "爲道者日
損, 爲道者爲於無爲者也. 爲於無爲而日日損, 此豈頓得之謂. 要損之又損
之, 以至於無損耳. 經喻螢日, 智用可知矣." ; 『宗鏡錄』卷9(T48, p.463b1
1~15), "夫道者, 若一人得之, 道即不遍. 若衆人得之, 道即有窮. 若各各有
之, 道即有數. 若總共有之, 方便即空. 若修行得之, 造作非眞. 若本自有之,
萬行虛設. 何以故, 離一切限量分別故, 明知說自說他)"라고 설한 것은 자신
의 마음을 자각하여 자비를 실천하는 것이 도이기 때문이다.

25) 『續高僧傳』卷23(T50, p.629c7~8), "道人者行道人也." ; 『釋門自鏡錄』
卷2(T51, p.825a 10~12), "道人者導人也. 行必可履, 言必可法. 被服出家
動爲法則, 不貪不諍不讒不匿, 學問高遠志在玄默, 是爲名稱." ; 『法苑珠林
』卷48(T53, p.653c11~14), "道人者(者導), 仁(人)也. 行必可履, 言必可式
(法). 被服出家動爲法則, 不貪不諍不讒不匿, 學間高遠志在玄默, 是爲名稱
參位三尊出賢入聖."

26) 『廣弘明集』卷25(T52, p.290b3~6), "沙門者求未來之勝果. 道士者信有
生之自然. 自然者貴取性眞, 絕其近僞之跡. 勝果者意存杜漸, 遠開趣道之
心, 誘濟源雖不同, 從善終歸一致."

27) 『法華經玄贊要集』卷27(X34, p.768c7), "經言道師者, 佛也."

28) 『證道歌註』(X63, p.261b15~21), "閑道人者, 與道相應, 不與塵勞拘繫,
故名爲閑. 良由一切衆生從無始以來至今日, 背覺合塵, 於諸前境念念之中,
隨逐諸塵無有暫捨, 何由出離. 學道之人能轉萬物, 不爲萬物所轉, 目前千差
心閑一境, 水邊林下長養聖胎. 看月色以逍遙, 听泉聲而自在. 故云絕學無爲
閑道人也."

하는데 현각(玄覺: 665~713)은 임제보다 시기적으로 이전이니까 한도인 에서부터 더 발전하여 무의도인이라는 말과 적육단상의 무위진인[29]이라는 더 적나라한 모습의 언어가 등장하게 되는 것은 시대적인 상황과 무관하지는 않을 것이다.

임제가 말하는 무의도인, 무위진인의 선사상은 육조혜능으로부터 시작된 새로운 대승불교에서 더욱더 진일보한 조사선의 결정체이다. 이것은 기존의 전통적인 중앙귀족의 권위주의와 교학불교를 뛰어넘는 인간의 일상생활 속에서 무의도인의 정신을 찾는 생활불교로 승화시킨 것이 된다.[30]

이와 같은 무의도인이나 무위진인은 기존의 수(隋)와 당(唐)의 제종(諸宗)과는 달리 교외별전, 불립문자를 주장하고 불타의 정법안장의 전승을 주장하는 선사상이다. 이들은 실천주의적인 선불교이며 여래선보다는 한걸음 더 나아가 조사선의 실천을 강조하고 있다. 그리고 무위진인이나 무의도인이 만들어진 배경에는 중국인들이 자신들의 풍토와 민족의 정서에 알맞

---

29) 『臨濟語錄』(T47, p.496c10), "赤肉團上有一無位眞人.";『圓悟佛果禪師語錄』卷6(T47, p.740a13), "赤肉團上人人古佛家風." 이후에는 『臨濟語錄』으로 약함.

30) 『臨濟語錄』(T47, p.498c2~4), "唯有聽法無依道人, 是諸佛之母, 所以佛從無依生. 若悟無依, 佛亦無得. 若如是見得者, 是眞正見解.";『臨濟語錄』卷1(T47, p.500a10~12), "達六種色聲香味觸法, 皆是空相, 不能繫縛. 此無依道人, 雖是五蘊漏質, 便是地行神通.";『楞嚴經疏解蒙鈔』卷10(X13, p.902c8~15), "你道佛有六通, 是不可思議. 一切諸天神仙阿修羅大力鬼, 亦有神通, 應是佛不. 阿修羅與天帝戰敗, 領八萬四千眷屬, 入藕絲孔中. 莫是聖不, 皆是業通依通. 佛六通者不然. 入色界, 不被色惑. 乃至入法界, 不被法惑. 達六種塵相, 皆是空相. 不能繫縛, 此無依道人. 雖是五蘊陋質, 便是地行神通. 秖麼幻化上頭, 作模作樣. 皆是野狐精魅, 外道見解.";『金剛經註解』卷1(X24, p.768c9~13), "佛有六通者, 謂入色界, 不被色惑. 入聲界, 不被聲惑. 入香界, 不被香惑. 入味界, 不被味惑. 入身界, 不被觸惑. 入意界, 不被法惑. 所以達此六種, 皆是空相. 不能繫縛, 此乃無依道人. 雖是五蘊穢陋之身, 便是地行菩薩."

게 자기화한 것이 특징이다.

　무위진인은 모든 고정관념을 초월한 자유로운 생활을 추구하는 불교의 기본정신에 입각하여 만들어진 것이다. 이것은 선사상의 집약과 실천을 강조하는 도인에서 더 나아가 적나라한 무위진인을 만들었다. 이런 임제의 도인이 만들어진 것은 임제가 살았던 시기와 무관하지 않은 것으로서 전쟁으로 혼란한 시기이고 폐불과 같이 국가권력에 의해서 불교의 사상이 혼탁하게 된 것이므로 새로운 사상이 요구 되었던 것이라고 볼 수 있다. 그러므로 임제의 도인은 이러한 시대와 중국이라는 상황 속에서 탄생하게 된 것이라고 추정할 수 있다. 다시 말하면 전쟁이나 폐불사태에 의하여 누구를 의지할 수 없게 만들었고 자신이 생존해야 하는 궁극적인 문제 때문에 도인이 탄생해야만 하는 것은 시대적인 요청이라고 하는 것이 더 좋을 것이다. 이런 어려운 시대상황 속에서 중생을 구제해야 하는 부처의 자비정신을 놓지 않고 실천한 임제의 선사상은 더욱더 돋보이게 된다. 그래서 이렇게 새로운 사상이 만들어진 것은 임제가 처음으로 만든 것이 아니고 달마로부터 시작된 선사상으로 혜능에 이르러 정립되기 시작한 것이다.

　그러므로 조사선은 혜능(慧能, 638~713)에서 시작하여 마조(馬祖, 709~788), 석두(石頭, 700~790), 백장(百丈, 749~814)을 거쳐 임제(臨濟, ?~866)에 이르러 선불교가 완성되어 무의도인이 탄생하게 된 것이라고 보는 것이 합당할 것이다. 그러므로 여기에서 임제의 구도와 돈오한 내용과 진인사상을 대승경전과 어록에서 살펴보고자 한다. 임제가 돈오한 이후에 감변과 제접(提接)방법으로 사용하는 삼구와 삼현, 삼요, 사할,

사료간, 사빈주 등을 알아보고 수행자들이 어떻게 도인으로 살아갈 수 있고 현대인들의 가치관형성에 어떤 역할을 할 수 있을 것인가를 연구해 보고자한다.

현대와 같은 물질문명이 발달된 시대에 사람본성의 결핍은 임제가 살았던 시대의 전쟁이나 폐불과 같은 혼란기와 다를 바 없으므로 임제의 인사상을 통하여 사상이 혼탁한 시대에 사람들이 어떻게 현재 살아 있는 도인으로 살아갈 수 있을 것인가에 대하여 연구하여 보고자한다

2. 선행연구

『임제어록』은 사람을 무의도인이나 무위진인이라고 하고 있
는 것으로 지금까지 연구를 하고 있다. 외국에서도 『임제어록』
의 핵심인 의지함이 없는 무위진인에서 나온다고 임제의 사상
을 사람을 중심으로 연구하기도 하고 임제가 사용한 언어와
사상적 전개를 연구하고 또 임제선의 사상이나 비교 등을 다
룬 것31)이라고 하고 있다. 그리고 국내에서도 많은 연구를 하
고 있는데 거의가 외국에서 연구한 것처럼 임제가 사용한 언
어를 해석하는 것에 중점을 두고 있다. 내용을 살펴보면 임제
와 관련된 박사와 석사논문과 학술지 논문이 있는데32) 사상이
나 언어적인 해석을 하고 있다. 이들 중에 심층적으로 분석하
여 깨달음의 본질을 설명하려고 하였는데 몇 가지의 내용을
간략하게 살펴보겠다.

첫째로 무위진인, 무의도인, 평상무사인 에 대하여 박문기는

---

31) 이언의(2016a), pp.4~9.
32) 박문기(1994), 동국대박사. ; 이언의(2016a). ; 이종수(2010), 동국대박사
 ; 강길주(2009), 동국대석사. ; 김동율(2021), 동국대석사. ; 김우식(2020),
 동국대석사. ; 박종균(1993), 동국대석사. ; 서인성(2004), 동국대석사. ;
 신지영(2 013), 동국대석사. ; 임성순(2006), 동국대석사. ; 장영숙(2020),
 동국대석사. ; 김명호(2016), 『불교학보』74. ; 김용환(2006), 「종교교육학연
 구」23. ; 김호귀(2012b), 정토학연구18. ; 박민규(2016), 『중국어문논총』
 73. ; 서윤길(1994) , 『보조사상』8. ; 오경후(2015), 『신라문화』45. ; 신규
 탁(2001), 『철학과 현실』50. ; 심재룡(1994), 『보조사상』8. ; 이언의(2016),
 『유학연구』34. ; 이언의(2017), 『동서철학연구』85. ; 이창안(2016), 『유학
 연구』36. ; 이혜옥(2009), 『한국선학』23. ; 오용석(2013), 『한국불교학』65.
 ; 정영식(2009), 『한국불교학』54. ; 정영식(2010), 『한국선학』25. ; 정은해
 (2012), 『현상학과 현대철학』53. ; 조명제(2014), 『불교학보』68. ; 최종선
 (2021), 『한국교수불자연합학회지』27(3). ; 하미경(2011a), 『보조사상』30.
 ; 하미경(2011b), 『한국선학』29.

무구(無求)하여야 한다고 하면서 진(眞)불법도와 진정견해를 구족하면 된다[33]고 하고 있다. 그리고 이언의는 인(人)이 사람을 뜻한다고 보기 어렵다[34]고 하고 있다. 그러나 그 외의 논문들은 진정견해를 구족한 사람이라 하고 있다. 이것을 단행본의 책에서는 여러 가지로 설명하고 있다.[35]

둘째로 삼구에 대하여는 학술지에 많이 논하고 있는데 박문기나 이언의는 단행본의 책을 인용하는 수준에 머물고 있다. 학술논문에도 비슷하지만 『인천안목』이나 『선문강요집』, 『선문오종강요』, 『선림승보전』에서 설명한 것을 더하고 있지만 비슷하다. 즉 삼구에서 깨달으면 '자구불요'하다는 대목에서 진도(眞道)라고 하기는 하지만 거의가 자기도 제도하지 못한다고 이해하고 있다. 단행본 책에서도 일구와 이구는 조불의 스승이나 인천의 스승이라고 하고 있으나 삼구에서는 비슷하게 하고 있다.[36] 이런 연구를 하여 임제의 깨달음에 대하여 서지학적인 연구는 이미 국내에서도 많이 하고 있는데 임제의 의지와 똑같이 임제를 파악하고 있는지 의심스럽다. 기본적인 내용인 무위진인과 무의도인, 삼구, 사할, 부처, 조사, 불국토 등에 대하

---

33) 박문기(1994), p.323.
34) 이언의(2016a), p.95.
35) 무비(2005), p.43, 127.에도 앞과 같이 "차별 없는 참사람이나 의지함이 없는 도인"이라고 하고 있다. ; 서옹스님(2012), p.76, 185.에 의하면 "차별 없는 참사람이나 의지함이 없는 도인"이라고 하고 있다. ; 柳田聖山 著, 一指 譯(1988), p.66, 130.에 의하면 "차별 없는 참사람이나 의지함이 없는 도인"이라고 하고 있다. ; 이기영(1999), p.44, 297.에 의하면 "속박에서 벗어난 자유인이나 아무 것에도 의지하지 않는 무의도인"이라고 하고 있다. ; 정성본(2003), p.38, 168.에 의하면 "지위 없는 참사람이나 의존함이 없는 도인"이라고 하고 있다. 이처럼은 거의가 비슷하게 설명하고 있다.
36) 무비(2005), p.240. ; 서옹스님(2012), p.203. ; 柳田聖山 著, 一指 譯(1988), p.205. ; 이기영(1999), p.114. ; 정성본(2003), p.227.

여 자세하게 알아보고 누구나 여래나 진인이나 도인으로 살아가기를 바라는 임제의 마음으로 파악하고자 한다.

3. 연구의 범위와 방법

여기에서 연구방향은 초기경전에 나타난 사과(四果)와 사의법(四依法)으로 추구하는 불타관과 선불교의 도인관이 다르지 않다는 것을 알아보겠다. 즉 대승불교에서 설하고 있는 부처나 여래와 어록에서 설하고 있는 조사와 도인, 진인에 대하여 알아보고 초기불교의 부처와 조사나 도인, 진인이 다르지 않다는 것을 확인하여 보겠다. 그리고 살아 있는 사람이 도인, 진인이고 윤회의 주체가 영혼이 아니라 중생심이라는 것을 알아보겠다. 전지전능한 부처가 아니라 누구나 부처와 조사로 살아갈 수 있다는 것을 말하는 것이 불교가 종교라는 입장이다. 그러므로 '붇다'라는 언어는 정각을 부처라는 명사로 전환한 것으로 누구나 깨닫기만 하면 부처가 될 수 있다는 것을 말하는 것이다. 이것은 경전이나 어록에서 명칭만 바뀌었을 뿐이지 궁극에는 동일한 것이므로 부처가 도인이 되는 것을 알아보겠다.

연구방법으로 대승경전인 『반야경』이나 『법화경』, 『화엄경』에 나타난 반야지와 마니보주나 일체지 등이 여래라는 것을 밝혀내고 『달마어록』, 『입도안심요방편법문』, 『육조단경』, 『마조어록』, 『돈오입도요문론』, 『전심법요』와 『완릉록』, 『임제어록』에서 안심이나 본성과 자성이 부처라는 사실과 마음이 부처이고 도(道)이고 도인이라는 것을 조사선의 입장에서 파악하여 보겠다.

부처의 말씀을 교라고 하고 부처의 마음을 선이라고 하는 것은 부처를 둘로 나눈 것인데 실제로는 한 사람이 깨달은 것을 나눈 것이므로 깨달음은 하나이다. 처음에는 마음을 깨달으면 부처라고 하고 있지만 두 번째는 마음을 깨닫고 나서 대상경계를 공(空)이라고 자각하여야 부처라고 하는 '촉목시도'가 되어야 부처라고 알고 있는 것이 되는 것이다. 그 다음은 '경계지성'이 되어 생활하는 것을 부처라고 알고 있는 것이므로 이러한 사실들을 앞의 대승경전과 어록에서 찾아보고 비교하겠다.

그리고 앞의 것이 여래선의 입장에서 조사선으로 변화는 과정을 살펴보는 것이라면 임제는 조사선의 꽃이 열매를 맺는 것이므로 임제의 행적에 대해 알아보고 임제의 도인이 어떻게 형성되었는지 『임제어록』과 『조당집』권19, 『송고승전』권12, 『경덕전등록』권12 등에 나타난 행적을 알아보며 황벽과 대우를 오가며 돈오하게 된 기연과 내용을 살펴보겠다.

임제의 도인, 진인을 『조당집』, 『종경록』, 『송고승전』, 『경덕전등록』, 사가본·선화본 『임제어록』과 비교하여 보고 조사선으로 발전된 배경이 되는 『달마어록』, 『입도안심요방편법문』, 『육조단경』, 『마조어록』, 『돈오입도요문론』, 『전심법요』와 『완릉록』에서 마음이 바로 부처라는 것에서 사람이 부처가 되는 임제의 인이 형성된 배경을 파악하여 보겠다. 그리고 마조의 조사선에서 도(道)와 임제의 선(禪)에서 도인, 진인이 어떻게 다른가를 알아보고 도인과 조사와 부처가 도인이며 활조이고 생불(生佛)이라는 것을 『육조단경』이나 어록을 통하여 파악하

32

여 보고자 한다.

『조당집』, 『임제어록』, 『경덕전등록』, 『종경록』, 『선림승보전』, 『五家宗旨纂要』, 『人天眼目』등에 설명하고 있는 삼구, 삼현, 삼요, 사료간, 사빈주, 사조용, 사할, 사종무상경의 내용을 자세하게 분석하겠다. 그리고 돈오한 도인을 무위진인, 무사인, 무의도인, 목전용저인, 면전청법저인, 농광영저인, 승경저인, 착의저인 등으로 사용하는데 이런 도인이 선사, 조사가 조불이라는 사실을 알아보고자 한다.

도인의 가치관에 대하여 『임제어록』에서 진정견해를 어떻게 구족하고 자각하여야 도인이 되는지에 대하여 임제는 "향외치구(向外馳求)하려는 마음을 쉬면 바로 그대가 부처"라고 천명하고 있는 것에 대하여 『임제어록』과 어록에서 찾아보겠다.

이전의 선에 의하여 조사선이 완성되고 다시 임제에 의하여 도인이 만들어져 도인에서 더 나아가 무위(無位)나 무의(無依)의 진정한 불조가 탄생한다. 이렇게 하여 도인이 "수처작주 입처개진"하는 사람이 바로 불(佛)과 조사이고 생불이라고 하고 있다. 이것을 확인하고 도인이 현대와 같은 다양화된 다문화시대에 어떻게 하면 모든 사람들에게 통용되는 진정한 종교로 다시 태어날 수 있을지 알아보고자 한다.

이 논문에서 임제가 말하는 살아 있는 사람이 도인이라는 사실을 확인하고자 한다. 즉 이것은 임제가 돈오한 내용을 『조당집』, 『송고승전』, 『경덕전등록』, 『임제어록』에서 임제가 인가 받은 것을 토대로 파악하여 영혼의 윤회가 아닌 지금 마음의 윤회를 벗어나면 도인이라는 것을 알아보겠다. 즉 살아 있는 사람이 도인이고 부처라는 사실을 알아보고 중생심을 공(空)

으로 전환하여 진여의 지혜를 실천하면 여래라는 사실을 알아보겠다. 즉 누구나 바른 수행을 하면 지금 도인, 진인으로 살아갈 수 있다는 것을 살펴보겠다.

Ⅱ. 대승경전에서 여래(如來)

　대승경전상에서 여래를 어떻게 이해하며 여래를 어떻게 하면 체득할 수 있는지 파악하여 보려고 한다. 부처의 명칭을 일반적으로 여래십호(如來十號)에 찾아볼 수 있는데 여래의 명칭으로는 여래(如來), 응공(應供), 정변지(正遍知), 명행족(明行足), 선서(善逝), 세간해(世間解), 무상사(無上士), 조어장부(調御丈夫), 천인사(天人師), 불(佛), 세존(世尊)[37]이라고 하며 여래는 색신(色身)이 아니고 법신(法身)이라고 하고 있다. 대승경전에서는 법신은 수명이 한량없고 허공과 같이 자유자재한 것이므로 일체법을 바르게 정념으로 알면 부처의 위신력이 있다는 것은 반야경의 지혜를 말하고 있는 것이다.

　대승경전에서 『반야경』의 성립이후에 대승경전이 공(空)사상을 받아들이는 동시에 여러 부처를 인정[38]하여 대승의 보살이 출현[39]하여서　여래의 법신인 반야바라밀을 수행하면 여래가

---

37) 『文殊師利問經』卷2(T14, p.506c14~27), "佛告文殊師利. 若能專念如來十號, 佛於彼人常在不滅, 亦得當聞諸佛說法, 并見彼佛現在四衆, 增長壽命, 無諸疾病. 云何十號. 謂如來, 應供, 正遍知, 明行足, 善逝, 世間解, 無上士, 調御丈夫, 天人師, 佛世尊. 文殊師利. 念十號者, 先念佛色身具足相好, 又念法身壽命無盡. 當作是念, 佛非色身, 佛是法身. 以執取以堅取, 見佛如虛空. 樂虛空, 故知一切法義. 文殊師利. 如須彌山, 由乾陀山, 伊沙陀山, 須陀梨山, 珂羅底迦山, 阿輸迦羅山, 毘那多山, 尼民陀羅山, 斫迦羅山, 如是等山悉是障礙. 若人一心念佛十號, 此等諸山不能爲障. 何以故. 以正念故, 佛威神故."; 『四敎儀註彙補輔宏記』卷1(X57, p.708b23~c4), "如來十號者. 一 佛從三世眞如實際中生. 二 功成道著, 十號無極. 三 法財萬德, 皆悉俱備. 四 十力雄猛, 降魔制外. 五 一心三智, 無不通達. 六 早成正覺, 久遠若斯. 七 三業隨智, 運動無失. 八 具佛威儀, 心大如海. 九 十方種覺, 所共稱譽. 十 七種方便, 而來依止."
38) 평천창·미산웅일·고기직도 편저, 정승석 역(2005), 『대승불교개설』, 경기: 김영사, p.110.

될 수 있게 되었다. 그리고 『법화경』에서도 중생이 보살이 되고 중생이 불지견(佛知見)을 구족하게 되면 여래와 같은 불지견을 가지게 되어 일체가 성불[一切皆成佛]할 수 있게 되는 것이다. 『화엄경』에서는 청정법신인 비로자나불을 주불(主佛)로 하여 일체의 삼라만상이 해인삼매가 되어 깨달음의 꽃으로 장엄된 화엄삼매가 일상생활에서 이루어져 해탈하게 된다. 법신이 되는 것은 자신이 비로자나불이 되는 것이기에 여래가 되는 것이다.

---

39) 평천창·미산웅일·고기직도 편저, 정승석 역(2005), 위의 책, pp.146~170.

1. 『반야경』에서 여래

『반야경』은 한역된 것만 40여종 이상으로 『소품반야경』과 『대품반야경』, 『금강반야바라밀경』, 『반야바라밀다심경』, 『대반야바라밀경』등이 있다. 대승불교경전에서 대승이라는 말이 처음 등장하는 곳이 『반야경』이므로 대승불교의 선구자[40]라고 하고 있듯이 보살이 반야바라밀을 실천[41]하여 법신을 증득하는 여래[42]가 열반적정의 세계[43]에 살아가게 되는 것이다. 여래를 법신[44]이라고 하는 것은 『반야경』에서 설하는 "보살이나 반야바라밀은 볼 수도 없고 얻을 수도 없으며 이름을 보살이나 반야바라밀이라고 하는 것"과 같은 것이다. "반야바라밀다는 지혜로 사바세계의 윤회고(輪廻苦)를 벗어나 피안에 도달한다는 것"[45]은 '반야바라밀다'라는 언어를 다음과 같이 설하고

---

40) 정성본(2000), 『선의 역사와 사상』, 서울, 불교시대사, p.90.
41) 『小品般若波羅蜜經』卷1(T08, 537b7~15), "世尊. 所言菩薩菩薩者, 何等 法義是菩薩, 我不見有法名爲菩薩. 世尊. 我不見菩薩, 不得菩薩, 亦不見不 得般若波羅蜜, 當教何等菩薩般若波羅蜜. 若菩薩聞作是說, 不驚不怖, 不沒 不退, 如所說行, 是名教菩薩般若波羅蜜. 復次, 世尊. 菩薩行般若波羅蜜時, 應如是學, 不念是菩薩心. 所以者何. 是心非心, 心相本淨故."
42) 『大般若波羅蜜多經』卷400(T06, p.1068c25~28), "夫如來者即是法身. 善男子. 如來法身 即是諸法 眞如法界. 眞如法界 既不可說 有來有去, 如來 法身 亦復如是 無來無去.
43) 정성본(2000), 『선의 역사와 사상』, 서울, 불교시대사, p.90.
44) 『文殊師利所說般若波羅蜜經』(T08, p.733b3~9), "文殊師利白佛言. 世 尊. 如來法身本不可見, 我爲衆生故來見佛. 佛法身者不可思議, 無相無形, 不來不去, 非有非無, 非見非不見, 如如實際, 不去不來, 非無非非無, 非處 非非處, 非一非二, 非淨非垢, 不生不滅. 我見如來亦復如是."
45) 『般若心經註』(X26, p.720b1~9), "般若波羅蜜多心經. 所言般若波羅蜜多 者, 即是梵音. 此地翻, 般若爲智慧, 波羅蜜爲彼岸, 蜜多言支, 都合即云, 智慧彼岸支. 云何爲智慧, 智能觀照, 慧能證悟. 彼岸者, 涅槃爲彼岸, 生死 爲此岸, 悟者即涅槃, 迷者即生死, 支者此觀門也. 若無正觀要門, 不知究竟, 安心之處. 是故依行, 合於正道, 故言支也. 心者, 此觀門即是, 衆智慧之要

있다.

> 반야바라밀다는 곧 범어이다. 이것을 여기 말로 번역하면 반야는 지혜라고 하는 것이고 바라밀은 피안이고 밀다는 차안이니 이것을 모두 합하면 지혜로 차안에서 피안에 도달하는 것이다. 무엇을 지혜라고 하는가하면 지는 능히 관조하는 것을 말하고, 혜는 능히 증오하는 것을 말한다. 피안은 열반을 피안이라고 하고 생사를 차안이라고 하는 것으로 깨달은 이는 즉 열반을 증득한 것이고 미혹한 이는 망념의 생사를 벗어나지 못한 것이고, 도달하는 것[支]은 이 관문이다. 만약에 올바른 지혜의 관점[正關]을 가진 가장 중요한 지혜로운 생활[要門]을 하지 못하면 구경의 안심을 모르게 되는 것이다. 그러므로 지혜로운 생활을 행하는 것이 정도와 계합해야 하는 것을 피안에 도달한다고 하는 것이다. 심이란 이 관문이 바로 이것이고, 모든 지혜의 긴요한 종지이니 열반성에 도달하게 하는 진실한 방법이다. 경이란 항상 본보기로 지름길로 가게 가르치는 것이고, 선성들께서 행한 행적을 따라 유유자적하지 못하게 하는 것이고, 인위가 과위에 원만하게 작용하여 해탈하게 하는 것을 경이라고 말하는 것이다.[46]

법신은 모양도 없고 볼 수도 없으며 불생불멸이라고 하고 있듯이 보살이라는 언어도 보리살타(bodhisāttva)는 보리(bodhi)라는 자각하는 지혜를 말하는 것과 살타(sāttva)라는 중생의 합성어이므로 항상 번뇌 망념의 중생심을 자각하는 지혜로 보살도를 실천한다는 의미이다.

宗, 趣涅槃城之眞路. 經者, 訓常訓逕, 先聖莫不遊從, 因是果圓解脫, 故言經也."
46) 번역은 양지(2014), 『윤회를 벗어나는 마하반야바라밀다심경』, 부산: 맑은소리맑은나라, pp.36~38.

그러므로 여래법신은 공(空)을 실천하는 보살과 같게 되어 보살이 여래가 될 수 있는 것으로 불타의 지혜를 나타내는 반야바라밀이 여래의 법신[47]이라고 하고 있는 것이다. 법신이나 불신은 반야의 지혜에 의하여 탄생하는 것이라고 하는 것을 『금강반야바라밀경론』에서는 "법신이란 지상신(智相身)이다."[48]라고 하는 것은 반야바라밀의 본체인 청정한 지혜[智]를 구족하여 자비희사를 실천하여야 여래가 탄생하게 된다고 하는 것이 된다. 그러므로 『반야경』에서 여래는 법신이고 법신은 반야바라밀이므로 반야의 지혜를 구족하게 되면 보살이 여래로 출현하게 될 수 있는 대승불교가 시작된 것이다.

1) 여여(如如)

여여[49]는 여시나 여래를 뜻하는 것으로 부동이라는 부처와 같은 뜻으로 심진여이다. 이것은 삼세의 제불도 모두 이것에 의하여 성도를 이룬 것이고 『유마경』에 의하면 제불에서 미륵까지 모두 여이며 일체중생도 모두 여라고 하는 것이다. 그리고 불성이 누구에게나 있는 자성[50]이라고 하며 『금강반야바라

---

47) 평천창·미산웅일·고기직도 편저, 정승석 역(2005), 위의 책, p.216.
48) 『佛說維摩詰經』卷1(T14, p.521b15~17), "佛法身者, 從福祐生, 佛身者, 從智生, 從戒品, 定品, 慧品, 解品, 度知見品生, 從慈悲喜護生." ; 『金剛般若波羅蜜經論』卷3(T25, p.795a7), "法身者是智相身."
49) 여여(如如): 여여는 산스크리트어로 'tathatā'라고 하며 분별이 끊어져 마음에서 번뇌 망념이 일어나지 않는 마음을 말하며 제법의 본성(本性)을 말한다.
50) 『頓悟入道要門論』卷1(X63, pp.20c21~21a2), "問. 如如者云何. 答. 如如是不動義, 心眞如故, 名如如也. 是知過去諸佛行此行亦得成道, 現在佛行此行亦得成道, 未來佛行此行亦得成道, 三世所修證道無異, 故名如如也. 維

밀경주해』에 의하면 "여여란 법신의 근본으로 화신은 이미 법신이며 즉 거래가 없는 부동의 경지를 말한다"51)라고 하고 부동은 여여이고 여래이며 진여 본성이라고 한다. 그리고 『금강경찬요간정기』에 의하면 자신이 어떻게 여여와 계합하는가를 다음과 같이 설하고 있다.

> 어찌 여여와 계합한다고 하는 것인가 하면 갈(曷)은 어찌 이고 계는 합친다는 것이며 여여는 바로 위의 삼공[我空, 法空, 俱空]을 나타내는 것으로 근원적으로는 진성을 말하는 것이다. 이공의 집착을 끊고 공이라는 집착도 없는 것으로 공병도 역시 공하게 되면 비로소 본래의 근원인 진성과 계합하는 것이다. 어찌하여 그런가 하면 버렸다는 마음까지도 버리지 않는다면 즉 유위에 걸리고 공에 걸리게 되니 어찌 자신이 진여본성과 계합하겠는가?52)

진성이 "여나 이"53)와 같이 되어 공(空)이라는 사실을 자각하여도 구하려는 마음까지도 버리고 수행을 해야 한다. 하지만 "작불하려는 '상'을 가지고 마음으로 삼아승지겁을 수행하여도 근본적인 자신의 진성불과는 어긋나게 되어 부처가 될 수 없다고 하며 자성의 부처를 구해야 한다."54)라고 하고 있다.

摩經云. 諸佛亦如也. 至於彌勒亦如也. 乃至一切衆生悉皆如也. 何以故. 爲佛性不斷有性故也."

51) 『金剛般若波羅蜜經註解』卷1(T33, p.238b3~4), "如如者, 法身之理也. 化身既即法身, 則無去無來故(云如如)不動也."

52) 『金剛經纂要刊定記』卷1(T33, p.177a13~17), "曷契如如者, 曷何也, 契合也, 如如者, 即上三空之表, 本源眞性也. 二空破執, 執喪空明, 空病亦空, 方契本元眞性也. 意云. 若不先遣遣, 即滯有滯空, 何能契合眞如本性."

53) 『出三藏記集』卷7(T55, p.48a26~27), "如者爾也."

54) 『黃檗斷際禪師宛陵錄』(T48, pp.385c28~386a2), "將謂一箇心學取佛去, 唯擬作佛, 任爾三祇劫修, 亦祇得箇報化佛, 與爾本源眞性佛有何交涉. 故

여여는 진제이고 법이나 중생 등의 본성55)이라고 하고 있고 진성의 본체로 활용하는 것을 여래라고 하며 부처를 여래라고 경(經)에 사용한다.56)라고 하는 것을 보면 여래와 여여 그리고 부처는 동일한 것이다. 『금강경주해』에 의하면 "여여는 무소유의 경계를 깨닫는 것이고 『유마경』에 의하면 '여'라고 하는 것은 차별분별이 없는 것으로 일체법이 '여'이고 모든 성현이나 미륵도 여이다."57)라고 하고 있듯이 제법이 여라는 뜻으로 부처의 지혜를 뜻하는 것이며 마음에 동요가 없어야 하는 것으로 유위법을 꿈이나 환상과 같다고 관조하면 여여한 부동의 경지58)가 되는 것이다.

여여부동의 경지에 대하여 마음과 대상경계가 '여'가 되어야 부동이고 미세한 오염이 되지 않아야 하는 것으로 반드시 탐욕이 없어야 하는 것59)이다. 이것은 어느 누구나 가지고 있는 것이기에 부처가 출세하든 하지 않든 상관없는 것이다. 그러므

云. 外求有相佛, 與汝不相似."

55) 『放光般若經』卷16(T08, p.112b9~11), "佛言. 如如. 云何如如. 佛言. 如眞際. 云何如眞際. 佛言. 如法性, 如衆生性, 如壽性, 如命性."

56) 『金剛經註解』卷1(X24, p.763b9~12), "此佛所以謂之如來. 然則言如如者, 乃眞性之本體也. 言來者, 乃眞性之應用也. 是則如來二字, 兼佛之體用而言之矣. 此經所以常言如來也."

57) 『金剛經註解』卷3(X24, p.798b3~5), "如如者, 得無所有境界. 故維摩經云. 如者不二不異, 一切法亦如也, 衆聖賢亦如也, 至於彌勒亦如也."

58) 『金剛經註正訛』(X25, p.359a13~19), "如如者, 如其所來, 如其所往, 諸法如義, 即佛智慧也. 不動者, 不爲得心所動, 不爲因果所動, 蓋佛設化, 不過應緣而說, 緣了則寂, 乃自如之甚, 而心體未嘗動也. 不取於相則無住, 如如不動則降伏矣. 與人演說即是相, 云何不取於相耶. 一切有爲法, 如夢幻泡影, 如露亦如電, 應作如是觀."

59) 『金剛經彙纂』卷2(X25, p.810b11~15), "如者如是之謂, 如如則自如之甚也. 不動, 正明其所謂如如, 言不變動其本體也. 取相即非如如, 即是動不取相, 即如如而不動也. 又曰. 心如, 境如, 故曰如如不動, 即無染義, 微細念慮, 盡名爲染, 不必貪欲."

로 이사60)나 성상은 항상 하는 것을 법계라고 하며 여여61)라
고 하는 것처럼 청정한 본성인 여(如)로 인하여 여래나 부처가
탄생하게 되는 것62)이라고 하고 있다.

2) 반야지(般若智)

반야63)의 지혜라고 하는 것은 일체법을 관조하여 본성이 공
(空)이라고 관조하여 아는 것64)을 말하는 것으로 반야는 지혜
라는 말의 범어 이다. 본래 자신의 청정한 본심이 무명으로 가
려져 사상의 환상 속에서 모든 번뇌 망념이 일어난다는 사실
을 지금 반야지로 체득하면 매일매일 항상 번뇌 망념의 환상

---

60) 『銷釋金剛經科儀會要註解』卷3(X24, p.684b6), "言如如者, 即事即理, 故
稱之爲如如也."
61) 『勝天王般若波羅蜜經』卷6(T08, p.718b21~22), "若佛出世, 若佛不出,
性相常住, 是名法界, 亦曰如如, 名不異際(除)."
62) 『放光般若經』卷12(T08, p.84a4~16), "佛從如生, 無去無來. 須菩提如亦
不來亦不去. 以是故, 須菩提從佛生. 佛之如者則爲一切諸法之如, 如諸法如
則佛之如, 如者亦復非如. 是故須菩提爲從佛生. 如佛如住, 須菩提如亦如是
住. 如佛之如無作無爲亦無所有, 須菩提如亦復如是. 如佛之如無所罣礙, 諸
法之如亦無所礙. 如佛之如, 諸法之如, 一如無二亦無作者. 無作之如常爾,
無不不爾. 從有如爾無不爾時, 常一無二, 是故知尊者須菩提從如來生. 如佛
之如亦無所壞, 須菩提之如亦無所壞亦不不壞. 如佛之如亦不可見不可破壞,
須菩提如亦復如是."
63) [네이버지식백과], 반야(般若): 「https://terms.naver.com/entry.naver?
docId=556481&cid=46648&catego ryId」[21. 12. 4검색]에 의하면 "반야
는 범어로 프라즈나(prajna)이며 인간이 진여의 지혜를 체득하는 것을 말
한다. 보통 말하는 판단능력인 분별지(vijnana)와 구별 짓기 위하여 반야
라는 음역을 그대로 사용한 것이며, 달리 무분별지라고도 한다. 이 반야의
사상은 대승불교에서 확립된 것이다. ... 진여의 지혜는 자신의 법이 만법
으로 경계지성이 되어야 하는 것이다. 깨달음이라고 하는 것은 자신이 아
는 것을 진여와 같게 되는 것이므로 이것을 반야라고 하며 진여의 지혜라
고 한다.
64) 『仁王護國般若經疏』卷5(T33, p.282b2), "空者即般若智慧也."

을 제거하므로 제법이 공(空)이라고 요달하게 된다. 그러므로 악인이 모두 없어지게 되는 것[65]이고 죄업이 무자성이 되는 것도 이와 같은 것이다.

무명도 없다고 하는 것에 대하여 『반야바라밀다심경주해』에 의하면 "무명이 없다는 것은 보살이 반야지로 이 무명을 관조하면 이것의 본성은 본래 공(空)이므로 생멸상이 없게 되는 것이다 그러므로 무명도 없고 무명이 없다는 것도 없게 되는 것"[66]이며 이 "반야지로 자신의 마음을 호념하면 증애의 망념이나 육진의 오염으로 인하여 생사고해에 빠지지 않게 된다. 그리고 자신의 마음속에는 항상 정념이 있게 되어 삿된 망념이 일어나지 않는 것을 자성의 여래라는 사실을 스스로 호념하는 것"[67]이라고 한다.

반야지를 체득했다고 하는 것은 법신이 드러나는 것으로 자신이 공덕신을 성취하여 오염된 것을 정화하는 것이다. 또한 법신으로 체를 삼고 활용하여 자신이 일체의 중생신을 받아들여 널리 색신을 나타내는 것[68]이다.

연등불이 석가모니에게 수기를 한 것에 대하여 무슨 특별한 수행을 하여서 수기를 한 것이 아니라 반야지를 체득하는 수

---

65) 『般若心經略疏連珠記』卷2(T33, p.568a19~21), "由本淨心爲無明所眠, 夢於四相起諸煩惱, 今得般若智, 日破煩惱夢, 了諸法空故, 云惡因盡也."
66) 『般若波羅蜜多心經註解』(T33, p.570b8~10), "無無明等者, 菩薩以般若智觀此無明, 其性本空無生滅相. 故云無無明亦無無明盡也."
67) 『金剛經解義』卷1(X24, p.518c7~9), "以般若智, 護念自身心, 不令妄起憎愛, 染外六塵, 墮生死苦海, 於自心中, 念念常正, 不令邪起, 自性如來, 自善護念.
68) 『金剛經會解』卷2(X24, p.587a9~11), "謂得般若智故, 顯出至得法身, 及能成就功德身, 轉染爲淨, 依於法身從體起用, 即能現攝一切衆生身, 所謂普現色身是也."

행을 하였기에 수기를 한 것이다. 그리고 자신의 만법(萬法)이 공(空)이라는 사실을 지금 바로 깨닫고 단상의 견해를 초월하였기에 부처라고 수기를 한 것이라고 하고 있다.

실제로 고정된 법이 없는 것을 아뇩다라삼먁삼보리를 얻었다고 하는 것이므로 연등불이 나에게 수기를 하면서 말씀하시기를 그대는 이후에 마땅히 부처가 될 것이고 이름을 석가모니라 할 것이라고 하셨다. 반야지로서 제법이 여여하다는 것을 요달하여 법이 생기는 것을 공이라고 자각하여 단상하는 견해를 벗어난 것인데 어찌 다른 특별한 법으로 깨달음이 있겠는가? 이와 같이 무소득이므로 연등불께서 내가 이와 같이 수행하는 줄 알고 수기를 한 것이다.[69]

반야지에 의하여 부처가 탄생한다는 사실과 자성이 공(空)이고 자신의 일체법이 공(空)이 되어 실천하면 부처가 되는 것을 말하고 있다.

3) 반야바라밀(般若波羅蜜)

반야바라밀은 지혜바라밀이라고 하는 것으로 범어로는 'prajñāparami tā'로 차별과 분별이 없는 완벽한 지혜를 성취하는 것이라는 뜻으로 철저한 지혜로 피안에 도달하는 것[70]을 말

---

69) 『金剛般若經挾註』(T85, p.136a10~13), "以實無有法得阿耨多羅三藐三菩提, 是故然燈佛, 與我授記, 作是言, 汝於來世, 當得作佛, 號釋迦牟尼. (以般若智, 了諸法如, 悟生法空, 離斷常見, 豈別有法得菩提耶. 以是無得之故, 故然燈佛, 知我修行, 與我授記爾也."

70) 『般若心經一貫疏』(X26, p.882b10), "舊說般若者智慧也波羅蜜者到彼岸也"

한다. 『방광반야경』에 의하면 "반야바라밀은 모든 선법은 공덕의 어머니라는 것이고 반야바라밀은 삼승의 법을 모두 수지하고 있으므로 과거의 제불과 세존도 모두 반야바라밀을 행하여 자신이 스스로 아유삼불(阿惟三佛, abhi-saṃbuddha, 현등각, 바른 깨달음)이 되었다. 그러므로 미래의 제불세존도 반야바라밀을 행하여 자신이 스스로 아유삼불이 될 것이며 현재의 시방에 있는 항하사와 같은 나라의 제불세존도 역시 반야바라밀을 행하여 자신이 스스로 아유삼불이 되는 것이다."71)라고 하고 있듯이 반야바라밀에 의하여 아유삼불이라는 부처가 이룬 진정한 깨달음을 이룬다는 것이다. 또한 보살이 반야바라밀을 행하려고 하면 불도를 청정하게 하고 육바라밀을 청정하게 행해야 하는 것72)이다. 그리고 반야바라밀을 수지하고 행한다는 것은 나머지 바라밀도 수지73)하고 행해야 부처가 되는 것이다.

반야바라밀은 행해야 하는 것으로 반야는 지혜이고 항상 자신의 생각을 관조하여 지혜로 실천하는 것을 반야의 지혜라고 하는 것이며 바라밀은 피안에 도달한다는 것으로 자신이 번뇌 망념의 생멸을 벗어난다는 것이다. 그러므로 대상경계를 집착하면 망념의 생멸이 생기는 것은 물이 흘러가는데 파랑이 생기는 것과 같아서 경계에 따라 망념이 생기는 것이니 차안이라고 한다. 그러나 이 대상경계를 집착하지 않으면 번뇌 망념

---

71) 『放光般若經』卷5(T08, p.37c5～10), "般若波羅蜜者, 諸善法功德之母. 般若波羅蜜者, 悉持三乘之法. 諸過去佛世尊皆行般若波羅蜜, 自致成阿惟三佛. 當來諸佛世尊亦行般若波羅蜜, 自致成阿惟三佛. 現在十方恒邊沙國諸佛世尊, 亦行般若波羅蜜自致成阿惟三佛."

72) 『放光般若經』卷2(T08, p.8c5～6), "菩薩行般若波羅蜜者, 淨於佛道, 淨於六波羅蜜."

73) 『小品般若波羅蜜經』卷2(T08, p.542a7～8), "受持般若波羅蜜者, 則爲受持諸波羅蜜."

의 생멸이 없게 되어 물이 흘러가는데 항상 끊이지 않고 흘러서 뒤돌아보는 집착이 하나도 없는 것을 피안에 도달했다고 하는 것이다. 그래서 바라밀을 실천한다고 하는 것이고 또 반야의 지혜는 무주, 무거, 무래이므로 삼세의 모든 부처가 이 반야의 지혜에 의하여 출세하게 되는 것[74]이라고 하고 있듯이 누구나 반야바라밀에 의하여 부처가 되는 것[75]이다. 『금강경주해』에 의하면 "반야바라밀은 반야의 지혜로 번뇌 망념을 끊고 피안에 도달하여 임운자재하게 생활하는 것[76]을 말하는 것이라고 모든 부처가 반야바라밀을 설한 것[77]이다.

『반야경』의 공사상으로 다불을 인정하면 여래는 법신이고 반야바라밀을 수행하면 여래가 되는데 여래의 마음은 여여부동의 경지이다. 그러므로 마음과 대상경계가 여(如)인 부동이고 미세한 오염도 없는 것으로 누구나 가지고 있는 것이다. 그래서 자신의 법계가 여여(如如)하면 청정한 본성인 여(如)로 인

---

74) 『六祖壇經』(T48, pp.339c22~340a21), "摩訶般若波羅蜜者, 西國梵語, 唐言大智惠彼岸到. 此法須行, 不在口念, 口念不行, 如幻如化. 修行者, 法身與佛等也. ... 善知識, 即煩惱是菩提. 前念迷即凡, 後念悟即佛. 善知識, 摩訶般若波羅蜜, 最尊最上第一, 無住無去無來. 三世諸佛從中出. 將大智惠到彼岸, 打破五陰煩惱塵勞, 最尊最上第一. 讚最上乘法修行 定成佛. 無去無住無來往, 是定惠等, 不染一切法, 三世諸佛從中 變三毒為戒定惠."; 이후의 판본은 CBETA(ver. 2018)을 사용함. ; 원래 제목은 『南宗頓教最上大乘摩訶般若波羅蜜經六祖惠能大師於韶州大梵寺施法壇經』이나 줄여서 『六祖壇經』으로 함. 앞으로 나오는 『육조단경』의 번역은 양지(2015), 『진여의 지혜로 살아가는 법을 설한 돈황본 육조단경』에서 인용하였음.
75) 『般若心經事觀解』(X26, p.898a23~24), "般若波羅蜜者, 呪生成佛, 圓教, 超偏也."
76) 『金剛經註解』卷2(X24, p.783a19~22), "佛說般若波羅蜜者, 實相般若之堅, 觀照般若之利. 截煩惱源, 達涅槃岸. 即非般若波羅蜜者, 既知法體元空, 本無妄念. 若無諸罣礙, 湛然清淨, 自在逍遙, 是名即非般若波羅蜜也."
77) 『金剛般若經贊述』卷1(T33, p.139a16~17), "佛說般若波羅蜜者十方佛同說也."

하여 여래가 탄생하게 되는 것이다. 그러므로 반야지에 의하여 여래가 탄생한다는 사실과 자성이 공(空)이고 자신의 일체법이 공(空)이 되어 실천하면 부처가 되는 것이고 삼세의 모든 부처가 이 반야의 지혜에 의하여 출세하게 되는 것이고 반야바라밀을 실천하면 부처로 생활하게 되는 것이다.

2. 『법화경』에서 여실지견(如實知見)

한역된 『법화경』은 『정법화경』10권 27품, 『묘법연화경』7권 28품, 『첨품묘법연화경』7권 27품 등이 있는데 『법화경』에서는 사성제의 수행으로 성취한 성문과 12연기의 관법으로 수행하여 성취한 연각, 육바라밀을 수행하는 보살이 모두 일불승으로 가기 위한 방편[78]이라고 설하고 있다.

『법화경』에 이승과 삼승이 모두 일승으로 가는 방편이라고 회삼귀일, 개삼현일, 개권현실[79]등을 설하고 있다. 이것을 방편으로 비유하여 설하고 있는 7가지를 보면 삼거화택의 화택비유, 장자궁자의 궁자비유, 삼초이목)의 약초비유, 화성보처의 화성비유, 보주계기의리의 의주비유, 계중명주의 계주비유, 양의치자의 의자비유를 설한 것[80]은 모두가 일승으로 가기 위한 방편인 것이다.

그러므로 구경에는 모두가 일불승이 된다는 것으로 『법화경현찬요집』에 의하면 "여래는 자신이 수행하여 체득한 것의 결

---

78) 불교교재편찬위원회(1997), 『불교사상의 이해』, 서울: 불지사, p.201.
79) 『法華經義記』卷2(T33, p.592a26.),"會三歸一皆是眞實." ; 『法華經義記』卷1(T33, p.582b28), "所明正言無二無三, 會三歸一." ; 『法華經義記』卷2(T33, p.587c6~7), "第一句通爲開三顯一, 開近顯遠作譬." ; 『妙法蓮華經玄義』卷1 (T33, p.685b16~18), "問. 一切法皆佛法, 何意簡權取實爲體. 答. 若開權顯實, 諸法皆體. 若廢權顯實, 如前所用." ; 『法華宗要』(T34, p.873a25~b3), " 一開示中合有四義. 一者用前三爲一用, 前三乘之教即爲一乘教故. 二者將三致一, 將彼三乘之人同致一乘果故. 三者會三歸一, 會昔所說三乘因果還歸於本一乘理故. 四者破三立一, 破彼所執三乘別趣以立同歸一乘義故. 此經具有如是四種勝用, 故言開方便門示眞實相."
80) 『法華玄義釋籤』卷2(T33, p.828b22~25), "七譬者, 一火宅, 二窮子, 三藥草, 四化城, 五繫珠, 六頂珠, 七醫子, 須以七譬各對蓮華權實之義, 方得顯於總別意耳."

과가 여래"라고 하는 것은 삼승의 방편이 모두 일승으로 가기 위한 것이고 자신이 도(道)를 체득하여 지혜로 수도하여 번뇌의 윤회를 끊으면 여래가 되는 것[81]이다.

육도의 모든 중생들이 성불[82]할 수 있다는 것은 삼승의 수행자뿐만 아니라 모든 중생이 반야의 지혜를 구족하기만 하면 성불하게 되는 것이며 여래는 위대한 지혜가 있으므로 반야바라밀이고 법신이라고 하는 것이다. 그러므로 청정한 반야의 지혜를 구족하고 대자비를 구족하여 생사와 열반에 집착하지 않고 자신이 여실하게 수도한다면 정각을 이루고 여래가 되는 것[83]은 여래의 법신이 성불하게 되는 것이다.

『법화경』을 두 가지로 나누어 적문(迹門)과 본문으로 설명하고 있는데 적문은 앞의 설명처럼 방편으로 일불승을 설하는 것이고 본문은 여래의 본성과 불신은 구원성불[84]이라고 설하

---

81) 『法華經玄贊要集』卷14(X34, p.509c23∼24) "如來者. 自身所得如來果也. 身中見道 修道智能 破煩惱名輪."

82) 『法華經義記』卷1(T33, p.583a13∼14), "爾時六種者, 動衆, 六道衆生皆成佛也." ; 『法華經義記』卷5(T33, p.632b26∼27), "座席即會三成一, 明聲聞小行皆成佛果." ; 『法華經義記』卷6(T33, p.640a7), "明三乘人皆轉作菩薩, 皆成佛道." ; 『法華文句記』卷2, T34, p.192b18∼21. "至法華中一切無不皆成佛道. 所言義者, 謂可成也. 故以成佛義爲一乘經序. 又云. 等者, 若爾, 方等般若亦明無相,亦應以方等般若爲."

83) 『法華經演義』卷6(X33, pp.265c24∼266a9), "言如來者, 以佛有大智慧, 有大慈悲, 故不住於生死, 復不住於涅槃, 而能乘如實道, 來成正覺, 故名如來. 若就文而言, 則有釋迦如來, 有分身如來, 而釋迦是主, 分身是伴. 釋迦是一, 分身是多. 政所謂一多無礙, 主伴圓融, 而共現神力也. 言神方者, 靈妙莫測謂之神, 運用自在謂之力. 然如來能現於神力者, 以其究竟證得三千性相, 百界千如, 諸法實相之理, 故從體起用, 稱性發揮, 現於十種神力. 令諸菩薩天人, 覩斯妙用, 自然在在流通, 永永不絕也."

84) 구원성불(久遠成佛): 과거에서부터 본래 성불하였다는 것은 방편으로 불법이 단절되지 않게 하려는 것이라고 경에 다음과 같이 설하고 있다. 『法華經大窾』卷5(X31, p.790c19∼23), "如來既從塵點劫先久遠成佛, 常在娑婆說法教化. 何故又說在然燈佛所授記, 作佛授記之後, 便入涅槃. 答云. 此等皆是如來方便, 爲世間立法王法師標榜, 轉相授受, 令如來道統相繼不斷

고 있다. 그러나 수행하는 법이 쉽지 않다는 것을 『묘법연화경』권6 「상불경보살품」에서는 다음과 같이 비유하여 설하고 있다.

최초에 위음왕여래가 이미 멸도한 후에 정법이 사라지고 상법시대에 증상만이 많은 비구 대세력을 이루고 수행하고 있었다. 그때에 한 보살비구가 있었는데 이름을 상불경보살이라 하였었다. 득대세야 어떤 인연으로 이름을 상불경보살이라 하였는가 하면 이 비구는 비구, 비구니, 우바새, 우바이를 만약에 보기만 하면 누구에게나 예배하고 찬탄하며 다음과 같이 말 했었다. 나는 그대들을 매우 공경하여 경솔히 가볍게 보지 않습니다. 왜냐하면 그대들은 모두가 보살도를 행하면 마땅히 성불할 것이기 때문입니다. … 이때에 증상만을 가진 사부대중인 비구, 비구니, 우바새, 우바이들이 이 사람을 가벼이 생각하고 천대하여 상불경보살이라고 부른 이들도 이와 같은 큰 신통력과 낙설변력(樂說辯力), 대선적력(大善寂力)을 얻은 것을 보고는 그의 말하는 것을 듣고 믿어 순종하며 따르게 되었다. 이 보살은 다시 천 만억 중생을 제도하여 무상정각에 들게 하였다. 명(命)을 마친 뒤에 곧 이천억불 부처님을 만났는데 이름이 모두 일월등명불이라 하였는데 그 법회중에 이 『법화경』을 설하였다. 이 인연으로 다시 이천억 부처님을 만났는데 이름은 모두 운자재등왕이었다. 이 제불의 법회중에서 수지 독송하여 사부대중을 위하여 이 경전을 설하여 항상 눈이 청정하고 이비설신의의 모든 근이 청정하여서 사부대중에게 설법을 하여도 마음에 두려움이 없었다. 득대세여 이 상불경보살 마하살이 이와 같이

耳.” 이와 같이 설한 이유는 중생들에게 여래의 불지견을 체득하게 하려는 방편이다. 그러나 일불만을 말하는 석가모니의 성불이 과거에서부터 지금까지 방편이라고 설하고 있는 것은 불신인 생신을 말하는 것이 아니라 법신이고 불성인 것이다. 방편으로 설하고 있다는 7가지 비유와 연등불도 모든 중생들이 여래의 여실한 지견을 깨닫게 하기 위한 것이다.

제불에게 공양하고 공경하며 존중하고 찬탄하여 모든 선근을 심은 후에 다시 천 만억 부처님을 만나고 역시 제불의 법회에서 이 경전을 설하여 공덕을 성취하고 마땅히 성불하였다.85)

이처럼 증상만86)이 있는 비구, 비구니, 우바새, 우바이들이 상불경보살이라고 하며 비웃고 욕하고 때려도 물러서지 않는 마음인 여래의 법신이 항상 자신에게 상주하고 있다고 하는 것이다. 사중(四衆)중에서 증상만이 있는 이들은 과격하게 행동으로 나타내는 것이지만 나머지 사중들도 역시 상불경보살이 성불할 것이라고 하는 것이다. 이런 수기를 허망한 수기라고 하며 수기를 주는 사람은 부처이어야 하는데 알지도 못하는 이가 와서 자신들에게 수기를 하고 있다고 하는 것은 자신들의 법신여래를 믿지 않고 있다는 것을 반증한다고 추측할 수 있다.

불지견을 개시오입하기 위하여 여래께서 출현한 것은 어느

---

85) 『妙法蓮華經』卷6(T09, pp.50c14～51a21), 最初威音王如來, 既已滅度, 正法滅後, 於像法中, 增上慢比丘有大勢力. 爾時有一菩薩比丘, 名常不輕. 得大勢. 以何因緣名常不輕. 是比丘, 凡有所見, 若比丘, 比丘尼, 優婆塞, 優婆夷 悉禮拜讚歎, 而作是言. 我深敬汝等, 不敢輕慢. 所以者何. 汝等皆行菩薩道, 當得作佛. … 於時增上慢四衆, 比丘, 比丘尼, 優婆塞, 優婆夷, 輕賤是人, 爲作不輕名者, 見其得大神通力, 樂說辯力, 大善寂力, 聞其所說, 皆信伏隨從. 是菩薩復化千萬億衆, 令住阿耨多羅三藐三菩提. 命終之後, 得値二千億佛, 皆號日月燈明, 於其法中, 說是法華經. 以是因緣, 復値二千億佛, 同號雲自在燈王. 於此諸佛法中, 受持讀誦, 爲諸四衆說此經典故, 得是常眼淸淨, 耳鼻舌身意 諸根淸淨, 於四衆中說法, 心無所畏. 得大勢. 是常不輕菩薩摩訶薩, 供養如是若干諸佛, 恭敬, 尊重, 讚歎, 種諸善根, 於後復値千萬億佛, 亦於諸佛法中說是經典, 功德成就,當得作佛."
86) 증상만(增上慢): 7만(慢)이나 8만(慢), 9만(慢)중의 하나로 증상만(增上慢)은 아직까지 깨닫지 못했으면서 증득했다고 생각하는 것으로 위대한 성법(聖法)을 체득하지 못했으면서 타인을 향해서는 자신은 위대한 성법(聖法)을 증득했다고 생각하고 말하는 거짓말을 말한다.

누구나 성불할 수 있다는 것을 설하고 있는 것인데도 실제로 살아있는 부처님이 수기를 주지 않으면 믿지 않으려고 하는 이들을 위하여 이와 같이 방편으로 설하고 있는 것이다. 이와 같은 『법화경』의 일체중생의 불지견과 구원성불의 사상(思想)은 당대의 『원각경』에서 중생본래성불[87]을 설하는 것은 당연한 것이고 선어록의 탄생을 예고하고 있는 것이 된다.

『법화경』에서 여래는 시방삼세의 제불과 같은 것으로 본불적불(本佛迹佛)과 같은 명칭으로 공덕이며 진실로서 허공과 같은 불성을 구족하고 있으므로 공덕은 법신에 있는 것[88]이고 여래나 부처도 법신에 있는 것[89]이기 때문에 자신이 공덕[90]을 구족하면 여래[91]로 살아갈 수 있는 것이다.

---

87) 鄭性本(2000), 『선의 역사와 사상』, 서울, 불교시대사, p.102.
88) 『六祖壇經』(T48, p.341a29), "功德在法身."
89) 『法華經義記』卷5(T33, p.627a29), "如來在法身." ; 『法華玄義釋籤』卷20(T33, p.958a26~27), "佛在法身地佛眼洞覽." ; 『妙法蓮華經文句』卷5(T34, p.61b13~14), "今明佛在法身之地寂而常照, 恒以佛眼洞覽無遺." ; 『妙法蓮華經文句』卷9(T34, p.133a23~26), "夫法身者, 雖非生非滅亦有生滅, 若迷心執著, 即煩惱生而智慧滅. 若解心無染, 即智慧生煩惱滅."
90) 공덕(功德) : 자신의 본성을 견성하는 것을 공(功)이라 하고 밖으로 평등하고 정직하게 살아가는 것을 덕(德)이라고 한다.
91) 『法華玄義釋籤』卷9(T33, p.877c20~24), "復次善男子. 言眞實者即是如來. 如來者即是眞實, 眞實者即是虛空, 虛空者即是眞實. 眞實者即是佛性, 佛性者即是眞實, 故知虛空佛性祇是中道異名耳. 四諦俱實故名無作." ; 『法華經大意』(X27, p.542c12~14), "如來, 是諸佛之通號, 是上三佛之通稱, 是別擧人. 壽量者. 詮量諸佛之功德, 此別標法也. 亦是詮量三佛之功德." ; 『法華經文句纂要』卷6(X29, p.748c2~4), "釋如來壽量品, 如來者. 十方三世諸佛之二佛三佛本佛迹佛之通號. 壽量者, 詮量也. 詮量十方三世二佛三佛本佛迹佛之功德也." ; 『法華經文句纂要』卷6(X29, p.748c6), "二如來者, 一眞身, 二應身." ; 『法華經文句纂要』卷6(X29, p.748c13~14), "三如來者, 法報化也. 大論云. 如法相解, 如法相說. 故名如來."

1) 무가보주(無價寶珠)

『법화경』에서 친구가 무가보주를 옷 속에 넣어 주었는데 사용도 하지 못하고 가난한 삶을 살아가는 사람을 비유하여 설하고 있다. 이것은 어느 누구나 가지고 있는 불성을 깨달아 사용하기만 하면 된다고 하고 있는 것으로『묘법연화경문구』「석오백제자수기품」에 의하면 "무가보주는 일승의 실상인 진여의 지혜를 말하는 것이다. 그리고 옷 속에 넣었다는 것은 참괴와 인욕으로 진에를 막고 외부의 악을 방지 하는 것이 외의이고 마음속의 선근이 불심이라고 확신하여 기뻐하는 것은 내의이며 불법을 들을 때에 미묘하게 확신하는 기쁨은 지혜를 요달한 종자로 인한 것이다. 술에 취하여 아무것도 모르고 자는 것은 무명의 마음이 아주 깊어 생각을 하지 못하여 게을러서 불법을 받아들이지 못하는 것을 말하는 것이다. 그러므로 무가보주가 옷 속에 있어도 알지도 찾지도 못하여 가난한 것이며 타국에 간 것은 소승이나 삼승에 떨어진 것"[92]이라고 설하고 있듯이 자신이 자신의 불성을 찾지 못하고 어리석게 사는 것을 방편으로 가르치기 위하여 다음과 같이 설하고 있다.

> 세존이시여, 비유하면 어느 사람이 친구의 집에 찾아와서 술에 취해 자는데 그때 그 집의 친구는 볼일이 있어 밖에 나가면서 무가보주를 그의 옷 속에 넣어 두고 갔는데 술에

---

92) 『妙法蓮華經文句』卷8(T34, p.107a2~9), "無價寶珠者, 一乘實相眞如智寶也. 繫其衣裏者, 慚愧忍辱能遮瞋恚及防外惡, 即是外衣, 信樂之心內裏善根, 即是內衣, 于時聞法微信樂欲, 即了因智願種子也. 第二醉臥不覺知者, 無明心重尋復不憶, 此領中間懈退不受大法也. 第三起已遊行他國者, 領上中間接之以小受三乘化也."

취한 친구는 그것을 모르고 잠에서 깨어나 멀리 타국에 갔
다. 그곳에서 의식(衣食)을 구하려고 심한 고생을 하였다.
만약에 조그만 소득이 있으면 바로 그것으로 만족하며 살았
다. 그러다가 이후에 친구를 만나서 말을 하였습니다. 어리
석은 대장부야! 어찌 의식 때문에 지금까지 이렇게 사는가?
내가 지난 날 그대가 안락하고 오욕락을 즐길 수 있도록 모
년일월에 무가보주를 그대의 옷 속에 넣어 주었는데 지금
그대로 있는데도 모르고 의식주를 구하려고 괴로워하고 있
으니 참으로 어리석다. 그대가 지금 이 보주로 소용되는 것
들을 사면 항상 뜻과 같이 되어 모자람이 없을 것이다.[93]

이처럼 자신의 불성을 찾지 못하면 항상 어리석은 삶을 살아
가게 된다고 비유하는 것으로 어느 누구에게나 있는 불성을
무가보주에 비유하여 대보리심이라고 하는 것은 자신의 마음이
불성이라고 자각하는 것을 말하는 것이므로 진여의 지혜이고
보주를 다음과 같이 자세하게 설명하고 있다.

무가보주를 설명하면 대보리심이다. 보주에는 세 가지가
있는데 첫째는 물과 같이 청정한 것이고 둘째는 여의이고
셋째는 금을 토해내는 것이다. 금을 토해내는 것에는 세 가
지가 있는데 첫째는 하품으로 금을 토하여 하나로 천배를
얻는 것이고 둘째는 중품으로 금을 토하여 만 배의 이익을
얻는 것이고 셋째는 상품으로 금을 토하여 무량한 이익을

---

93) 『妙法蓮華經』卷4(T09, p.29a5~16), "世尊. 譬如有人至親友家, 醉酒而
臥. 是時親友官事當行, 以無價寶珠繫其衣裏, 與之而去. 其人醉臥, 都不覺
知. 起已遊行, 到於他國. 爲衣食故, 勤力求索, 甚大艱難. 若少有所得, 便
以爲足. 於後親友會遇見之, 而作是言. 咄哉, 丈夫. 何爲衣食乃至如是. 我
昔欲令汝得安樂, 五欲自恣, 於某年日月, 以無價寶珠繫汝衣裏. 今故現在,
而汝不知, 勤苦憂惱, 以求自活, 甚爲癡也. 汝今可以此寶貿易所須, 常可如
意, 無所乏短."

얻는 것인데 비유하면 일에서 삼이 나올 수 있다는 것을 비유한 것이고 소승에서 대승으로 다음에 가게 되는 것을 비유한 것이다. 물이 청정하다는 것은 불법으로 번뇌가 청정하다는 것을 깨닫게 하기 위한 비유이고 여의는 대보리심을 깨닫게 하는 비유로 구하는 것을 모두 만족하게 하는 것이며 지금 이것을 취하여 깨닫게 하는 비유로 옷은 자신이 가지고 있는 의식을 말하는 것으로 훈습해야 하는 것이며 발심을 가르치기 위한 것이다.[94]

비유하여 설명한 것이지만 자신의 의식인 마음에 불성이 있다는 사실을 확신해야 과거의 고정관념을 버리고 새롭게 일체지의 마음으로 불법에 맞게 훈습할 수 있는 것을 설한 것인데 자신에게 불성이 있다는 사실을 잊고 살아가고 있는 것을 친구에 비유하여 설하고 있다.

2) 큰 백우의 수레[大白牛車]와 상투속의 마니보주 [髻珠]

백우와 마니보주 등을 경전에서 사용하는 것은 방편으로 자신의 마음에서 본심이나 불성[95]을 비유한 것으로 평등한 대지혜를 말하는 것[96]이며 여래나 열반을 뜻한다는 것을 바르게

---

94) 『妙法蓮華經玄贊』卷8(T34, p.804,c7〜13), “以無價寶珠謂, 大菩提心. 寶珠有三, 一水清, 二如意, 三吐金. 吐金有三, 一下品吐一得千倍, 二中品吐一得萬倍, 三上品吐一得無量倍, 喻於一乘能出三乘, 從小至大如次配之. 水清總喻佛法清煩惱故, 如意喻大菩提心. 隨求皆滿故, 今取此爲喻, 衣謂意識繫謂熏習, 教之發心已.”

95) 『大般涅槃經』卷5(T12, p.395c15〜17), “如來者即是涅槃, 涅槃者即是無盡, 無盡者即是佛性, 佛性者即是決定, 決定者即是阿耨多羅三藐三菩提.”

96) 『法華義疏』卷6(T34, p.528b14), “大白牛車者, 謂平等大慧也.”

아는 안목이 있어야 한다.

대백우는 구경의 지혜를 말하지만 더 풀이하면 대라고 하는 것은 크고 위대하다는 것이고 백(白)은 청결하며 우(牛)는 도력(道力)을 말하는 것97)이고 여시한 불성을 나타내며 무상98)이라고 계주99)에 비유하여 설하고 있기 때문에 이것이 중도실상100)을 나타내는 방편이나 비유라는 사실을 파악하면 된다.

3) 훌륭한 의사의 자식치료[良醫治子]

「여래수량품」은 『법화경』의 중심사상으로 석가모니는 금생에 출가하여 성불한 것이 아니고 성불한 것은 무량무변 백천만억 나유타겁101)전의 일이라고 하고 있다. 그리고 과거에 성불하여 수많은 중생들을 제도하였고 또 연등불에게도 설법을 하였으며 열반한 것도 모두가 방편102)이며 아직도 보살도를 행할 수명이 다하지 않았다라고 하고 있다. 그리고 의왕을 비유한 것도 일체중생의 병을 고치기 위하여 본문을 열기 위한 종적을 나타낸 것이고 나머지는 다 일승의 이치를 설한 것103)이라고 하

---

97) 『法華經入疏』卷2(X30, p.46a9), "有大白牛, 即究竟智慧了因性也."; 『法華經句解』卷2(X30, p.482c7~8), "有大白牛, 牛喻道力 白喻潔淨 大喻恢偉 一者體大 二者相大 三者用大."
98) 『法華文句記』卷9(T34, p.332b19~20), "六說無上, 指髻珠譬."
99) 『大方廣佛華嚴經疏』卷54(T35, p.912b19), "有髻珠者, 表一乘圓旨居心頂故."; 『淨土晨鐘』卷9(X62, p.83c19), "髻珠者如法華經曰諸漏已盡.
100) 『法華經文句纂要』卷1(X29, p.618a13), "七髻珠喻, 喻中道實相, 極果所宗."
101) 『妙法蓮華經』卷5(T09, p.42b12~13), "我實成佛已來無量無邊百千萬億那由他劫."
102) 『妙法蓮華經』卷5(p.42b28~c1), "於是中間, 我說燃燈佛等, 又復言其入於涅槃, 如是皆以方便分別."

고 있다.

『법화경』에서 설한 것을 『법화경대관』에서 풀이하고 각주의 구원성불에서 설명하였듯이 "불신인 생신을 말하는 것이 아니라 법신이고 불성"이라고 한 것은 구원겁이라는 것이나 연등불과 성불도 결국은 방편이라는 것을 뜻하는 것이 된다.

양의에 비유하여 자식들을 치료하는 방편으로 이 경을 설하는 것도 모두 방편인 것으로 자식들이 독약을 먹은 것은 잘못된 신앙에 빠진 것을 말하는 것이다. 그렇지만 약을 먹는 것은 불법을 수긍하고 믿는 이들을 비유한 것으로 양의는 불안을 구족한 것이고 묘약이라는 것은 병의 근원을 알고 치료할 수 있는 약을 말하는 것이고 12부경전은 약방문이므로 바르게 알고 사의법에 의지하여 수행하면 모든 중생의 병을 치료할 수 있다고 하는 것104)이다.

독이 심하게 번져 정신을 차리지 못한 자식들에게 방편으로 아버지가 죽었다고 하는 것은 방편으로 열반을 나타내 보이는 것이다. 또한 여래의 수명은 영원하다는 것에 대하여 화신불의 수명은 유시유종이고 보신불의 수명은 무시무종이며 법신불은 진리의 본체라는 것을 설하는 것이니 불성은 영원하다는 것을 입증하고 있다.

---

103) 『法華經文句纂要』卷1(X29, p.618a14~15), "八醫子喩, 喩大醫王, 徧療一切衆生之病. 唯此一喩, 喩本門開迹顯本也. 大意謂三周皆一實相之法, 而三種機宜, 自見低昂耳. 九喩皆喩一乘之理, 而緣見同異, 二者皆在機, 在緣而法無差別也."

104) 『法華經授手』卷8(X32, p.768a20~b2), "譬如良醫智慧聰達明鍊方藥善治衆病, 此超譬上我以佛眼觀, 有能應之智也, 良者善也. 天台云. 喩佛內有三達五眼, 即是八術, 妙得藥性, 外識一切衆生起病之根源也. 智慧者, 即權實二智, 深知二諦也. 聰達者, 五眼鑒機, 頓漸不差也. 十二部教, 文理甚深, 如明鍊方藥, 依四悉檀, 徧治頓漸衆生煩惱之病, 如善治衆病也."

『법화경문구찬요』에서 양의에 대하여 10가지로 분류하여 설하고 있는데 불법을 알고 여래가 되어야 모든 병을 치료하는 양의가 되는 것이지만 그렇지 않고 아무나 양의를 자처하는 것을 방지하려고 공견외도나 고행외도와 보살의 치료에 대하여 구분하여 다음과 같이 설하고 있다.

비유하자면 어떤 지혜롭고 총명하여 통달한 양의가 먼 나라에 간 것을 비유한 것으로 양의에는 10가지가 있다. 첫째는 의사가 병을 치료하는데 병이 더하고 낫지 않는 것인데 때로는 죽음에 이르게 하는 것으로 비유하면 공견외도[105]를 말하는 것으로 뜻을 마음대로 하여 악행을 행하게 하고 사견을 생기게 하여 선근을 단절시키는 것으로 법신도 망(亡)하게 하고 혜명(慧命)도 죽이는 의사를 말한다. 두 번째는 의사가 병을 치료하되 병이 늘지도 줄어들지도 않는 것으로 비유하면 고행외도를 말하는 것으로 바위에서 떨어지고 불에 들어가는 것으로 고행을 하되 선(善)을 행하기는 해도 선정을 얻지 못하고 결단을 내리지 못하는 것을 줄지도 않는 것이고 역시 선으로 나아가지 못하는 것을 병이 늘지도 않는 것에 비유한 것이다. 셋째로 의사가 병을 치료하되 줄어들기는 해도 더 늘어나지 않는 것으로 단지 세간의 의사들이 치료하는 것으로 병은 치료하되 다시 재발하는 것으로 정을 닦아 결단을 하려는 외도를 말하는 것이다. 넷째는 의사가 병을 치료하되 병을 치료하여 재발하지 않게는 하지만 널리 치료하지 못하고 이승만 치료하되 인연이 있는 이만 치료하고 더 많은 이들을 치료할 수 없는 것이다. 다섯 번째는 두루 치료하기는 하나 특별한 기술이 없어 치료는 하나 고통을 주는 의사로 석론에 의하면 서투른 것[拙度]이

---

105) 공견외도: 공에 집착하는 그릇된 견해로 모든 존재와 가치와 인과도 부정하는 것으로 모든 것이 다 공하여 아주 텅 비어서 아무 것도 없는 단공(斷空)에 떨어진 견해를 가진 외도(外道)

라고 하나 육도의 보살이 자비로 널리 치료하는 것이다. 여섯 번째는 묘한 기술이 있어 병을 고통이 없게 치료하기는 하나 죽을 사람을 치료하지 못하는 것으로 비유하면 통교의 보살이 체법(體法)으로 단지 범부를 반복하여 치료는 하나 초종(焦種)의 이승(二乘)을 치료하지는 못하는 것이다. 일곱 번째는 비록 어려운 병을 고치기는 하나 일시에 모든 병을 치료하지 못하는 것으로 별교의 보살이다. 여덟 번째는 능히 일시에 일체의 병을 치료하기는 하나 회복하여도 본래로 돌아오지는 못하는 것으로 원교의 초심 십신(十信)보살이다. 아홉 번째는 일체의병을 치료하여 역시 본래로 돌리기는 하여도 본래보다 더 뛰어나게는 할 수 없는 것으로 원교[106]의 후심(後心)보살이다. 열 번째는 일시에 일체의 병을 모두 치료하여 본래대로 회복시키고 더 나아지게 하는 것으로 여래가 되는 것이다.[107]

병을 치료할 수 있는 경우에도 원래대로 회복시키는 것과 원

---

106) 천태사교(天台四教) : 天台宗之判教, 天台宗之教相判釋, 有化法四教與化儀四教二類. 佛說法之內容(化法), 分爲藏.通.別.圓等四教. (二)佛說法之形式(化儀), 分爲頓.漸.祕密.不定等四教. 『불광대사전』, 대만, 불광출판사. p.1341.

107) 『法華經文句纂要』卷6(X29, p.756a3∼21), "譬如良醫智慧聰達(至)遠至餘國, 初良醫者, 醫有十種. 一治病, 病增無損, 或時致死, 譬空見外道, 恣意行惡, 教人起邪斷善根, 法身既亡, 慧命亦死. 二治病, 不增不損, 譬有見苦行外道, 投巖赴火, 苦行行善, 不得禪定, 不能斷結, 即是無損, 亦不能進善, 即是不增也. 三治病, 損而無增, 但世醫所治, 差已還復生, 即是修定斷結外道也. 四治病, 能令差已不復發, 而所治不徧, 即二乘人, 止治一兩種有緣者, 不能徧治一切也. 五雖能兼徧, 而無巧術, 用治苦痛, 釋論呼爲拙度, 即是六度菩薩慈悲廣治也. 六治病玅術, 治無痛惱, 而不能治必死之人, 譬通教菩薩體法, 但治有反覆凡夫, 不治焦種二乘也. 七雖治難愈之病, 而不一時治一切病, 即是別教菩薩也.(阿含云. 良醫有四, 一善知病相, 二知病因起, 三善知方治, 四畢竟不發然此醫知病相, 不出界內, 知病因起, 不出依正, 方治. 不逾生滅無常, 不發. 祇是住二涅槃, 望今. 但成第四五醫) 八能一時治一切病, 而不能令平復如本, 即圓教初心十信也. 九能徧治一切, 亦能平復如本, 而不能令過本, 即圓教後心也. 十一時治一切病, 即能平復, 又使過本, 即是如來."

래보다 더 좋게 치료를 하는 것을 비유하여 설하고 있다. 그런 데 잘못된 외도의 신앙에 빠져 병도 치료 못하고 죽는 것과 치료는 해도 이승(二乘)만 치료하는 한정된 치료를 하는 것과 여래를 비교하고 있는 것이다. 그러므로 모든 사람들을 치료할 수 있는 것은 오로지 여래이므로 모두가 여래가 되어야 한다 고 설하고 있는 것이다.

「여래수명품」에서 설하고 있는 여래의 수명은 시공간을 초 월한 것이므로 현대에도 여래의 불성이 모든 중생들에게 존재 하고 있다는 것을 강조하는 것이다. 그리고 시공간을 초월한 설법이므로 위대하다고 하는 것이며 모든 중생들을 모두 치료 할 수 있으므로 종교가 되는 것이다.

자신의 마음에 있는 불성을 찾아 일체법을 일체지로 전환하 여 불법에 맞게 훈습하면 자신의 무가보주를 사용하며 행복하 게 살아갈 수 있을 것인데 무가보주를 주어도 잊고 살아가는 사람들을 친구에 비유하여 설하는 것이다. 또 상투속의 진주나 백우수레, 궁자, 화성비유, 약초비유 등이 여시한 불성을 찾아 일불승에 도달하기를 바라는 자비로서 중도실상을 나타내는 방 편이나 비유라는 사실이다. 그러므로 병을 치료하는 경우에도 원래대로 회복시키는 것보다 좋게 치료하는 것을 말하는 것은 여래가 되지 않으면 열반성에 머무르게 되는 것이므로 여래의 수명은 시공간을 초월한 것이어서 누구나 여래로서 살아가기를 바라는 간절함이 있는 설법이므로 위대한 것이며 모든 중생들 을 모두 치료할 수 있으므로 법화신앙을 초월한 진정한 종교 가 되는 경(經)이다.

3. 『화엄경』에서 여래(如來)출현(出現)

『화엄경』은 『육십화엄경』, 『팔십화엄경』, 『사십화엄경』, 『삼장역화엄』[108]이 있는데 청정법신인 비로자나불이 주불(主佛)로서 불계(佛界)를 대해(大海)에 비유하여 보현보살, 문수보살, 법혜보살, 공덕림보살, 금강당보살, 금강장보살이 설법을 한 경전이다.

1) 법신이 여래

법신은 여래의 무루법계이므로 불법의 본체[109]이며 허공과 같은 진여의 지혜[110]로 정각[111]하는 근원인 것이다. 그리고 이와 같이 청정한 허공과 같은 법신은 보살의 법신(法身)[112]이

---

108) 『大方廣佛華嚴經隨疏演義鈔』卷76(T36, p.601c15), "三藏譯華嚴經."

109) 『大方廣佛華嚴經疏』卷42(T35, p.824a25~26), "九法身者, 所有如來無漏界故, 斯卽所證法體故." ; 『華嚴經探玄記』卷14(T35, p.363c7~24), "七釋如來身中自有十身, 一菩提身者示成正覺故. 二願身者願生兜率故. 三化身者所有佛應化故. 四住持身者自身舍利住持故. 五相好嚴身者所有實報身故, 以福業所生. 六勢力身者所有光明攝伏衆生故. 七如意者 所有同不同 世間出世間 心得自在解脫故者, 隨意現生示 同世間名同, 實卽出世故名不同. 下釋所以, 以於出世間自在解脫故能現同, 以於世間自在解脫能示不同. 八福德身者所有不共能作廣大利益因故, 明福超凡小名爲不共因, 此大福廣現無量身財等相, 廣攝衆生. 九智身者所有無障礙智故, 是故此智能作一切事, 彼事差別皆悉能知. 謂能作一切, 釋無障礙義, 彼事下結能知. 十法身者所有如來無流界故, 謂諸佛斷德名無流界, 卽十佛中名涅槃佛. 又是如來內證法身名無流界."

110) 『大方廣佛華嚴經疏』卷44(T35, p.834a11), "法身如虛空智慧如大雲."

111) 『新華嚴經論』卷1(T36, p.722a6~7), "當知是性戒卽法身也. 法身者則如來智慧也. 如來智慧者卽正覺也."

112) 『華嚴經文義記』卷6(X03, p.22a20), "不可壞法身者, 菩薩法身也."

되어 이 경을 설하는 것이다. 『화엄경탐현기』에 여래의 신에 10가지 신이 있는데 법신은 제불의 단덕[113]을 갖추었으므로 여래의 무루계이고 열반불이고 법신은 반야의 지혜에 의하여 피안에 도달하여 중생을 제도하기 위하여 보살이 설법하는 것이다. 그리고 보살마하살에게도 신이 10가지가 있는데 즉 다음과 같이 설하고 있다.

> 불자여! 이 보살마하살에게는 10가지의 신이 있는데 무량무변법계신은 보살마하살이 일체세간의 업을 없애고 초월한 것이고, 미래신은 보살마하살이 어느 국토에서나 살아가는 것이며, 불생신은 보살마하살이 번뇌 망념 없는 평등한 법을 즐기는 것이고, 불멸신은 보살마하살이 제법은 멸한 적이 없다는 것을 알고도 언어문자로 설명할 수 없는 것이며, 부실신(不實身)은 보살마하살의 법신은 여여하여 진실한 것이고, 이치망신(離癡妄身)은 보살마하살이 중생의 근기에 따라 제도하는 것이며, 무래거신(無來去身)은 보살마하살이 번뇌 망념이 생기고 사라지는 것을 초월한 것이고, 불괴신은 보살마하살의 법계성은 깨어질 수 없다는 것이며, 일상신(一相身)은 보살마하살이 삼세에도 언어문자로 설명할 수가 없는 것이고, 무상신(無相身)은 보살마하살이 제법의 상을 불법에 맞게 관조하는 신이다.[114]

---

113) 단덕(斷德): 지덕(智德), 단덕(斷德), 은덕(恩德)에서 삼덕(三德)중의 하나로 모든 번뇌를 단절한 부처의 덕(德)

114) 『大方廣佛華嚴經』卷11(T09, p.471b17~24), "佛子. 此菩薩摩訶薩有十種身. 入無量無邊法界身, 除滅一切世間故. 未來身, 一切趣生故. 不生身, 深樂不生平等法故. 不滅身, 一切諸法言語斷故. 不實身, 如如眞實故. 離癡妄身, 隨應化故. 無來去身, 離死此生彼故. 不壞身, 法界性無壞故. 一相身, 三世語言道斷故. 無相身, 善分別諸法相故."; 『大方廣佛華嚴經』卷20(T10, pp. 107c22~108a8), "佛子. 此菩薩摩訶薩成就十種身. 所謂入無邊法界非趣身, 滅一切世間故. 入無邊法界諸趣身, 生一切世間故. 不生身, 住無生平等法故. 不滅身, 一切滅 言說不可得故. 不實身, 得如實故. 不妄身, 隨應現

이와 같은 보살의 신은 법신을 말하는 것이며 보살이 여래이고 불이 되어 설하는 것이 된다. 『화엄경』에서는 보살이 법신을 구족하여 여래로서 중생을 제도하고 설법하는 것이 되는 것이어서 『대방광불화엄경』이라는 경명에서 말하듯이 모두가 화엄으로 장식된 것이라고 할 수 있다.

2) 보살의 가지력

『화엄경』에서는 보살이 53단계의 수행을 하여서 불위에 오르게 하고 있는데 10지위 보살이 보살도를 원만하게 행하여야 하는 것으로 보살도를 행하는 법은 10바라밀을 실천해야 하는 것으로 보시바라밀, 지계바라밀, 인욕바라밀, 정진바라밀, 선정바라밀, 혜바라밀, 방편바라밀, 원바라밀, 역바라밀, 지바라밀을 행해야 하는 것이다.

붓다(Buddha)가 불타로 부처로 언어가 변화 되었듯이 아라한이 부처와 여래가 되어 보살이 부처가 되는 것을 『화엄경』에서 설하고 있는 것이고 또 신앙화 되면서 일불에서 다불로

故. 不遷身, 離死此生彼故. 不壞身, 法界性無壞故. 一相身, 三世語言道斷故. 無相身, 善能觀察法相故. 菩薩成就如是十種身, 爲一切衆生舍, 長養一切善根故. 爲一切衆生救, 令其得大安隱故. 爲一切衆生歸, 與其作大依處故. 爲一切衆生導, 令得無上出離故. 爲一切衆生師, 令入眞實法中故. 爲一切衆生燈, 令其明見業報故. 爲一切衆生光, 令照甚深妙法故. 爲一切三世炬, 令其曉悟實法故. 爲一切世間照, 令入光明地中故. 爲一切諸趣明, 示現如來自在故.";『大方廣佛華嚴經』卷28(T09, pp.582c28~583a7), "若菩薩摩訶薩成就此忍, 得無來身, 以無去故. 得不生身, 以不滅故. 得不聚身, 以無散壞故. 具足不實身, 以無眞實故. 得一相身, 以無相故. 得無量身, 以佛力無量故. 得平等身, 以如相故. 得不壞身, 以等觀三世故. 得至一切處身, 以淨眼普照無障礙故. 得離欲際身, 以一切法無合散故. 得虛空際功德藏, 以無盡故."

변화가 오지만 붓다라는 의미의 내용에는 변화가 없는 것이다. 즉 붓다는 자각이라는 뜻이고 보살이란 보리살타이므로 자신이 중생심을 자각해야 하는 것이며 자각하는 방법을 반야바라밀이라고 하고 있는 것은 반야는 지혜이므로 자신이 자신을 아는 것인데 불교에서 말하는 반야의 지혜라고 하는 것은 불법의 가치관에 맞게 아는 것을 반야의 지혜라고 하는 것이다. 그러므로 반야바라밀은 반야의 지혜로 삼계를 벗어나 피안에 도달하는 것이므로 보살이란 보리살타와 같이 자신의 중생심을 불법에 맞게 자각하면 반야바라밀이 되는 것이고 붓다라는 언어도 역시 깨달은 사람이란 각자를 말하는 것이므로 반야바라밀이 된다.

『대방광불화엄경』권38 「십지품」26에서 십지보살이 교화하는 신통력을 나타내어 중생을 교화하는 것이 보살이 여래가 되어 중생을 제도하고 있는 것을 다음과 같이 기록하고 있다.

> 불자여! 이 보살은 모든 신상을 초월하여 분별하므로 절대 평등하게 보살도를 실천한다. 이 보살은 중생신, 국토신, 업보신, 성문신, 독각신, 보살신, 여래신, 지신, 법신, 허공신에 대하여 잘 안다. 이 보살은 중생들이 좋아하는 것을 알고 자신(自身)이 중생신(衆生身)으로 나타내기도 하고 역시 국토신(身)이나 업보신(業報身)내지 허공신(虛空身)으로 나타내기도 한다. 또 중생심으로 좋아하는 것을 알고 자신이 국토신을 나타내기도 하고 역시 중생신, 업보신이나 허공신을 나타내기도 한다. … 불자여! 보살이 이와 같은 여시한 신(身)과 지혜를 성취하여서 득명(得命)[115]에 자재하고 마음이 자유자

---

115) 득명(得命): 보살이 견성(見性)하는 것은 자신의 본성(本性)을 자각하는 것이고 성불은 자신이 보살도를 실천하는 것이다. 여기에 득명(得命)은 불

재하며 재(財, 資糧)에 자재하고, 업(業)에 자재하며, 생(生, 번뇌망념의 生死)에 자재하니, 원력이 자재하고, 깨달음에 자재하며, 하고자 하는데 자재하고, 지혜가 자유롭고, 법에 자재하여 이 10가지 자재함을 체득하였으므로, 부사의한 지혜와 무량한 지혜, 광대한 지혜, 파괴할 수 없는 지혜를 가진 보살이라고 하는 것이다. 이 보살이 이와 같이 여시(如是)하게 깨닫고 여시하게 성취하여서 필경에는 허물없는 신업(身業)과 허물없는 어업(語業), 허물없는 의업(意業)을 체득하여 신어의업(業)의 청정한 지혜로 행하니 반야바라밀이 증장(增長)하여 보살도를 실천하는데 대비(大悲)를 최고로 한다. … 불자여! 중요한 요지를 들어 말하면 보살은 이 부동지에서 보살도를 실천하는 것이어서 신어의업으로 하는 모두가 불법의 공덕을 짓는 것이다. … 여래의 호념력을 체득하여 일체종지116)와 일체지지117)가 현전하게 된다. … 불자여, 보살이 이와 같은 여시한 지혜를 성취하고 부처님의 경계를 깨달아 부처님의 공덕을 관조하며, 부처의 위의에 맞게 하니 부처님 경계가 현전하여 항상 여래의 호념하는 것을 알고 생활하니 범천과 제석천과 사천왕과 금강역사가 항상 따라 모시고 호위하고 항상 모든 위대한 삼매에 맞게 생활하여 한량없는 제신(諸身)을 차별하여 제도하는 것이 각각의 신(身)마다 큰 힘이 있어서 신통한 삼매를 자재하게 얻게 하니 제도하는 중생마다 정각을 이루게 한다. 불자여! 보살이 이와 같이 여시하게 대승의 깨달음을 체득하여 위대한 신통을 얻고 대광명을 방광하며, 장애 없는 법계를 체득하여 그 세계의 차별을 알고 일체의 큰 공덕을 지금 나타내는 것을 마음대로 자유자재로 한다. 그리고 과거나 미래에도 이와

법을 계승하여 보살도를 실천하는 것과 같은 자비의 실천행이다.
116) 일체종지(一切種智): 제불(諸佛)의 근본 지혜(智慧).
117) 일체지지(一切智智): 일체지를 아는 것으로 일체지의 다음 단계를 말하는 것으로 『大般若波羅蜜多經』卷363(T06, p.871b26~29), "佛言. 善現. 一切智者, 是共聲聞及獨覺智. 道相智者, 是共菩薩摩訶薩智. 一切相智者, 是諸如來, 應, 正等覺不共妙智."에서 '一切相智'를 말하는 것이다.

같이 하는 것을 모두 통달하여 일체의 마군과 사도(邪道)들을 조복시켜 여래의 행하는 경계를 깨닫게 하여서 한량없는 국토에서 보살의 행을 수습하여 불퇴전법을 얻게 하는 것이므로 설명하기를 보살이 부동지에서 보살도를 실천한다고 하는 것이다.118)

보살이 부동지에서 불퇴전 한다고 하는 것은 보살이 여래라는 것을 나타내는 것이므로 다불(多佛)사상에서 보면 많은 보살이 여래가 되는 것을 『화엄경』에서 설하고 있는 것으로 십지(十地)보살이 되고 등각, 묘각 그리고 정등정각의 지위가 되어야 불위(佛位)가 되는 것이다.

3) 마음이 모든 여래를 만든다[心造諸如來]

만약에 삼세의 모든 부처에 대하여 정확하게 깨달아 알고자 한다면 마땅히 법계의 성을 관조하면 일체법은 오직 마음이 만들어 내는 것이라고 깨달아 알아야 한다고 하는 것119)이다.

118) 『大方廣佛華嚴經』卷38(T10, p.200a19~c24), "佛子. 此菩薩遠離一切身想分別, 住於平等. 此菩薩知衆生身, 國土身, 業報身, 聲聞身, 獨覺身, 菩薩身, 如來身, 智身, 法身, 虛空身. 此菩薩知諸衆生心之所樂, 能以衆生身作自身, 亦作國土身, 業報身, 乃至虛空身. ... 佛子. 菩薩成就如是身智已, 得命自在, 心自在, 財自在, 業自在, 生自在, 願自在, 解自在, 如意自在, 智自在, 法自在, 得此十自在故, 則爲不思議智者, 無量智者, 廣大智者, 無能壞智者. 此菩薩如是入已, 如是成就已, 得畢竟無過失身業, 無過失語業, 無過失意業, 身語意業隨智慧行, 般若波羅蜜增上, 大悲爲首. ... 佛子. 擧要言之, 菩薩住此不動地, 身語意業諸有所作, 皆能積集一切佛法. ... 得如來護念力, 一切種, 一切智智現前故. ... 佛子. 菩薩如是入大乘會, 獲大神通, 放大光明, 入無礙法界, 知世界差別, 示現一切諸大功德, 隨意自在, 善能通達前際, 後際, 普伏一切魔邪之道, 深入如來所行境界, 於無量國土修菩薩行, 以能獲得不退轉法, 是故說名, 住不動地."
119) 『大方廣佛華嚴經』卷19(T10, p.102a29~b1), "若人欲了知, 三世一切佛,

66

그런데 법계의 성을 관조한다고 하는 것은 마음을 여시나 여실하게 관조하는 것이므로 여시하게 관조하는 그 마음이 여래를 만든다[120]라고 하고 있다. 그리고 유심이 일체를 만든다고 하는 것에서 마음은 여시한 마음이므로 여시심은 여래심이며 청정심인 것이어서 부처와 중생이 모두 차별이 없는 마음인 것[121]이다.

  이 마음이 부처도 만들고 지옥도 만들며 또 지옥을 없애기도 하는 것[122]이므로 이사를 관조하는 것에서 육진만 관조하면 중생이 출세하는 것이고 육진과 육근을 모두 관조하여 공(空)이라고 자각하는 것을 성불하는 체라고 하는 것[123]이다. 그러

應觀法界性, 一切唯心造."

120) 『楞嚴經觀心定解』卷5(X15, p.745a22~23), "若人欲了知三 世一切佛, 應當如實觀心造諸如來.";『起信論疏記會閱』卷3(X45, p.581c18~19), "若人欲了知, 三世一切佛, 應當如是觀, 心造諸如來.";『華嚴經行願品疏』卷4(X05, p.106b1), "晉經云. 心造諸如來.";『大方廣佛華嚴經疏』卷21(T35, p.659a11), "觀唯心造則了眞佛."

121) 『圓覺經大疏釋義鈔』卷6(X09, p.589c10), "唯心者, 唯淸淨心也. 所以知者, 次云如心佛亦爾, 如佛衆生然, 心佛及衆生, 是三無差別."

122) 『華嚴經疏鈔玄談』卷8(X05, p.836a6~8), "若人欲了知三世一切佛應觀法界性一切唯心造大意是同意明地獄心造了心造佛地獄自空耳既一偈之功能破地獄."

123) 『宗鏡錄』卷9(T48, p.461a27~b5), "일체를 오직 마음이 만든다는 것은 곧 오직 인식하는 것을 육진을 관조하는 것과 육근을 관조하여 인식하는 본성을 아는 것으로써 제불은 이것을 증득하여 성불하는 본체로 삼았고, 육진을 관조하여 인식하는 상(相)을 중생이 (공(空)으로) 통달하면 출세하는 (번뇌 망념을 벗어나는)문이 된다.『화엄연의』에 의하면 진실로 이한 문장의 깊고 오묘한 이치는 하나도 빠진 것 없이 다 들어 있으며 하나의 게송이 갖는 공(功)은 능히 지옥도 파괴할 수 있다고 하는 것이다. 그러므로 보현보살이 선재동자에게 내가 이 법해(法海)중에서 한 문장한 구절이라도 전륜왕의 지위를 버리지 않고 구한 것이 없었으며, 일체의 소유물을 보시하지 않고 구한 것이 없었다고 하는 것이다. 해석하면 하나는 일체의 하나이므로 성(性)을 하나라고 말하는 것이다.(一切唯心造者, 即唯識事觀, 以理觀唯識之性, 諸佛證此爲成佛之體, 以事觀唯識之相, 衆生達此爲出離之門. 如華嚴演義云. 良以一文之妙, 攝義無遺, 一偈之功, 能破地獄. 故普賢菩薩告善財言, 我此法海中, 無有一文, 無有一句. 非是捨

므로 공(空)으로 관조하는 것은 여시하게 관조하는 것으로 『종경록』에 의하면 십여는 "십여는 여시한 상, 성, 체, 력, 작, 인, 연, 과, 보, 본말구경등"124)을 여시하게 관조하여야 하는 것이다.

여기에서 '상'을 공(空)이라고 자각하면 상입해야 하는 것은 대상경계가 공(空)이 되는 것이므로 『화엄경탐현기』권16「보왕여래성기품」32에 의하면 이에 따라 '사'가 융통하는 것125)이라고 하고 있는 것처럼 공(空)으로 상즉상입해야 어디에서나 자유자재로 원융무애할 수 있는 것126)이다.

상즉상입을 중중무진이라고 하는 것127)은 법계[無盡法界]가 모두 이와 같은 것이므로 사사무애법계가 되는 것도 이에 따라서 원융무애하게 되는 것이고 일미진과 하나의 털끝에 모두가 능히 함장되어 있다는 것128)이며 이것은 모두 일심의 법계

施轉輪王位而求得者, 非是捨施一切所有而求得者, 釋曰.以一是一切之一故, 稱性之一故.)"

124) 『宗鏡錄』卷86(T48, p.886a15~19), "一切唯心造者, 則心具一切法, 一切法者, 只是十如, 十如者, 即如是相, 如是性, 如是體, 如是力, 如是作, 如是因, 如是緣, 如是果, 如是報, 如是本末究竟等. 如是相者, 夫相以據外, 覽而可別."

125) 『華嚴經探玄記』卷16(T35, p.414a6~7), "謂事隨理以融通故, 得相即相入故也."

126) 『華嚴經探玄記』卷5(T35, p.203c19~25), "謂相即相入, 此二各有二, 謂同體異體. 此二復有二義, 得成即入, 一約緣起門, 二約眞性門. 初中亦二義, 一約體, 有空有義故得相即. 二約用, 有有力無力義故得相入, 約緣, 有待不待義故有同異二門也. 約性亦二義, 一不壞緣故相入, 二緣相盡故相即, 並圓融無礙自在之義."

127) 『華嚴一乘教義分齊章』卷4(T45, p.504c7~8), "相即相入, 重重成無盡也. 然此無盡重重, 皆悉攝在初門中也." ; 『華嚴經問答』卷1(T45, p.600a12~14), "此十佛即諸法盡窮之原, 十即表無盡, 此十(一中十十中一一即十十即一)亦相即相入無礙自在, 重重無盡義可思也."

128) 『華嚴綱要(45-80)』卷60(X09, p.127b18~c1), "四事事無礙法界者, 謂具顯 圓融, 以理所成之事. 即事事皆理, 故理既徧而事亦徧. 是以一塵一毛能含無盡之事. 由事事即理, 故一一事法. 隨理而融通, 是以一塵一毛, 不但能

를 능소하는 것이 공(空)이라고 종지를 깨달아야 하는 것[129]이다.

『화엄경』은 보살이 법신을 구족하여 여래로서 중생을 제도하고 설법하는 것이며 이 보살은 부동지에서 불퇴전하므로 보살이 여래가 되는 것을 『화엄경』에는 십지보살이 되고 등각, 묘각 그리고 정등정각의 지위가 되어 여래인 불위가 되는 것이다. 그리고 이와 같은 근저에는 마음이 여래를 만든다는 사상이 있는 것으로 상즉상입을 중중무진하는 법계가 사사무애법계가 되는 것이므로 이에 따라서 원융 무애하는 것은 일미진에 모두가 함장되어 있는 일심의 법계가 공(空)이라고 종지를 깨달으면 일심의 마음이 여래가 되는 것이다.

이상에서 살펴보았듯이 대승경전에서 여래는 『반야경』에서는 여여와 여시는 부동의 뜻이고 여래이며 부처는 반야지를 체득하는 수행을 하는 것으로 자신의 만법이 일어나는 것을 공(空)이라고 지금 바로 깨달아 단상의 견해를 초월하는 것을 반야바라밀이라고 하는 것이다. 『반야경』에서는 여래는 법신이고 반야바라밀을 수행하면 여래가 되는 것이 반야지에 의하여 여래가 탄생하기 때문이다. 이것은 자성이 공(空)이고 자신의 일체법이 공(空)이라고 인식하고 확신하여 진여의 지혜를 실천하

含, 亦能隨理而徧. 故一一塵毛由此含徧之力. 故一塵一毛一一皆能含能徧能攝能容, 故重重重重無障無礙. 以六相圓融, 具顯十重玄門, 故成事事無礙法界."

129) 『宗鏡錄』卷4(T48, pp.435c24~436a2), "四事事無礙法界者, 一切分劑事法, 一一如性, 融通, 重重無盡故, 以此十法界, 因理事四法界, 性相, 即入, 眞俗融通遷出無窮, 成重重無盡法界. 然是全一心之法界, 全法界之一心, 隨有力無力, 而立一立多, 因相資相攝, 而或隱或顯, 如一空. 遍森羅之物像, 似一水. 收萬疊之波瀾, 入宗鏡中, 坦然顯現. 又有所入能入, 二種法界."

면 여래가 되는 것으로 제불이 이 반야의 지혜에 의하여 출세하게 되는 것이다.

『법화경』에서는 방편으로 7가지를 비유하여 일승으로 나아가게 하고 있고 여래는 구원겁이전에 성불하였는데 지금 열반을 나타낸 것도 방편으로 자식을 구하기 위한 것이라고 하고 있다. 이것도 역시 방편이므로 생신은 죽는 것이고 법신은 불성으로 영원하다는 것을 설하고 있다. 그러므로 양의가 되는 것도 수준에 따라 양의라고 할 수 있는 것으로 공견외도의 양의와 고행외도의 양의에서 여래를 만드는 양의까지 10단계로 법화경문구찬요』권6에서 나누어 설명하는 것은 후대의 일이지만 여래는 법신이며 불성은 영원하다는 것을 나타내기 위한 것이다. 즉 모든 중생들을 제도하고자하는 방편의 자비심으로 설하고 있다는 여실한 견해를 가져야 한다. 「여래수명품」에서도 설하고 있듯이 여래의 수명이 시공간을 초월하였다고 하는 것은 여래의 불성은 모든 중생들에게 동등하게 존재하고 있다고 하는 것이다. 이러한 불성이 있다는 것을 여실지견으로 아는 것을 여래라고 하고 일승으로 가는 방편이라고 비유하여 설하고 있다. 즉 자신의 불성을 찾아 일체지로 전환하여 불법에 맞게 자신의 무가보주를 사용하며 살아갈 수 있는데 무가보주를 주어도 잊고 살아가는 사람들을 친구에 비유하여 설하고 있다. 그리고 나머지도 여실한 지견을 구족하여 일불승에 도달하기를 바라는 자비이고 방편의 비유인 것이다. 비유이지만 여래가 되지 않으면 열반성에 머무르게 되는 것이므로 여래의 수명이 무한하다고 하는 것은 누구나 여래로서 살아가기를 바라는 간절함이고 법화신앙을 초월하여 여실한 지견을 구족하기를 바라는 서원인 것이다.

『화엄경』에서는 보살이 법신(法身)을 구족하여 여래로서 중생을 제도하고 설법하는 것이 되는 것으로 보살이란 보리살타(bodhisāttva)이므로 자신이 중생심을 자각해야 하는 것이며 자각하는 방법을 반야바라밀이라고 하는 것이다. 그리고 반야바라밀은 반야의 지혜로 삼계를 벗어나 피안에 도달하는 것이므로 보리살타(bodhisāttva)와 같이 자신의 중생심을 불법에 맞게 자각하면 반야바라밀이 되는 것이다. 붓다(Buddha)라는 언어도 역시 깨달은 사람이란 각자를 말하는 것이므로 반야바라밀이 되는 것이다. 여래는 사사무애법계이므로 이에 따라서 원융 무애하는 것은 일심의 법계가 공(空)이라고 종지를 깨달아 일체법계에 장애가 없으면 이사가 장애가 없으므로 사사가 장애가 없고 상즉상입하여 어디에서나 보살이 여래가 되어 중생을 구제하는 것이다.

III. 선어록에서 본래인

1. 『달마어록』에서 두인(頭人)

『달마어록』이라고 하는 것은 일반적으로 『소실육문』에 나온 기록을 말하는 것130)이며 『소실육문』131)은 후대에 만들어진 것으로 진위는 알 수 없으나 소실(少室)을 소실(小室)로 기록하며 "제일문심경송·제이문파상론·제삼문이종입·제사문안심법문·제오문오성론·제육문혈맥론"으로 6문으로 되어 있으며 '안심법문'은 『종경록』132)과 『정법안장』133)에도 기록하고 있다.

『소실육문』의 "제일문심경송"에 의하면 살아있는 석가가 대도(大道)를 깨달아 불법(佛法)에 맞게 수행할 줄 알게 되어 지금 바로 자신의 육신으로 자신이 해탈하여 두인(頭人, 부처)이 되었다고 하는 것은 반야의 지혜에 의하여 사람이

---

130) 『少室六門』(T48, pp.365a7∼376b13), "小室六門 第一門心經頌 第二門破相論 第三門二種入 第四門安心法門(宗鏡及正法眼藏載之) 第五門悟性論 第六門血脈論"
131) 원본 : 德川時代刊(德川時代) 宗教大學藏本
132) 『宗鏡錄』卷97(T48, p.939b25∼29), "師述安心法門云. 迷時人逐法, 解時法逐人. 解則識攝色, 迷則色攝識. 但有心分別計校, 自心現量者, 悉皆是夢. 若識心寂滅, 無一動念處, 是名正覺."
133) 『正法眼藏』卷2(X67, p.582c7∼9), "達磨大師安心法門云. 迷時人逐法, 解時法逐人. 解則識攝色, 迷則色攝識. 但有心分別計較, 自心現量者, 悉皆是夢. 若識心寂滅, 無一動念處, 是名正覺."; 『楞嚴經疏解蒙鈔』卷10(X13, p.882b 16∼18), "初祖述安心法門云. 迷時人逐法, 解時法逐人. 解則識攝色, 迷則色攝識. 但有心分別計校, 自心現量者, 悉皆是夢. 若識心寂滅, 無一動念處, 是名正覺."

부처가 되었다고 하는 것이다. 이것은 숙명적인 보살이 부처가 되었다는 것과는 다른 지금 살아 있는 중생이 누구나 깨달아 반야의 지혜로 생활하기만 하면 도인이 된다고 설하고 있다.

> 반야의 지혜로 육도윤회를 아주 벗어나고자 6년 동안 대도를 구하여 고행한 후에 깨달아 철저하게 수행하니 도인이 되어 자신의 지혜로 마음에서 해탈하게 되어 도인(道人, 頭人, 여래)으로 피안에 도달하게 된 것이다. 성도(聖道)는 적적하여 청정하다는 것을 이와 같이 내가 여시하게 지금 견문각지하니 불행(佛行)을 평등하게 불법에 맞게 지금 행하기만 하면 자신이 중생심을 벗어나 해탈하여 두인이 되는 것이다.[134]

자신의 미혹한 마음에서 벗어나 열반하게 되면 누구나 일체의 고액에서 벗어나게 된다.[135] 그리고 해탈하는 법에 대하여 인법(人法)이 불상봉(不相逢)한다는 것은 중생심의 육근(六根)·육진(六塵)·육식(六識)이 불심의 육근·육진·육식을 상봉(相逢)하지 않는 것이다. 이것은 반야의 지혜로 해탈하였기에 중생심은 하나도 없어야 한다는 것을 강조하고 있는 부분이다.

> 마음에 장애가 없는 것은 번뇌 망념에서 해탈하면 마음에 장애가 없게 되고 마음[意志]이 허공과 같게 되어 동서

---

134) 『少室六門』(T48, p.365a19~22), "行深般若波羅蜜多時, 六年求大道, 行深不離身, 智慧心解脫, 達彼岸頭人. 聖道空寂寂, 如是我今聞, 佛行平等意, 時到自超群."
135) 『少室六門』(T48, p.365a27~b1), "度一切苦厄, 妄繫身爲苦, 人我心自迷, 涅槃淸淨道, 誰肯著心依. 陰界六塵起, 厄難業相隨, 若要心無苦, 聞早悟菩提."

남북 어디에도 무일물이 되니 상하에도 모두 똑같이 집착
이 없어 장애가 없게 되네. 어디를 오가든지 마음이 자유
자재하여 중생심의 인(人, 我, 主)과 법(法, 境, 客)이 서로
상봉하지 않게 되어 어디를 가더라도 중생심의 대상경계를
보지 않게 되니 임운자재 하게 되어 번뇌 망념의 사바세계
에서 두인으로 출세하게 된다.136)

즉 이와 같은 주장을 하는 것을 보면 반야의 지혜로 번뇌 망
념에서 벗어나 깨달아 해탈하면 두인이 되어 살아갈 수 있다
고 하는 것이 된다. 즉 이것은 수행자들이 중생심을 자각하여
불심으로 전환해야 한다는 것을 말하고 있는 내용이며 지금
바로 알고 행하기만 하면 어느 누구나 도인이 된다. 도인은 중
생심을 불심으로 전환한 사람이므로 중생심의 인법(人法)과는
상봉하지 않게 된다. 이것은 반야의 지혜를 체득하여 바라밀을
실천하는 사람이 되었기에 본래인이나 두인이라고 한다.
  "제이문 파상론"에 의하면 자신의 마음을 일법(一法)으로 관
조137)하면 모든 법(法)도 반야의 지혜에 의하여 바로 자신의
마음이 부처이므로 지금 자신이 하는 마음이 부처138)이고 두

---

136) 『少室六門』(T48, p.366a25~28), "心無罣礙. 解脫心無閡, 意若太虛空,
    四維無一物, 上下悉皆同. 來往心自在, 人法不相逢, 訪道不見物, 任運出煩
    籠."
137) 『少室六門』(T48, p.366c20), "唯觀心一法, 總攝諸法, 最爲省要."
138) 『少室六門』(T48, p.369c14~17), "내가 본래부터 구하려고 하던 마음
    은 내가 가지고 있던 마음이니, 구하려고 하던 마음으로 그 마음을 알려고
    하지 말고, 자신의 본심에 따르지 않는 불성을 마음 밖에서 구하여 얻으려
    고 하여, 마음을 구하려고 마음을 내면 바로 죄업이 생기는 것이네. 나
    는 본래 불심을 구하고자 하는 것이고 부처를 구하는 것이 아니고, 삼계
    가 공하여 무일물이라는 것을 요달하니, 만약에 부처를 구하고자 하면
    다만 그 마음만 구하면, 단지 구하는 그 마음이 이 마음이므로 이 마음
    이 바로 부처이네.(我本求心心自持, 求心不得待心知, 佛性不從心外得, 心
    生便是罪生時. 我本求心不求佛, 了知三界空無物, 若欲求佛但求心, 只這心

74

인이 된다.

 "제삼문이종입"에서는 이입(理入)과 행입(行入)[139]을 설하여 육바라밀을 실천하는 부처이고 도인으로 살아갈 수 있게 설하고 있다.

 "제사문안심법문"에서는 마음으로 대도(大道)와 불심을 통달하면 조사가 되는 마음을 어떻게 수행해야 조사가 되는지를 말하고 있다. 범성이 초연하기만 하면 여래나 부처, 조사가 된다고 하는 것은 불교를 보편화하는 단계에 들어선 것이다.

 달마라는 조사를 만들어 넣음으로 인하여 불교가 새롭게 시작된다는 것을 암시하는 문장으로 이와 같은 불교의 포용력 때문에 기존의 다른 신앙이나 교단들을 이끌어 나갈 수 있었던 것이다. 이 나라에서 불교라는 이교도의 사상을 받아들일 수 있었던 것은 범성을 초월한 사상을 기존의 사상가나 식자(識者)들이 갈망하고 있었다고 볼 수 있는 내용이다. 그러므로 앞으로 전개될 사상은 어느 누구나 도인이 될 수 있다는 사상이 대두될 것이라는 것을 암시하고 있는 것이라고 볼 수 있다.

 "제오문오성론"에 의하면 부처는 지혜에 의하여 알 수 있는 것이므로 자신이 탐진치를 계정혜로 전환한다면 지금 바로 이 자리에서 삼계를 벗어나는 불승(佛乘)이라고 하고 있다. 그리고 지혜라는 마음도 갖지 않아야 부처이고 마음이라는 마음이 조금이라도 생기면 부처는 사라지므로 마음으로 부처를 구하면 불법은 삿된 견해이고 마음으로 부처를 친견하면

心心是佛.)"
139) 『少室六門』(T48, p.369c25~27), "行入者. 謂四行. 其餘諸行悉入此中. 何等四耶. 一報冤行, 二隨緣行, 三無所求行, 四稱法行."

그 마음을 버려야 진정한 보리를 이루게 된다.140)라고 하고
있다.

중생이 부처라는 것은 중생이 없으면 부처도 없는 것이지만
부처가 없으면 중생은 영원히 깨달을 수가 없는 것이고 번뇌
가 보리이고 중생이 부처라는 사실을 다음과 같이 설하며 여
래가 사는 곳을 다음과 같이 제시하고 있다.

중생이 부처를 제도한다는 것은 번뇌로 인하여 깨달아 알
기 때문이다. 부처가 중생을 제도한다는 것은 깨달아 번뇌를
제거하는 것이다. 번뇌가 없지 않기에 깨달음도 없지 않다고
하는 것은 번뇌가 아니면 깨달음도 생길 수 없는 것이고 깨
달음이 아니면 번뇌를 없앨 수 없다는 것을 알 수 있다. 그
러므로 만약 미혹하면 부처의 정각으로 중생을 제도하지만
깨닫는다고 하는 것은 중생심으로 인하여 정각이 되므로 중
생이 부처를 제도한다고 하는 것이다. 왜냐하면 부처는 스스
로 되는 것이 아니고 모두가 중생심을 제도하는 것이므로
부처가 되는 것이다. 제불은 무명을 아버지로 삼고 탐애를
어머니로 한다고 하는데 무명과 탐애는 모두가 중생의 다른
명칭이다. 중생과 무명은 마치 오른손, 왼손과 같아서 다른
것이 없다. 미혹하면 차안에 살고 깨달으면 피안에 사는 것
이다. 만약 마음이 공(空)하다는 사실을 깨달으면 대상경계
의 차별상을 보지 않으니 미혹과 깨달음이라는 생각도 벗어
나게 되고 이미 미혹과 깨달음이라는 마음도 벗어났다면 역
시 피안도 없는 것이다. 여래는 차안에도 살지 않고 역시 피
안에도 살지 않고 중류에도 살지 않는다. 중류란 소승의 사
람들이 사는 곳이고 차안은 일반 범부들이 사는 곳이며 피

---

140) 『少室六門』(T48, p.372b8~11), "已見佛者忘於心. 若不忘於心, 尚爲心
所惑. 若不忘於水, 尚被水所迷. 衆生與菩提, 亦如水與氷. 爲三毒所燒, 即
名衆生. 爲三解脫所淨, 即名菩提."

안은 깨달은 이들이 사는 곳이다.141)

여래가 사는 곳이 "여래부재차안, 역부재피안, 부재중류"라고 하는 것은 두인이나 한도인이 사는 곳이기도 하다. 차안도 피안도 중류도 아닌 곳에 여래가 산다고 하는 것은 다르게 말하면 이 모든 곳에 산다고 할 수 있다. 모든 곳에 살면서 중생으로 사는 것이 아니고 여래로 사는 것인데 여래라는 생각도 없이 살아간다.

"제육문혈맥론"에 의하면 자신이 견성하는 것을 강조한 것으로 부처를 찾고자 하면 반드시 견성을 해야 하고 견성을 하지 못하면 중생이 되어 염불이나 경전을 독송하여도 이익이 없다. 또 부처를 밖에서 찾는다면 자신의 마음이 부처인 줄을 모르기 때문에 자신의 부처를 자신이 가지고 있으면서 예불하고 염불한다고 설하고 있다.

마음과 본성이 부처이고 여래라고 단적으로 설하는 것으로 '견성즉시불'에서 견성이 바로 부처이다. 그리고 '자심시불'에서도 자기의 마음이 바로 부처라는 사실을 설하고 있다. 그러므로 결국은 지금까지 살펴본 바에 의하면 중생의 마음과 본성이 여래라고 다음과 같이 설하고 있다.

만약에 자신의 마음이 부처인 줄 안다면 심외(心外)에서

---

141) 『少室六門』(T48, p.372b19～c1), "衆生度佛者, 煩惱生悟解. 佛度衆生者, 悟解滅煩惱. 非無煩惱, 非無悟解, 是知非煩惱無以生悟解, 非悟解無以滅煩惱. 若迷時佛度衆生, 若悟時衆生度佛. 何以故. 佛不自成, 皆由衆生度故. 諸佛以無明爲父, 貪愛爲母, 無明貪愛皆是衆生別名也. 衆生與無明, 亦如右掌與左掌, 更無別也. 迷時在此岸, 悟時在彼岸. 若知心空不見相, 則離迷悟, 既離迷悟, 亦無彼岸. 如來不在此岸, 亦不在彼岸, 不在中流. 中流者, 小乘人也. 此岸者, 凡夫也. 彼岸者, 菩提也."

부처를 구하지 않아야 한다. 부처가 부처를 제도하는 것이 아닌 것처럼 자신의 마음으로 자신의 마음속에 있는 부처를 찾는다고 하면 부처를 알지 못하게 된다. 단지 외부의 부처를 찾는 것은 모두가 자기의 마음이 바로 부처라는 사실을 알지 못하기 때문이다. 역시 자신의 부처를 가지고 외부의 부처에게 예불하며 부처를 찾지 말고 자신의 불심을 지고 염불하여 부처를 구하지 말아야 한다. 부처는 송경한다고 찾는 것이 아니고 부처는 지계한다는 생각도 하지 않고 부처는 계를 범하지도 않으며 부처는 계를 지범한다는 마음이 없으므로 선악도 짓지 않는다. 만약에 부처를 찾고자 하면 반드시 견성해야 하는데 견성하면 바로 부처가 되는 것이다. 만약에 견성을 하지 못하면 염불을 하거나 송경을 하거나 지계를 하며 공양을 하더라도 아무 이익이 없는 것이다. 염불을 하면 인과를 알게 되고 송경을 하면 총명하게 되며 지계를 하면 생천하게 되고 보시를 하면 복덕을 받게 되지만 부처는 끝내 찾을 수 없는 것이다.[142)]

부처를 찾으려고 염불이나 송경과 지계 그리고 보시를 하여 부처가 되려고 하면 잘못된 것이므로 자신이 견성해야 성불할 수 있는 것이라고 하고 있다. 이상에서 보았듯이 여래나 도인이 되는 것은 자신의 마음이나 본성이 부처라는 사실을 지혜로 자각하여 해탈해야 두인이 되는 것이다. 그러면 어떻게 자각하는지에 대하여 『달마어록』에서 자세하게 더 살펴보도록 하겠다.

---

142) 『少室六門』(T48, p.373c3~11), "若知自心是佛, 不應心外覓佛. 佛不度佛, 將心覓佛, 而不識佛. 但是外覓佛者, 盡是不識自心是佛. 亦不得將佛禮佛, 不得將心念佛. 佛不誦經, 佛不持戒, 佛不犯戒, 佛無持犯, 亦不造善惡. 若欲覓佛, 須是見性, 性即是佛. 若不見性, 念佛誦經持齋持戒亦無益處. 念佛得因果, 誦經得聰明, 持戒得生天, 布施得福報, 覓佛終不得也."

1) 벽관(壁觀)

달마의 수행법을 벽관이라고 하는 것은 『속고승전』에 의하면 여시한 안심[143]이라고 하고 있는데 여기에서 마음을 편안하게 하는 것과 여시라는 진여의 마음을 합하여 진여로 편안한 불심을 체득하는 방법을 벽관이라고 제시한 것이다. 그리고 다시 도선, 『속고승전』에 의하면 대승의 벽관이 최고의 공업(功業, 禪法)이기에 그 당시의 수행자들이 돌아와 북적였다[144]고 하는 것은 벽관의 수행을 대승이라고 하며 도선(道宣, 596～667)이 달마의 벽관을 높이 평가한 것은 당시 일반적으로 널리 실천되었던 승주의 사념처법이나 천태의 지관과도 다른 독자적인 대승선(大乘禪)[145]이었기 때문이다.

이처럼 대승의 수행법인 벽관을 안심에서 불심으로 자성청정심으로 말하는 것이 쉽지는 않지만 벽관을 『소실육문』에서 이입에 대하여 다음과 같이 설하고 있다.

　이입은 소위 교학의 가르침[敎]에 근거를 하여 종지를 깨닫는 것을 말한다. 불법의 가르침을 확실하게 믿고 의지한다면 일체중생이 동일한 진성을 가졌지만 객진과 망념 때문에 불성이 나타나지 못하는 것이다. 만약에 망념을 청정하게 하여 진여로 돌이켜 벽관으로 응주하면 자신의 중생심은 없고 [無自] 객관의 경계도 청정하게 되어[無他] 범성이 동일하게

---

143) 『續高僧傳』卷16(T50, p.551c5～6), "如是安心謂壁觀也. 如是發行謂四法也."
144) 『續高僧傳』卷20(T50, p.596c9), "大乘壁觀功業最高, 在世學流歸仰如市."
145) 정성본(2000), p.160.

된다. 이와 같이 견고하게 하여 마음이 변화하지 않는다면 언어문자와 경전의 가르침[文敎]에 따를 필요가 없는 것이다. 이것을 깨달으면 이입과 부합하게 되니 차별 분별하는 마음이 없게 되어 무위법으로 적연하게 되는 것을 이입이라고 한다.146)

자신의 불성을 가리고 있는 망념을 벽관으로 응주(凝住)한다고 하는 것은 자신의 망념의 벽을 자신이 파괴해야만 자성이 청정한 불성이라는 사실을 자각하게 된다고 하는 것이다. 이러한 벽관을 단순한 좌선이라고 알고 있으면 가만히 앉아 있기만 하면 저절로 깨달음이나 신통이 생기게 된다는 것은 흙탕물로 더렵혀진 물을 그릇에 담아 놓고 흙탕물이 가라앉기를 기다리는 것과 무엇이 다르겠는가? 만약에 이것이 선이라고 한다면 묵조선을 묵조사선이라고 비판할 필요가 없는 것이 된다. 그러므로 대승벽관이 최고의 능이라고 한 것이며 『능가사자기』나 『조당집』등에 벽관에 대하여 기록하고 있다.147)

벽관에 대하여는 여러 가지로 논란이 있을 수 있지만 여기에서 살펴본 바에 의하면 이것이 후대에 작성되었는지는 알 수

---

146) 『少室六門』(T48, p.369c21~25), "理入者. 謂藉教悟宗. 深信含生同一眞性, 俱爲客塵妄想所覆, 不能顯了. 若也捨妄歸眞, 凝住壁觀, 無自無他, 凡聖等一, 堅住不移, 更不隨於文敎. 此卽與理冥符, 無有分別, 寂然無爲, 名之理入."

147) 『祖堂集』卷13(B25, p.553b6~9), "단지 달마대사는 양의 보통8년에 이 땅에 와서 소림사에서 묵묵하게 좌선하니 그 당시의 사람들이 벽관바라문이라고 불렀다. 9년이 지나서 비로소 일인에게 계승하였다. 단지 그가 관음성인인데 어떻게 지혜와 변재가 없어서 설법할 줄 모르겠는가?(只如達摩大師, 梁普通八年到此土來, 向少林寺裏冷坐地, 時人喚作壁觀婆羅門, 直得九年方始得一人繼續. 只如他是觀音聖人, 豈無智辯.") ; 『楞伽師資記』(T85, p.1285a6~10), "如是安心, 如是發行, 如是順物, 如是方便. 此是大乘安心之法, 令無錯謬. 如是安心者, 壁觀. 如是發行者, 四行. 如是順物者, 防護譏嫌. 如是方便者, 遣其不著. 此略所由, 意在後文."

80

없으나 좌선은 요가가 아니고 자신의 망념을 자각하는 방편이
므로 자신의 잘못된 집착을 모두 끊고 자신의 청정한 불성을
돌이키는 방법이 벽관이고 좌선148)이 되어야 한다.

2) 안심(安心)

안심은 달마가 법을 전한 것으로 벽관이나 허종(虛宗)을 말
하는데 이것은 반야의 지혜를 말하는 것으로 『조당집』에 의하
면 가사를 전해 받고 9년간 시봉한 것과 불안한 마음의 근원
을 찾는 것에 대하여 다음과 같이 기록하고 있다.

> 혜가가 물었다. 화상께서 마음을 편안케 해 주십시오. 대
> 사께서 대답했다. 너의 그 마음을 가져 오면 마음을 편안하
> 게 해주겠다. 또 물었다. 그 마음을 아무리 찾아봐도 찾아서
> 가져올 수가 없습니다. 대사가 대답했다. 찾아서 얻을 수 있
> 다면 어찌 그것이 너의 마음이겠는가? 벌써 너의 마음은 편
> 안해진 것이다. 달마대사께서 혜가에게 법을 설하셨다. 너의
> 마음이 벌써 편안해 졌는데 너는 지금 보지 못하였느냐? 혜
> 가가 이 말씀 끝[言下]에 깨달았다. 혜가가 화상에게 고백
> 하여 말했다. 금일에야 일체법이 본래 공적한 것을 알았고

---

148) 『少室六門』(T48, p.371a2~4), "離諸動定, 名大坐禪. 何以故, 凡夫一
向動, 小乘一向定, 謂出過凡夫小乘之坐禪, 名大坐禪.";『六祖壇經』(T48,
p.338c23~29), "善知識, 此法門中坐禪, 元不着心, 亦不着淨, 亦不言動(亦
不是不動). 若言看心, 心元是妄, 妄如幻故, 無看也. 若言看淨, 人性本淨
躰, 爲妄念故, 蓋覆眞如, 離妄念本性淨. 不見自性本淨, 心起[起心]看淨,
却生淨妄. 妄無處所, 故知看者看, 却是妄也. 淨無形相, 却立淨相, 言是功
夫, 作此見者, 障自本性, 却被淨縛.";『六祖壇經』(T48, p.339a3~6), "此
法門中, 何名坐禪. 此法門中, 一切無礙, 外於一切境界上念不起爲坐, 見本
性不亂爲禪. 何名爲禪定. 外離相曰禪, 內不亂曰定. 外若離相, 內性不亂.";
『六祖壇經』(T48, p.339c26), "若空心坐禪, 即落無記空."

금일에야 보리가 멀리 있지 않다는 것을 알았습니다. 그러므로 보살은 망념이 일어나지 않고 살반야의 바다(반야지혜의 법해)에 이르고 망념이 일어나지 않고 열반의 언덕에 도달합니다. 대사께서 말씀하셨다. 그래 그렇다. 혜가가 다시 물었다. 화상께서 이 불법을 문자로 기록할 수 없습니까? 달마대사가 말했다. 나의 법은 이심전심이고 불립문자이다.[149]

이와 같이 이심전심한 것은 자신의 마음이 불성이라는 사실과 불법의 수행이 팔을 자르는 고행을 강조하는 것은 자신의 고정관념을 극복하는 수행을 한 결과를 말하는 것이지 실제로 팔을 자르라는 것은 아니다. 그리고 불안한 마음의 근원을 불성이라고 하는 것이며 불안한 마음의 근원을 찾을 수 없다는 사실을 자각한 것을 인가하고 확신하게 하여 가사를 부촉하고 게송으로 앞으로 할 일들을 부탁받고 책임자로 선정된 것이라고 볼 수 있다.

『소실육문』의 "제사문 안심법문"에 의하면 마음이 안심이 되는 것은 마음을 공(空)이라고 관하는 관심법을 주장하며 법계의 성이 공(空)이라고 친견해야 한다고 다음과 같이 기록하고 있다.

만약 법계의 성을 친견하면 곧 열반의 성이라고 알게 되

---

149) 『祖堂集』卷2(B25, p.335a6~13), "又問. 請和尙安心. 師曰. 將心來, 與汝安心. 進曰. 覓心了不可得. 師曰. 覓得豈是汝心, 與汝安心竟. 達摩語惠可曰. 爲汝安心竟, 汝今見不. 惠可言下大悟. 惠可白和尙. 今日乃知一切諸法本來空寂. 今日乃知菩提不遠. 是故菩薩 不動念 而至薩般若海. 不動念而登涅槃岸. 師云. 如是如是. 惠可進曰. 和尙此法 有文字記錄不. 達摩曰. 我法以心傳心 不立文字."

어 마음속에 알고 있는 억상을 버리고 공으로 분별하는 것을 법계의 성이라고 한다. 마음이 색상을 초월하면 공이니 사용하여도 없어지지 않으므로 불공이며 사용하여도 항상 공이므로 비유라고 하는 것이고 공하므로 항상 사용하여도 없어지지 않는 불공이 되는 것이다.[150]

법은 심법인데 『소실육문』의 "안심법문"에 의하면 "미혹한 사람은 법을 추구하여 따라가지만 이 법을 깨달았을 때에는 법이 사람을 따른다고 하는 것이다. 그러므로 깨달으면 식이 색을 다스리고 식심이 적멸하여 대상경계에 의하여 움직이지 않는 것을 정각"[151]이라고 한다. 즉 이것은 이 마음을 열반이나 적멸하다고 관심이나 관법으로 공(空)이라고 자각하고 실천하여야 안심의 도인이 된다. 안심이라고 하는 것은 구경의 편안한 마음을 말하는 것으로 본래심이나 청정심이라고 할 수 있으며 무심이고 무망심을 말하며 이후에는 무념을 말한다.

3) 평등법(平等法)

평등이란 누구나 동등하여 범부와 성인을 다르게 보지 않는 것을 말한다. 그러므로 범성이 동일하지만 범부가 되면 미혹하여 벗어나야할 세간이 있게 되고 성인이 되어 깨닫게 되면 벗

---

150) 『少室六門』卷1(T48, p.370c1~4), "若見法界性, 即涅槃性, 無憶想分別, 即是法界性. 心是非色故非有, 用而不廢故非無, 用而常空故非有, 空而常用故非無."
151) 『少室六門』卷1(T48, p.370b1~3), "迷時人逐法, 解時法逐人, 解則識攝色, 迷則色攝識. 但有心分別計較, 自身現量者悉皆是夢. 若識心寂滅無一動念處, 是名正覺."

어나야할 세간이 없는 것152)이다. 벗어날 세간이 없다는 것은 세간에 살면서 일체의 모든 상을 초월하면 부처로서 살아갈 수 있기 때문이다.

'경'에 말했다. 일체상을 초월한 것을 제불이라고 한다. 그러므로 '상'이 있다고 아는 것은 곧 무상의 '상'을 말하는 것이니 안견으로 '상'을 보는 것이 아니고 오로지 지혜로 바르게 알아야 한다. 만약 이 법을 듣고 일념에 불심을 확신한다면 이 사람은 대승의 마음을 발심한 한 사람으로 바로 삼계를 초월한 사람이 된다.153)

일체의 '상'을 벗어나 초월하면 내외가 무상이 되어 모든 '상'을 번뇌 망념의 눈으로 보는 것이 아니고 지혜로 보아야 범부와 성인을 평등하게 볼 수 있다. 범부는 이와 같이 보지 못하기 때문에 깨달아 들어갈 수 없고 성인은 무상으로 보고 알지만 실행하기가 어려운 것이나 오직 대보살이나 제불만 여래의 행을 행하는 것은 생사가 본성에서 같으므로 평등하고 공(空)하기 때문이라고 다음과 같이 설하고 있다.

'경'에 말했다. 평등한 법은 범부는 깨달아 들어갈 수 없지만 성인도 깨달아 들어가지만 행하기는 어려운 것이다. 평등한 법은 오직 대보살과 제불이 여래의 행을 행하는 것이다.

---

152) 『少室六門』(T48, p.371a14~16), "미혹하면 벗어나야할 세간이 있지만 깨닫고 나면 벗어나야할 세간이 없다. 평등한 법에는 범부와 성인을 다르게 보지 않는다.(迷時有世間可出, 悟時無世間可出. 平等法中, 不見凡夫異於聖人.)"

153) 『少室六門』(T48, p.370c14~17), "經云. 離一切諸相, 即名諸佛. 是知有相是無相之相, 不可以眼見, 唯可以智知. 若聞此法者, 生一念信心, 此人以發大乘, 乃超三界."

만약 생사를 다르다고 알고 동정이 다르다고 안다면 모두 불평등이고 번뇌와 열반을 다르다고 알지 않는 것을 평등이라고 한다. 왜냐하면 번뇌와 열반은 모두 하나의 성인데 자성이 공하기 때문이다. 그러므로 소승의 사람은 번뇌를 끊고 열반에 들어가려고 하니 허망하게 열반에 빠지게 된다. 보살은 번뇌의 본성이 공이라는 것을 깨달아 알아서 공을 벗어나지 않고 항상 열반에서 자유자재하는 것이다. 열반은 번뇌 망념이 나지 않는 것을 열이라고 하고 반이나 불사이니 생사에서 벗어나는 것을 반열반이라한다. 마음에 오고 감이 없으면 열반에 들어간다. 그러므로 열반이란 공심이고 제불이 열반에 들어간다고 하는 것은 곧 망상이 없는 것을 말한다.[154]

불생불멸을 열반이라고 하는 이유를 열(涅)은 불생이고 반(槃)은 불사(不死, 不滅)이기 때문이며 열반은 공심(空心)이며 망상이 없는 경지이며 두 번 다시 번뇌 망념으로 돌아가지 않는 불퇴전의 경지에서 살아가겠다는 서원이기도 하다. 그러므로 이와 같이 자각하고 실천을 하는 것에 대하여 『소실육문』에서 말하는 행입(行入)에는 네 가지가 있다. 이것은 이입(理入)하는 방법을 제시한 것으로 보면 자신의 마음이 불심이라는 사실을 아무나 알기는 쉽지 않기 때문이다. 그래서 첫 번째로 보원행(報冤行)은 수행자가 벽관이나 좌선을 하면 수행자의 육신이나 마음속에 자신이 살아왔던 과거의 마음이나 현재 미래

---

154) 『少室六門』(T48, p.371a16~25), "經云. 平等法者, 凡夫不能入, 聖人不能行. 平等法者, 唯大菩薩與諸佛如來行也. 若見生異於死, 動異於靜, 皆名不平等, 不見煩惱異於涅槃, 是名平等. 何以故. 煩惱與涅槃, 同是一性空故. 是以小乘人妄斷煩惱, 妄入涅槃, 爲涅槃所滯. 菩薩知煩惱性空, 即不離空, 故常在涅槃. 涅槃者, 涅而不生, 槃而不死, 出離生死, 名般涅槃. 心無去來, 即入涅槃. 是知涅槃即是空心, 諸佛入涅槃者, 即是無妄想處."

의 마음들이 나타나 장애가 되는 것을 없애는 방법이다. 즉 이렇게 벽관으로 과거의 자신의 숙업으로 인하여 생긴 것이라고 알고 그 근원이 공(空)이라는 사실을 통달했기 때문이라고 설하는 것은 부정관155)의 수행과 관련이 있다.

　두 번째는 수연행(隨緣行)으로 앞의 보원행에서와 같이 자신의 숙업의 인(因)으로 인하여 고락(苦樂)을 받는 것이라고 하면 숙업의 인이 다하면 고락도 없게 된다는 것에서 한 걸음 더 나아가 이와 같은 마음들에 흔들리지 않는 도(道)에 순응하여 실천하는 것을 수연행이라고 다음과 같이 설하고 있다.

　　두 번째로 수연행은 중생심에도 무아라는 사실을 깨달아 원한의 마음이 공이라고 알면 아울러 업을 인하여 윤회고를 받는 것이 모두가 다 인연법에 따라 생긴 것이라고 깨닫게 되는 것이다. 만약 위대한 과보로 영예 등의 일을 받을 때에도 이것은 나의 과거 숙업의 인으로 인하여 얻게 된 것이라고 알면 지금 얻은 것도 연이 다하면 다시없어지는 것을 알게 되는 것이므로 무엇을 기뻐할 것이 있겠는가? 얻고 잃는 다는 것은 모두 인연에 따른 것이므로 마음에는 증감이 없다는 것을 알면 기쁜 일에도 마음은 움직이지 않게 되어 불법에 순응하며 도에 따르는 것을 수연행이라고 하는 것이다.156)

---

155) 『廣義法門經』(T01, p.920b14～20), “有十四法, 於不淨觀, 最多恩德. 一不共女人一處住. 二不失念心觀視女人. 三恒不放逸. 四不生重欲心. 五數習不淨想. 六不數習淨想. 七不共作務人住. 八不隨其所行. 九樂聽正法. 十樂聞正法. 十一守護六根門. 十二節量食. 十三獨處心得安住. 十四能如實觀察.”；『廣義法門經』(T01, p.920b20～21), “不淨想者, 若事修習, 則能滅除欲塵愛欲.”
156) 『少室六門』(T48, p.370a4～9), “二隨緣行者, 衆生無我, 並緣業所轉, 苦樂齊受, 皆從緣生. 若得勝報榮譽等事, 是我過去宿因所感, 今方得之, 緣盡還無, 何喜之有. 得失從緣, 心無增減, 喜風不動, 冥順於道, 是故說言隨

수연행에서도 공(空)과 무아사상을 정확하게 실천하는 도(道)에 대하여 강조하고 있다. 즉 자신의 마음을 무아라고 깨달으면 업(業)이 사라져 윤회고를 받지 않게 된다. 숙업의 인이 다하여 수연행을 한다고 하는 것은 숙업의 인(因)을 자각하여 연(緣)을 청정하게 받아들일 줄 알아야 하는 것이다. 만약에 이것을 청정하게 받아들이지 못하면 희노애락이라는 생사심이 발동하여 업(業)이 생기게 되므로 수연행을 강조하고 있다.

세 번째는 무소구행(無所求行)으로 보원행과 수연행으로 자신의 망념이 공(空)이라고 알았으면 도(道)를 실천하는 단계로 지금의 화택에서 나와 도(道)를 실천하는 도인으로 살아가기를 바라고 있는 것이다.

> 세 번째 무소구행은 세상 사람들이 오랫동안 미혹하여 곳곳에서 탐내어 집착하는 것은 명리를 구하기 때문이다. 지자는 진여의 불성을 깨달아 진리로 세속의 잘못을 되돌려 무위법으로 마음을 편안하게 하니 몸은 수연행을 하며 마음에 만유가 모두 '공'이라서 소원하여도 즐거운 것이 아무 것도 없게 된다. 공덕과 흑암이 항상 서로 따르고 쫓는 것처럼 삼계에 오래 사는 것은 마치 불타는 집에서 사는 것과 같다. 육신에 대한 집착이 있으면 모두 괴로움이 있는 것이므로 누가 편안함을 얻을 수 있겠는가? 이것을 요달하면 모든 유위법을 버리고 망심을 쉬게 되니 소원하여 구하는 것이 없게 된다. 경에 말했다. 구하는 것이 있으면 모든 괴로움이 있고 구하는 것이 없으면 락이다. 구하는 것이 없으면 진실한 도행이라는 것을 판단하여 깨닫는 것을 무소구행이라고 한다.157)

緣行也."
157) 『少室六門』(T48, p.370a9~15), "三無所求行者, 世人長迷, 處處貪著,

이것에서 임제의 '향외치구'가 달마의 무소구행에서 나온 것158)이라고 하기도 한다. 보원행과 수연행을 하면서도 자신이 조금이라도 무엇을 한다는 생각을 가지고 하지말기를 바라는 것으로 '바라밀'을 실천할 것을 강조하고 있다.

네 번째 칭법행(稱法行)은 불법에는 무아이므로 삼공(三空)159)을 실천하는 것으로 육바라밀을 행하는 보살로서 살아가기를 바라는 달마의 선수행법이지만 어떻게 수행해야 하는지를 정확하게 설하고 있는 부분이라는 것을 알아야 한다.

이와 같이 자성이 무아이고 공(空)이라는 사실을 깨달으면 성범이 평등하게 되어 어디에서나 불생불멸의 경지에서 임운자재 하게 살아갈 수 있는 것을 불립문자나 언어도단이라고 하며 불가사의하다고 한다. 달마의 벽관은 자신의 망념을 자각하는 방편이므로 자신의 잘못된 집착을 모두 끊고 자신의 청정한 불성을 돌이키는 방법이 벽관이고 좌선이다. 그러므로 특별한 깨달음을 얻기 위한 벽관이나 좌선은 아니다. 또 안심이라고 하는 것은 본래심이며 청정심이고 무념을 말한다. 벽관이나

名之爲求. 智者悟眞, 理將俗反, 安心無爲, 形隨運轉, 萬有斯空, 無所願樂. 功德黑暗, 常相隨逐, 三界久居猶如火宅. 有身皆苦, 誰得而安. 了達此處, 故捨諸有, 息想無求. 經云. 有求皆苦, 無求乃樂. 判知無求眞爲道行, 故言無所求行也"

158) 정성본(2000), p.166.

159) 『金剛三昧經』(T09, p.369b16~18), "三空者, 空相亦空, 空空亦空, 所空亦空. 如是等空, 不住三相, 不無眞實, 文言道斷, 不可思議."; 『金剛三昧經論』卷2(T34, p.983c24~28), "第三空者非眞非俗非二非一. 又此三空, 初空顯俗諦中道, 次空顯眞諦中道, 第三空顯非眞非俗無邊無中之中道義. 言如是等空者, 總擧三空, 不住俗相, 不住眞相, 亦不住於無二之相, 故言不住三相. ; 『金剛經纂要刊定記』卷1(T33, p.176b24~27), "三空者, 即我空法空俱空也. 如下經云. 無我相人相等, 即我空也. 我相即是非相等, 即法空也. 離一切相即名諸佛, 是俱空也." ; 『維摩經略疏垂裕記』卷2(T38, p.727b15~17), "三空者即空無相無願. 亦是生空法空平等空也."

좌선하여 자성이 무아이고 공(空)이라는 사실을 깨달으면 성범이 평등하게 되어 누구나 두인(頭人)으로 해탈하게 된다.

2. 『입도안심요방편법문』에서 부처

도신선사(道信禪師, 580~651)는 선종(禪宗)의 제4조(祖)로 그의 저술이라고 하는 『입도안심요방편법문』에서 그의 선사상을 찾아보면 『능가사자기』에 "내가 설하는 법은 『능가경』의 제불의 마음이 제일이다. 또한 『문수반야경』의 일행삼매에 의한 것으로 염불하는 마음이 부처이고 망념이 범부이다."160)라고 하고 있듯이 제불의 마음인 불심이 제일이라고 하고 있고 그 다음은 『문수설반야경』의 일행삼매에 의거하여 염불심이 부처이고 망념이 중생이라고 하면서 안심을 주장하고 있다.

1) 염불하는 마음이 곧 부처

『능가사자기』의 "즉염불심시불"에서 도신이 주장하는 것은 부처는 외부에 있는 것이 아니고 자신이 자기의 생각을 불심으로 전환하여 자각하는 것이 부처라고 설하고 있는 부분이다. 이것을 염불하는 법에 따라 칭명염불, 관상(觀想, 觀象)염불, 실상염불 등으로 분류하여 논하고 있다. 하지만 일반적으로 염불은 입으로만 앵무새처럼 말하는 칭명염불이 부처가 되려고 하면 자신의 말이 전신이 되어야 한다. 그러나 지금과 같은 시절에는 맞는 이가 드물 것이고 관상염불이나 실상염불도 자신의 본성으로 하는 염불은 자신의 마음이 본성이 되어야 한다.

---

160) 『楞伽師資記』(T85, p.1286c22~24), "說我此法, 要依楞伽經. 諸佛心第一. 又依文殊說般若經, 一行三昧, 即念佛心是佛, 妄念是凡夫."

염불하는 마음이 부처라고 제목을 붙인 것은 이와 같이 본성으로 자각하는 것이 불심이기 때문이다. "제불심제일"에서도 제불의 마음이 제일이라고 번역하는 것과 모든 것에서 불심이 제일이라고 번역하는 것을 비교하여 보면 모든 것에서 불심이나 모든 부처의 마음은 궁극적으로 부처의 마음이라는 불심으로 근원적인 본성의 마음인 공(空)으로 귀결되는 것을 알 수 있다.

그러므로 『능가사자기』에 제일이라고 하고 있는 것은 불심이나 마음에서 망념이 생기지 않아야 하는 것인데 처음에는 삼승을 제도하다가 다음은 십지보살을 넘어서는 마음이 되다가 구경에는 불과를 이루는 마음을 말하고 있는 것이다. 이렇게 하여 이 마음을 알면 무심과 무념으로 마음과 몸을 편안하게 조용한 곳에서 좌선하여 본심을 고수하고 근원으로 돌아가는 것이다. 이렇게 하는 것이 자신의 비법이라고 도신이 설하고 있는 것으로 만약에 깨닫지 못하면 6 다음에 7과 8이 있게 되고 만약에 깨달으면 8은 6과 7이 없는 것이라고 하며 의심하지 말고 안심161)하기를 주장하고 있다.

---

161) 『楞伽師資記』(T85, p.1284a11~18), "楞伽經云. 諸佛心第一. 教授法時, 心不起處是也. 此法超度三乘, 越過十地, 究竟佛果處. 只可默心自知, 無心養神, 無念安身, 閑居淨坐, 守本歸眞. 我法祕默, 不爲凡愚淺識所傳, 要是福德厚人, 乃能受行. 若不解處, 六有七八, 若解處, 八無六七. 擬作佛者, 先學安心, 心未安, 善尚非善, 何況其惡. 心得安靜時, 善惡俱無."; 『楞伽師資記』(T85, p.1284a19~29), "何況安心者, 時時見有一作業, 未契於道, 或在名聞, 成爲利養, 人我心行, 嫉妬心造. 云何嫉妬, 見他人修道, 達理達行, 多有歸依供養, 即生嫉妬心, 即生憎嫌心, 自恃聰明, 不用勝己, 是名嫉妬. 以此惠解, 若晝若夜, 修勤諸行, 雖斷煩惱, 除其擁礙, 道障交競, 不得安靜. 但名修是, 不名安心. 若爾縱行六波羅蜜, 講說坐二禪三禪, 精進苦行但名爲善, 不名法行, 不以愛水, 漑灌業田, 不於中, 種識種子, 如是比丘, 名爲法行."

즉 "즉염불심시불"에서 지금 생각하는 마음을 불심으로 전환하여 무주의 생활이 되는 것을 부처라고 하고 있는 것을 보면 의심즉차이므로 불법에 맞게 어느 정도 수행이 된 상태의 수행자들에게 이와 같은 말을 한 것이지 세속의 사람들에게 한 말은 아니기 때문에 깨달은 이에게 "八無六七"이라고 한 것이다.

2) 안심이 곧 부처

『입도안심요방편법문』에서 도(道)를 깨달아 안심하게 하는 중요한 방편법문이라고 말하고 있듯이 이 책에서 안심이 제일 중요하고 안심이 전법(傳法)의 기초가 되는 것이라고 달마와 혜가의 문답에서 불안한 마음의 근원을 아무리 찾아도 찾지 못하였다고 하자 그대의 불안한 마음은 사라졌다고 하고 있는 선문답의 근원은 불심으로 귀결된다고 볼 수 있다.

이처럼 안심의 궁극적인 내용은 불심을 자각해야 하는데 심리가 평등해야 한다고 하는 것은 마음이 본성인 공(空)이 되어야 하는 것을 평등이라고 하며 이것이 불심이고 안심162)이라고 달마의 안심을 그대로 설하고 있다.

---

162) 『楞伽師資記』(T85, p.1284a29~b7), "今言安心者, 略有四種. 一者背理心, 謂一向凡夫心也. 二者向理心, 謂厭惡生死, 以求涅槃, 趣向寂靜, 名聲聞心也. 三者入理心, 謂雖復斷障顯理, 能所未亡, 是菩薩心也. 四者理心, 謂非理外理, 非心外心, 理即是心, 心能平等, 名之爲理. 理照能明, 名之爲心. 心理平等, 名之爲佛心."

3) 일행삼매(一行三昧)

일행삼매는 진여삼매에 의거한 것으로 일행을 실천하여 시각이 원만하여서 본각과 동등하게 되는 것을 말한다. 그리하여 일체중생의 본각심과 적중하게 되는 것은 자성의 본각이 일체중생계에 두루 편만하게 두루 하는 것163)이기 때문이다. 그러므로 무념을 체득하면 일체중생도 모두 무념을 체득한다고 하는 것은 일체중생을 제도하여도 한 중생도 제도한 것이 없다는 것과 같다. 그러나 자신이 무념을 체득하면 일체중생도 무념을 체득하게 된다고 하여 실제로 타인을 제도하는 독재적인 요소가 가미되면 종교가 아닌 것이다. 이렇게 되면 사람위에 군림하는 방법이 되고 불교의 근본인 "천상천하유아독존"이 성립되지 않는 것이 되므로 결국은 자신의 마음속의 일체중생을 제도하는 것이 되어야 한다.

일행삼매가 되면 모든 법문을 모두 요달하는 것164)으로 다문으로 수행하는 것은 아난과 같이 한계가 있는 수행이 된다. 그러므로 모든 법계가 일상이라는 사실을 자각하여야 성문을 뛰어 넘게 되는 것165)으로 법계일상이 된다. 그리하여 제불의 법

---

163) 『宗鏡錄』卷14(T48, p.491b21~28), "唯一行者, 得無念時, 一切衆生悉得無念, 一一衆生, 皆悉各各有本覺故. 此義云何, 謂一行者, 始覺圓滿, 同本覺時, 遍同一切無量衆生, 本覺心中, 非自本覺. 所以者何, 自性本覺, 遍衆生界, 無不至故. 清淨覺者, 得無念時, 一切衆生 皆得無念者, 清淨覺者, 斷無明時, 一切衆生 亦可斷耶."
164) 『楞嚴經勢至圓通章疏鈔』卷1(X16, p.382a2~3), "若得一行三昧者, 諸經法門皆悉了知."
165) 『起信論疏』卷2(T44, p.223b15~22), "이것은 앞의 진여삼매에 의해 능히 일행등의 여러 삼매가 생기는 것을 밝힌 것으로 일행삼매라고 하는 것은 『문수반야경』에 의하면, 물었다. 무엇을 일행삼매라고 합니까? 부처님

계가 무차별상이라는 사실을 알게 되면 자신의 행주좌와 하는 모든 것이 좌도량에 있게 되고 염불하는 마음이 불심이 되는 것이라고 『능가사자기』에도 다음과 같이 기록하고 있다.

여시한 일행삼매를 깨닫는 것은 항하사의 제불의 법계를 모두다 차별상 없이 모두 깨달아 아는 것이다. 비록 우리들의 몸과 마음의 작은 것에서부터 발을 올리고 내리는 모든 것이 항상 좌도량에 있게 되어 거동하는 모두가 보리의 지혜가 되는 것이다. 『보현관경』에 말하기를 일체 업 장해는 모두가 망상으로 인하여 생기는 것이라고 하였다. 만약에 참회를 하고자 하면 단정히 좌선하며 실상을 생각하는 것이 제일의 참회라고 하는 것이며 삼독심과 반연심을 함께 제거하는 참회이며 각관심을 염불이라고 한다. 이 각관심의 마음과 마음이 상속하여 홀연히 청정하여지면 다시 대상경계를 반연하는 생각이 없게 되는 것이다. 『대품반야경』에서 설하였다. 대상경계를 생각하지 않는 것을 염불이라 한다. 무엇을 대상경계를 생각하지 않는다고 하는가하면 생각하는 마음을 불심으로 전환하는 것을 이름 하여 대상경계를 생각하지 않는다고 하는 것이며 이 마음을 떠나서 특별한 부처가 있는 것이 아니며 또 이와 같은 부처를 벗어난 특별한 청정

이 말했다. 법계일상이 인연법으로 법계가 만들어져 있는 것을 바로 알고 행하는 것을 이름이 일행삼매라고 한다. 일행삼매를 깨달은 것은 항사제불의 법계가 차별의 상이 없다는 것을 모두 깨달아 아는 것을 말한다. 아난이 불법의 총지를 듣고 외워 변재와 지혜가 성문중에서 최승이지만 아직 분별하는 것에는 한계가 있는 것이다. 만약 일행삼매를 체득하면 제경의 법문을 모두 분별하고 요달 하여 결정코 장애가 없어 주야로 설하여도 지혜와 변재가 끝이 없게 된다.(是明依前眞如三昧, 能生一行等諸三昧. 所言一行三昧者, 如文殊般若經言. 云何名一行三昧, 佛言. 法界一相, 繫緣法界, 是名一行三昧. 入一行三昧者, 盡知恒沙諸佛法界無別相. 阿難所聞佛法, 得念總持辯才智慧, 於聲聞中雖爲最勝, 猶住量數, 卽有限礙. 若得一行三昧, 諸經法門, 一一分別, 皆悉了知, 決定無礙, 晝夜常說, 智慧辯才終不斷絶.)"

한 마음이 있는 것이 아니므로 각관심으로 염불하는 것이 곧바로 청정한 불심으로 생각하는 것이고 자신의 불심을 찾는 마음이 곧바로 부처를 구하는 것이 된다.[166]

염불하는 마음이 무소념(無所念)이라는 것은 대상경계를 생각하지 않는 불심으로 전환한 마음이다. 이것은 자신의 중생심을 모두 청정한 불심으로 전환한 것이고 자신의 마음속에는 중생심이 하나도 없다는 것이다. 그러므로 염불을 하여도 탐진치의 중생심이 없는 삼학의 마음이므로 마음이 부처가 되는 것이고 일행삼매가 되어 여래나 부처가 된다.

자신이 지금의 마음을 불심으로 전환하여 무주의 생활을 하면 부처라고 하는 것은 의심즉차이다. 그러므로 불법에 맞게 수행하는 수행자들은 바로 실천할 수 있는 것이고 세속의 범부들에게 한 말은 아니므로 깨달은 이에게 팔(八)에는 앞의 육(六)과 칠(七)이 없는 것이다. 이와 같아서 범부와 수행자는 다른 것이고 출가 수행자도 성자가 되기 이전의 단계와 삼승의 단계가 다른 것이기에 일승에서는 가능한 것이다.

일승에서 안심의 궁극적인 내용은 불심을 자각해야 하는 것이다. 그러므로 마음의 본성이 공(空)이 되어야 불심이 되고 안심이 되는 달마의 안심법문을 그대로 설하고 있다. 즉 이 마음은 무소념으로 대상경계를 차별분별하지 않는 마음을 불심으

---

166) 『楞伽師資記』(T85, p.1287a4~13), "如是入一行三昧者, 盡知恒沙諸佛法界, 無差別相. 夫身心方寸, 舉足下足, 常在道場, 施爲舉動, 皆是菩提. 普賢觀經云. 一切業障海, 皆從妄相生. 若欲懺悔者, 端坐念實相, 是名第一懺併除三毒心 攀緣心 覺觀心念佛. 心心相續忽然澄, 更無所緣念. 大品經云. 無所念者, 是名念佛. 何等名無所念, 即念佛心名無所念, 離心無別有佛, 離佛無別有心, 念佛即是念心, 求心即是求佛."

로 전환한 마음이다. 중생심을 모두 청정한 불심으로 전환하여 자신의 마음속에 중생심이 하나도 없으므로 염불을 하여도 안심의 경지에서 하는 것이다. 그러므로 이렇게 염불하는 것이 탐진치의 중생심이 없는 삼학의 마음이므로 안심이 부처이고 일행삼매가 된다.

3. 돈황본 『육조단경』에서 자성(自性)

『육조단경』의 원래의 제목은『남종돈교최상대승마하반야바라밀경육조혜능대사어소주대범사시법단경』[167]이다. 남종의 육조가 된 혜능이 불법을 계승하게 된 것은『육조단경』에 의하면 나무를 해서 팔다가 우연히 듣게 된『금강경』독송 소리를 듣고 오조홍인의 문하로 가서 불성에 대하여 문답을 나누고 오조의 인가를 받았다. 그러나 행자로 방아를 8개월 동안 찧었다고 다음과 같이『육조단경』에 기록하고 있다.

> 홍인화상께서 혜능에게 말씀을 하셨다. … 홍인대사께서 혜능을 되돌려 보내려고 책망하며 말씀하셨다. 그대는 영남 사람이고 또 오랑캐와 같은 사람인데 부처가 되는 것을 어찌 감당할 수 있겠는가? 혜능이 대답했다. 사람은 남북이 있지만 불성은 남북이 없는 것으로 오랑캐의 신분인 저와 화상의 신분은 같지는 않지만 불성에는 무슨 차별이 있습니까? 홍인대사께서 다시 같이 더 의논하고 싶었으나 주위에 사람들이 있는 것을 보시고는 대사께서 더 이상 말씀을 하시지 않았습니다. … 방앗간에서 8개월 정도 방아를 찧게 되었습니다.[168]

---

167) 『六祖壇經』(T48, p.337a4~6). 원본은 "古寫燉煌本大英博物館藏本" 1928년에『大正新脩大藏經』에 편입.

168) 『六祖壇經』(T48, p.337a27~b7), "弘忍和尚, 問惠能曰. 汝何方人, 來此山禮拜吾, 汝今向吾邊, 復求何物. 惠能答曰. 弟子是嶺南人, 新州百姓. 今故遠來禮拜和尚, 不求餘物, 唯求作佛. 大師遂責惠能曰. 汝是嶺南人, 又是獦獠, 若爲堪作佛. 惠能答曰. 人即有南北, 佛性即無南北, 獦獠身與和尚不同, 佛性有何差別. 大師欲更共語(議), 見左右在傍邊, 大師更不言 遂發遣惠能令隨衆作務, 時有一行者, 遂差惠能於碓坊, 踏碓八箇餘月."

여기에서 사람은 차별이 있지만 불성에는 차별이 없다는 혜능의 말에 의하여 오조 홍인이 인가를 한 것이라고 할 수 있지만 아직 수행이 익지 않았으므로 전법을 하지 못하고 게송으로 다음과 같이 인가를 하게 된다.

혜능이 게송으로 말한 것을 보면 다음과 같다. 진여의 지혜로 본성을 깨달으면 누구나 평등한 것이고, 맑은 거울이나 맑은 마음은 역시 받침과 육신에 대한 집착이 없는 것이네. 불성은 항상 청정한 것이어서, 어느 곳에 번뇌 망념의 때가 있을 수 있겠는가? 또 게송으로 말하였다. 불심이 바로 깨달음의 근본이고, 법신은 명경대의 밝은 거울과 같은 것이네. 맑은 거울과 같은 불심은 본래 청정한 것이니, 어느 곳을 번뇌 망념의 때로 물들일 수 있겠는가?169)

혜능의 게송에 보면 불성과 불심에 대하여 다시 게송으로 항상 청정한 것이므로 번뇌 망념은 없다고 하여 홍인이 인가하고 있다. 즉 나무꾼이 8개월 동안 방아를 찧고 불성은 어느 누구나 청정하다는 사실을 깨닫고 확인받아 6대 조사로 인가를 받았다. 그리고 다시 『금강경』의 대의를 은밀하게 전수받고 생명이 현사(懸絲)와 같으므로 혜능이 피신하는 일이 생긴 것이라고 『육조단경』에 다음과 같이 기록하고 있다.

오조화상께서는 모두가 잠든 한 밤중이 되자 혜능을 자기가 거처하는 조사당 안으로 불러서 『금강경』의 대의를 설명하여 주었다. 혜능이 자세하게 듣고는 언하에 바로 불법의

---

169) 『六祖壇經』(T48, p.338a5~11), "惠能偈曰. 菩提本無樹, 明鏡亦無臺, 佛性常淸淨, 何處有塵埃. 又偈曰. 心是菩提樹, 身爲明鏡臺, 明鏡本淸淨, 何處染塵埃."

대의를 깨닫게 되었다. 그리고 그날 밤에 오조께서 혜능을 인가하셨는데 사람들이 아무도 알지 못하게 바로 돈교의 법과 법의를 전해주시고는 다음과 같이 말씀하셨다. 그대를 육대의 조사로 인가하니 이 법의를 신표로 삼고 대대로 서로서로 전하여야 한다. 그리고 불법은 이심전심으로 전하고 마땅히 자신이 깨달아야 하는 것이다. 오조께서 혜능에게 말씀하셨다. 옛날부터 법을 전해 받으면 목숨이 실낱과 같이 위험하여서 만약 이곳에 같이 산다면 어떤 사람이 그대를 해칠 것이므로 그대는 반드시 바로 빨리 떠나야 한다.170)

홍인이 은밀하게 『금강경』의 대의를 혜능에게 설명하여 주어 혜능이 언하에 깨달았다고 하는 것은 『육조단경』의 원래 제목에서 암시하고 있는 내용이다. 즉 『남종돈교최상대승마하반야바라밀경육조혜능대사어소주대범사시법단경』을 풀이하여 보면 남종이 돈교라고 하는 것은 교학의 가르침으로 돈오하는 것이므로 최상의 대승이 되어 최상승이라고 하는 것이다. 그리고 『마하반야바라밀경』이라고 하는 것은 『금강반야바라밀경』과 같이 반야바라밀에 의하여 지금 이 자리에서 피안의 세계에서 살아갈 수 있기에 소주의 대범사에서 수계를 하는 경이다. 그리고 나머지는 장소를 설명하는 것이다. 이렇게 하여 오조를 만나는 기연도 나무를 구입한 객이 "홍인대사께서 도사와 일반인들에게 단지 『금강경』 한 권만 수지독송 광위인설하면 바로 견성하여 정확하게 성불하게 된다."고 하는 것을 보고 들었다는 말에 의하여 친견하게 된다. 이것은 우연한 일이 아니고 혜

---

170) 『六祖壇經』(T48, p.338a14～19), "五祖夜至三更, 喚惠能堂內, 說金剛經. 惠能一聞, 言下便悟. 其夜受法, 人盡不知, 便傳頓教法及衣. 以爲六代祖, 衣將爲信稟, 代代相傳, 法以心傳心, 當令自悟. 五祖言惠能. 自古傳法, 氣如懸絲, 若住此間, 有人害汝, 汝即須速去."

능이 『금강경』에 대하여 알았다는 것도 되지만 반야사상과 불성사상을 통합하는 내용이라고 볼 수 있는 내용이다.

오조를 친견하고 불성에 대하여 바로 대답할 수 있다는 것은 모순이지만 혜능을 신앙화하여 생불로 추앙하려는 의도가 여기에 있다고 하면 가능하다고 볼 수도 있다. 그러므로 불성을 자각하여 여래나 조사가 되는 것이지만 생불171)이라는 말을 하고 있는 것으로 보면 불성은 각자의 본성이므로 여기에서 육조라는 생불이 태동했다고 볼 수 있다.

1) 자성의 심지(心地)가 본성

『육조단경』에서 본성은 각자의 개성이 청정한 불성이지만 개개인의 근기에 따라 미오의 차이만 있고 본성은 동등하므로 자신의 마음이 불심이라는 사실을 깨닫게 되면 자신이 장겁윤회를 벗어날 수 있다172)라고 하고 있듯이 자신의 본성인 자성

---

171) 『六祖壇經』(T48, p.342a20〜22), "그때에 법회에서 법문을 들은 관료와 도속들이 예배하고 찬탄하여 말하기를 훌륭한 깨달음이며 이전에 들어볼 수 없었던 법문이라고 하며 영남지방에 살면서 무슨 복이 있어 부처가 탄생하여 여기에 있을 줄을 누가 알기나 했겠습니까? 라고 찬탄하면서 모두가 돌아갔습니다.(合座官寮道俗, 禮拜和尚, 無不嗟嘆, 善哉大悟, 昔所未聞, 嶺南有福, 生佛在此, 誰能得知. 一時盡散.)"

172) 『六祖壇經』(T48, p.338b29〜c2), "선지식이시여! 일체법에는 돈점이 없지만 사람들이 본성으로 자각하는데 영리하고 우둔함만 있다. 우둔한 사람들은 명확하게 점차적으로 부지런하게 계합하며 본심(本心)으로 수행하고, 영리하여 정확하게 아는 사람들은 바로 진여의 본심으로 수행한다. 자신이 진여의 본심을 불법에 맞게 정확하게 아는 사람은 바로 불성을 친견하여 생활하게 되어 자기의 마음이 불심이라는 사실을 깨닫게 되면 원래 차별이 없다는 것을 정확하게 알게 되는 것이고, 자기의 마음이 불심이라는 사실을 깨닫지 못하면 영원히 번뇌망념으로 삼계에서 육도의 생로병사의 윤회를 벗어나지 못하게 되는 것이다.(善知識. 法無頓漸, 人有利鈍. 迷即漸勸, 悟人頓修. 識自本心, 是見本性, 悟即原無差別, 不悟即長劫輪迴.)"

이 청정하다는 사실을 자신이 친견해야 자신이 불도를 이룰 수 있다고 다음과 같이 기록하고 있다.

> 『보살계경』에 말하기를 본래 자성은 청정한 것이라고 하였다. 선지식들이시여! 자성이 청정하다는 사실을 친견하면 자신이 수행하고 자신이 부처를 만드는 것이고, 자성이 법신이 되면 자신이 행하는 모든 것들이 부처가 행하는 것이 되어 자신이 부처로서 불도를 이룩하는 것이다.[173)

자신들이 공양을 하면서도 단지 복전만 구하면 생사고해에서 벗어날 기약이 없으므로 자성이 불성이라는 사실[174)을 깨달아 자신의 자성으로 게송을 지어오면 인가증명을 하겠다고 오조가 하는 이유는 부처는 외부에 있는 것이 아니고 자신의 마음 안에 있는 것을 말하고 있다. 그래서 신수의 게송[175)을 암송하면 자성을 친견할 것이고 출리하게 된다고 다음과 같이 설하고 있다.

> 오조화상께서 모든 문인들에게 모두 정성껏 독송하게 하였고 이 게송을 정성으로 독송하여 깨달으면 자성을 친견할

---

173) 『六祖壇經』(T48, p.339a9~12), "『梵網菩薩戒經』云. 本源自性淸淨. 善知識. 見自性自淨, 自修自作 自性法身, 自行佛行, 自作自成佛道."
174) 『六祖壇經』(T48, p.337b9~11), "그대들과 같은 수행자들이 하루 종일 예불하며 공양을 올리면서도 단지 복전만 구하고 있으면 자신이 번뇌 망념으로 윤회하는 생사의 고해에서 벗어나 부처와 같이 출세하기를 구하지 않고 있는 것이 된다. 그대들은 자신의 자성을 미혹하게 하며 복만 구하면서, 어떻게 그대 자신의 자성이 불성이라는 사실을 깨달아 그대들 자신을 구제할 수 있겠는가?(汝等門人, 終日供養, 只求福田, 不求出離生死苦海. 汝等自性迷, 福門何可救汝.)"
175) 『六祖壇經』(T48, p.337c1~2), "身是菩提樹, 心如明鏡臺, 時時勤拂拭, 莫使有塵埃."

것이고, 이 게송에 의지하여 수행하면 출리하게 될 것이다.176)

　자성이 불성이라고 친견하게 되면 생사를 벗어나게 된다고 하는 이것은 삼신불이 본성에 있다는 것이다. 그러므로 청정법신비로자나불과 원만보신노사나불 그리고 천백억화신석가모니불을 모두 각자의 본성에서 구하여야 하는 것177)인데도 미혹하여 자신 안에 있는 부처를 보지 못하고 외부에서 찾으려고 하면 영원히 어긋나게 된다고 하는 것이다. 즉 『육조단경』에서 "중생무변서원도"라고 하는 것도 "자신의 마음속에 있는 중생들을 각자가 자신이 자기의 본성으로 자신을 제도하는 것"이라고 하는 것이다. 여기에서 중생이라는 것은 나 이외의 대상으로 존재하는 타인들이나 아니면 자각하지 못한 모든 것을 중생이라고 한다. 그러나 이 많은 외부의 중생들을 제도한다는 것이 아니고 자신의 마음속의 중생을 제도하는 것이다. 여기에

---

176) 『六祖壇經』(T48, p.337c26~28), "五祖令諸門人盡誦, 悟此偈者, 即見自性. 依此修行, 即得出離."
177) 『六祖壇經』(T48, p.339a18~24), "선지식 자신의 색신으로 하여금 자기 일체법의 본성에 삼신불이 있는 것을 친견하게 되는 것이다. 이 삼신불은 자기의 본성에 있는 것이지 다른데서 구하는 것이 아닙니다. 무엇을 청정법신불이라고 하는가 하면 선지식들이시여! 세상 사람들의 본성이 본래 청정하다는 것을 친견하면 만법도 자기의 본성에 자유자재하게 존재한다는 것을 자각하게 되는 것이다. 일체만법을 사량하여 악하게 생각하면 행동을 악하게 행하게 된다. 일체만법을 사량하여 선하게 생각하면 바르게 수행하여 선행을 하게 되는 것이다. 이와 같이 일체법이 모두 자기의 본성에 있다는 것을 알면 자성은 항상 청정한 것이다. 즉 비유하면 일월이 항상 밝지만 단지 구름에 덮이면 구름 위는 밝아도 구름 아래는 어두운 것과 같아서 해와 달과 별들을 볼 수 없는 것과 같다.(令善知識於自色身見自法性有三身佛, 此三身佛從自性上生. 何名清淨法身佛. 善知識. 世人性本自淨, 萬法在自性. 思量一切惡事, 即行於惡行. 思量一切善事, 便修於善行. 知如是一切法盡在自性, 自性常清淨, 日月常明.只爲雲覆蓋, 上明下暗.)"

자성은 본성이며 불성이라고 자각하여 자신의 마음에서 일어나는 중생들을 본성으로 제도하는 것이다. 그리고 나머지의 번뇌와 법문 그리고 불도도 역시 자성에서 제도하는 것이라고 다음과 같이 설하고 있다.

선지식들이시여! 한량없는 망념의 중생을 분명하게 모두 제도하겠다고 서원한 것은 혜능이 제도하는 것이 아니고 선지식 여러분들의 마음속에 있는 중생들을 각자가 자신이 자기의 본성으로 자신을 제도하는 것이다. 어떻게 자기의 본성으로 자신을 제도하는가 하면 각자 자기의 마음속에 사견, 번뇌, 우치를 미혹한 망념의 중생이라고 하는데 이것을 자신에게 있는 본래의 본성으로 공이라고 자각하게 되면 정견으로 제도하게 된다. 이미 깨달아 알고 있는 징견의 반야지혜로 우치와 미혹한 망념의 중생들을 제거하면 여러분들 각자가 자신을 제도하게 되는 것이다. 사견이 나오면 정견으로 제도하고, 미혹이 있으면 깨달음으로 제도하고, 우치가 있으면 지혜로 제도하고, 악한 생각이 나면 선으로 제도하고, 번뇌가 있으면 자신을 관조하는 전문가인 보살이 되어 제도한다. 이와 같이 제도하는 것을 진실한 제도라고 하는 것이다. 무궁무진한 번뇌를 맹세코 모두 끊겠다고 서원한 것은 여러분들 자기의 마음속에 있는 허망한 번뇌 망념을 모두 다 제거하는 것이다. 법문이 한량없지만 모두 다 배우고 실천하겠다고 서원한 것은 무궁무진한 정법의 법문을 모두 배워서 극락세계에 태어나는 것이다. 고정된 것이 없는 무한한 불도를 이루어 항상 실천하겠다고 서원한 것은 항상 자만하지 않게 행동하라는 것이고 일체의 모든 것을 공경하라는 것이다. 미혹한 번뇌 망념으로 인한 집착을 멀리 없애버리면 본성을 깨달아 반야의 지혜가 생겨나서 미혹한 번뇌 망념을 제거하게 되는 것을 깨닫게 되는데 이것을 자신이 깨달아 불도를 이룬다고 하는 것으로 서원한 것을 불법에 맞게 항

상 실천한다고 하는 것이다.178)

자성이 사견이나 번뇌 망념으로 덮여있고 자신의 고정 관념에 떨어져 우치한 경우에도 본성으로 자각하는 지혜만 있다면 본성이 불성이며 공(空)이 된다. 그러므로 불법에 맞게 자각하여 정견의 지혜로 우치와 미혹한 망념의 중생들을 제거하여 각자가 자신을 제도한다고 한다. 즉 사견이 생기면 정견으로 제도하고 미혹이 있으면 깨달음으로 제도하고 우치가 있으면 지혜로 제도하며 악은 선으로 제도한다고 하는 것이다. 이것을 자신이 자성의 심지에서 본성으로 자신을 제도한다고 하는 것이다.

2) 식심(識心)이 견성(見性)

본성이 불성이라는 사실을 알 수 있는 것은 자기 자신이 지금 생각하고 있는 그 마음을 자신이 아는 것인데 이것을 식심(識心)이라고 하는 것이다. 『육조단경』에 의하면 본심을 알아야 견성을 하는 것이고 자성의 심지가 공(空)이라는 것을 자각하여야 불법의 대의를 깨닫게 된다고 혜능이 행자의 신분으로 말하고 있는 것179)을 보면 어느 누구나 자기의 마음을 알아야

---

178) 『六祖壇經』(T48, p.339b16~26), "善知識. 衆生無邊誓願度, 不是惠能度, 善知識心中衆生, 各於自身自性自度. 何名自自度, 自色身中, 邪見煩惱, 愚癡迷妄, 自有本覺性, 將正見度. 既悟正見般若之智, 除却愚癡迷妄. 衆生各各自度, 邪來正度, 迷來悟度, 愚來智度, 惡來善度, 煩惱來菩提度, 如是度者, 是名眞度. 煩惱無邊誓願斷, 自心除虛妄. 法門無邊誓願學, 學無上正法. 無上佛道誓願成, 常下心行, 恭敬一切, 遠離迷執, 覺智生般若, 除却迷妄, 即自悟佛道成, 行誓願力."

하는 것은 당연한 것이다. 그리고 『보살계경』에서도 자성이 근원적으로 청정하므로 자신의 마음을 알면 견성하고 불도를 이루게 된다.[180]고 하고 있는 것도 식심이 견성하는 근본인 것이다.

이와 같이 식심하는 법을 좌선으로 설명하고 있는데 좌선하면 망심인가 정심인가를 판단할 줄 알아야 한다. 이것은 더 근원적으로 원래 청정하므로 망심만 쉬면 청정하게 된다고 하는 것이다. 그리고 정심(淨心)을 관하면 정심에 속박되므로 정심으로 정심을 찾으려고 하면 불도를 이루는데 오히려 장애가 된다고 다음과 같이 설하고 있다.

> 선지식들이시여! 이 법문에서 좌선이라고 하는 것은 본래 일어나는 망심에 집착하는 것도 아니고 일어나는 정심에 집착하는 것도 아니고 역시 일어나지 않는 마음을 말하는 것도 아니다. 만약에 일어나는 망심을 관찰한다고 말하면 일어나는 마음은 본래 허망한 것이고 허망하여 환상과 같은 것이기에 관찰할 필요가 없는 것이 된다. 만약에 청정한 마음인 정심이 부처와 같이 되는가를 살펴본다고 말하면 사람의 본성은 본래 부처와 같이 청정한 것인데 망념으로 인하여 진여본성이 가려져 있기 때문에 청정한 줄을 알지 못하는 것이므로 망념만 벗어나면 본성이 청정하다는 것을 깨닫게 되는 것이다. 자신의 본성이 본래 청정하다는 사실을 깨닫지 못하면서 일어나는 마음이 청정한가를 집착하여 관찰한다고 하면 도리어 정심과 망심이라는 번뇌가 생기게 되는 것이다. 망심이 생기는 것도 처소가 없는 것인데 관찰하는 자를 관

---

179) 『六祖壇經』(T48, p.338a4~5), "不識本心, 學法無益, 識心見性, 即悟大意."
180) 『六祖壇經』(T48, p.340c1~3), "『梵網菩薩戒經』云. 本源自性清淨, 識心見性, 自成佛道."

찰하여 알려고 하는 것이 되므로 도리어 허망한 것이 되는 것이다. 정심도 형상이 없는 것인데 도리어 청정이라고 하는 법을 만들어서 좌선을 공부하는 것이라고 말하며 이와 같은 견해를 내면 자신의 본성을 가리게 되어 도리어 그 정심에 속박되게 하는 것이다. 만약에 수행자가 마음을 움직이지 않게 수행한다고 하는 것은 모든 사람들의 허물을 보아도 자신의 본성이 그것을 따라가지 않는 것을 말하는 것이나 미혹하여 어리석은 사람들은 자신의 명예와 겉모습만 부처와 같이하려고 하면서 입만 열면 사람들의 허물을 말하며 옳고 그르고를 따지는 것은 불도와는 위배되는 것이다. 그러므로 일어나는 망심을 관찰하고 정심을 관찰한다고 하는 것은 도리어 불도를 수행하는데 장애가 되는 원인이라는 것이다.181)

청정한 자신의 마음에 망심이 없으면 정심도 세울 필요가 없듯이 망념이 없으면 무념도 역시 없는 것이다. 이것은 진여 본성으로 차별분별하지 않는 정념인 진여의 지혜로 경계지성의 경지에서 살아가면 어디에도 오염되지 않고 임운자재하게 생활하게 된다고 하는 것182)이다. 이와 같은 생활은 공덕을 행하는 것으로 『유마경』에서도 설하고 있듯이 "안으로 부동의 경지가 되어야 진여와 화합하게 되고 밖으로도 본성으로 생활[外能善

---

181) 『六祖壇經』(T48, pp.338c23～339a3), "善知識. 此法門中, 坐禪原不著心, 亦不著淨, 亦不言不動. 若言看心, 心原是妄, 妄如幻故, 無所看也. 若言看淨, 人性本淨, 爲妄念故, 蓋覆眞如. 離妄念, 本性淨. 不見自性本淨, 起心看淨, 却生淨妄, 妄無處所. 故知看者, 看却是妄也. 淨無形相, 却立淨相, 言是功夫. 作此見者, 障自本性, 却被淨縛. 若修不動者, 不見一切人過患, 即是自性不動. 迷人自身不動, 開口即說人是非, 與道違背. 看心看淨, 却是障道因緣."

182) 『六祖壇經』(T48, p.338c18～23), "若無有念, 無念亦不立. 無者無何事. 念者念何物. 無者, 離二相諸塵勞. 念者, 念眞如本性. 眞如是念之體, 念是眞如之用. 自性起念, 雖即見聞覺知, 不染萬境, 而常自在. 『維摩經』云. 外能善分別諸法相, 內於第一義而不動."

分別諸法相 內於第一義而不動]"하게 되는 것이다.

　자성에서 자신이 부처를 만드는 것이므로 부처를 외부에서 구하면 자성이 미혹하게 되어 부처인 자신이 오히려 중생이 된다. 그러므로 자성이 부처를 만든다는 것을 깨달으면 중생이 부처가 된다183)고 하는 것이다. 자성이 본래부터 불성이라고 깨달으면 법상을 벗어나게 되어 언어문자를 주장할 필요가 없다. 이렇게 알고 나서도 훈습이 필요하므로 지성이 혜능의 문인이 되어 시봉하였다184)라고 하는 것이다.

3) 반야바라밀행이 부처

　육조가 마하반야바라밀법을 설하고 수계한 것을 기록한 책이 『육조단경』185)이며 마하반야바라밀이란 위대한 지혜로 피안에 도달하게 하는 것186)이다. 이것은 입으로 염하여 피안에 도달하는 것이 아니고 실천해야 피안에 도달한다. 이것을 자세하게 풀이하면 마하는 크다는 뜻이며 마음이 허공과 같은 것을 본성이라고 하며 이것이 자성이 되어 실천해야 하는 것187)

---

183) 『六祖壇經』(T48, p.341b27〜29), "佛是自性作, 莫向身外求. 自性迷, 佛即是衆生. 自性悟, 衆生即是佛."
184) 『六祖壇經』(T48, p.342b29〜c4), "大師言. 自性無非無亂無癡, 念念般若觀照, 常離法相, 有何可立. 自性頓修, 無有漸次, 所以不立. 志誠禮拜, 便不離漕溪山, 即爲門人, 不離大師左右."
185) 『六祖壇經』(T48, p.337a12〜15), "同請大師說摩訶般若波羅蜜法. 刺史遂令門人僧法海集記, 流行後代, 與學道者承此宗旨, 遞相傳授, 有所依約, 以爲稟承, 說此『壇經』."
186) 『六祖壇經』(T48, p.339c22〜23), "摩訶般若波羅蜜者, 西國梵語, 唐言大智惠彼岸到."
187) 『六祖壇經』(T48, pp.339c25〜340a5), "何名摩訶. 摩訶者是大. 心量廣大, 猶如虛空. 若空心坐禪, 即落無記空. 虛空能含日月星辰大地山河, 一切

을 강조하고 있다.

반야는 지혜이며 한 생각이라도 어리석지 않고 지혜로 생활하여야 하는 것인데 반야의 지혜는 형상이 없으므로 자성이 청정하다는 것을 바로 자각하여 청정한 반야의 지혜로 실행하면 이 지혜에 의하여 피안에 도달하게 되는 것이다. 이것을 두고 생멸을 벗어난 피안이라고 말하는 것이며 자성이 청정하면 대상경계에 대한 생각도 청정해야 한다. 그러나 만약에 경계에 집착을 하게 되면 생멸이 생기지만 경계에 대한 집착이 없으면 생멸도 없게 되는 것을 피안에 도달했다[188]라고 한다.

이와 같은 마하반야바라밀법을 깨달아 반야의 지혜로 일념으로 행하면 자신의 법신이 부처와 동등하게 된다.[189] 즉 번뇌를 보리로 전환하면 부처가 되는 것으로 모든 부처가 이 반야의 지혜에 의하여 탄생하고 오음의 번뇌를 타파하여 피안에 도달하는 것[190]이다. 그러므로 이 마하반야바라밀을 "최존이고 최상이며 제일이라고 하며 최상승법이라고 한다. 그리고 반야의 지혜는 무주·무거·무래라고 하는 것이고 삼세의 제불도 이

草木, 惡人善人, 惡法善法, 天堂地獄, 盡在空中, 世人性空, 亦復如是. 性含萬法是大, 萬法盡是自性. 見一切人及非人, 惡之與善, 惡法善法, 盡皆不捨, 不可染著, 猶如虛空, 名之爲大, 此是摩訶行. 迷人口念, 智者心行. 又有迷人, 空心不思, 名之爲大, 此亦不是. 心量廣大, 不行是小. 莫口空說, 不修此行, 非我弟子."

188) 『六祖壇經』(T48, p.340a5~11), "何名般若. 般若是智惠, 一切時中, 念念不愚, 常行智惠, 即名般若行. 一念愚即般若絶, 一念智即般若生. 世人心中常愚, 自言我修般若. 般若無形相, 智惠性即是. 何名波羅蜜. 此是西國梵音, 唐言彼岸到. 解義離生滅, 著境生滅起. 如水有波浪, 即是於此岸. 離境無生滅, 如水永長流, 故即名到彼岸, 故名波羅蜜."

189) 『六祖壇經』(T48, p.340a13~14), "悟此法者, 悟般若法, 修般若行. 不修即凡, 一念修行, 法身等佛."

190) 『六祖壇經』(T48, p.340a17~18), "三世諸佛從中出, 將大智惠到彼岸, 打破五陰煩惱塵勞."

지혜로 출세하는 것으로 탐진치를 계정혜로 전환"191)하여 생활하는 것이다. 이것을 두고 일념으로 수행하면 부처이고 일념으로 수행하지 못하면 부처가 중생이 되는 것이라고 하는 것이며 부처와 중생의 근본이 다른 것이 아니므로 반야바라밀을 부처라고 한다. 『육조단경』에서 수행법은 불성을 무념이고 공(空)이라고 자각하는 "반야바라밀"이라는 방법으로 피안이라는 불국토에 태어나는 것을 제시하고 있다.

『육조단경』에서 자기의 본성이 사견이나 번뇌 망념으로 가려져 있어도 자각하는 지혜만 있다면 정견의 지혜로 각자가 자신을 제도한다고 하는 것이다. 즉 이것은 사견이 생기면 정견으로 제도하고 미혹은 깨달음으로 제도하고 우치가 있으면 지혜로 제도하며 악은 선으로 제도한다. 이렇게 할 수 있는 것은 자신이 자성의 심지에서 본성으로 자신을 제도하여 공덕의 행을 하면 된다. 즉 안으로 마음은 부동의 경지가 되어 진여와 화합하고 밖으로도 본성으로 생활하여야 한다.

그러므로 본성에서 시작하여 자신이 부처를 만드는 것인데 만약에 부처를 밖에서 찾고 구하면 오히려 자성이 더 미혹하게 되어 부처인 자신이 오히려 중생이 된다. 자기의 본성이 부처를 만든다는 것을 깨달으면 중생이 부처가 되고 본성이 본래부터 불성이라고 깨닫는 지혜가 있으면 법상을 벗어난다. 그러므로 일념을 부처라고 하고 일념이 없으면 부처가 중생이 된다. 부처와 중생의 본성은 같으므로 반야바라밀을 부처라 한다. 불성은 공(空)이므로 반야바라밀을 실천하여 불국토에 태

---

191) 『六祖壇經』(T48, p.340a18~21), "最尊最上第一. 讚最上乘法, 修行定成佛. 無去無住無來往, 是定惠等, 不染一切法, 三世諸佛從中變三毒爲戒定惠."

어나는 것이다.

4. 『마조어록』에서 부처

마조는 조사선의 선구자로서 인간의 절대긍정과 현실중시의 사고에서 인간의 일상생활 그 모두를 불교정신으로 만드는 종교운동192)이다. 이것의 내용으로는 "평상심시도"와 "도불용수" 그리고 "즉심시도"등에서 나타나는 것처럼 도(道)는 평상심이라는 것이다. 이것은 아주 보편적인 말이지만 이 평상이라는 말은 보편적이고 일상적인 생활가운데서 아무나 가질 수 있는 마음이다. 그런데 이 마음을 자세히 보면 중생심과 불심으로 나누어지고 평상심은 아무에게 통용되는 말이 아닌 수행자들에게만 속하는 마음이다. 그래서 도(道)는 먼 곳에 있고 무념(無念)이나 무수(無修)도 청정한 마음에 망념이 없어야 하는 것이므로 범부에게는 자신을 돌아보는 반야의 지혜가 있어야 평상심이라고 할 수 있다.

1) 청정한 마음이 도(道)

마조의 선은 마음이 도(道)라는 사실을 자각하지 않으면 이루어질 수 없는 것이라는 아주 단순한 불법의 논리이다. 그러므로 평상심이라는 자신의 자각을 필수조건으로 하고 있는 평상심이다. 아주 더 단순하지만 기본적인 양심이 구족되지 않으면 외도가 되기 때문에 기본적인 양심을 구족한 평상심이라는 간단한 사실을 자각만 하면 언제나 도(道)의 생활을 할 수 있

192) 정성본(2000), p.352.

는 이 사람을 바로 도인이라고 주장한다.

이 도인이 가져야 하는 마음은 자신의 마음이 불심이고 공(空)이며 무자성이라는 사실을 강조하는 것이 마조의 근본적인 선사상으로 이 마음에 대하여 『조당집』에서 다음과 같이 기록하고 있다.

> 또 말했다. 무릇 불법을 구하는 이는 구한다는 마음 없이 구해야 한다. 마음밖에 특별한 불심은 없고 불심이외에 특별한 마음은 없다. 선을 취하지도 말고 악을 버리지 않는 정예의 양변을 모두 의지하지 말고 죄의 자성이 공함을 통달하여도 항상 얻을 수가 없는 것은 자성이 없기 때문이다. 삼계가 오직 마음(중생심)이니 삼라만상이 일법의 소인이다. 일반적으로 색은 모두 마음으로 보는 것이다. 마음은 스스로 마음이라 하지 못하고 색에 의하여 인식하므로 마음이 있다고 하는 것이다.[193]

여기에서 마음가짐을 어떻게 해야 하는지를 말하고 있는 것으로 자신의 마음이 공(空)이라는 사실을 깨달아야 하고 그 마음으로 육진경계를 똑같이 보아야 하는 것을 "일법지소인"이라는 해인삼매를 단적으로 설명하고 있다. 이 마음이 평삼심이고 도(道)라는 사실을 자각하면 도(道)는 수행을 하여 깨닫는 것이 아니고 지금 가진 이 마음이 바로 도(道)이기에 도(道)를 실천하는 사람을 도인이라고 하며 진인이라고 한다. 이런 사상은 『능가경』에서 설한 심지나 불어심을 평상심 및 즉심시불을

---

193) 『祖堂集』卷14(B25, p.558a8~13), "又云. 夫求法者, 應無所求. 心外無別佛, 佛外無別心. 不取善, 不捨惡, 淨穢兩邊, 俱不依怙, 達罪性空, 念念不可得, 無自性故. 三界唯心, 森羅萬像, 一法之所印. 凡所見色, 皆是見心. 心不自心, 因色故有心."

사상적인 근거로 하고 있다. 이것은 달마로부터 전해진 것을 강조하고 심지를 개오해야 하는 것194)으로 범성도 언어문자도 벗어난 자성청정심으로 보살행을 하는 것이다. 마조는『경덕전등록』에서 심지법문에 대하여 다음과 같이 설하고 있다.

> 평상의 마음으로 생활하는 것이 도이다. 평상의 마음은 조작이나 시비를 하지 않는 것이며 또 취하고 버리는 마음이나 단절되거나 항상 한다는 마음과 범부와 성자라는 마음도 없는 것이다. 경에 말하기를, 범부의 행을 초월하고 성현의 행도 초월한 것을 보살의 행이라고 하였다. 단지 지금과 같이 행주좌와하면서 근기에 따라 모든 물을 상대하는 것이 모두 도인 것이다. 도는 즉시 법계이므로 항하사같이 많은 묘용을 하더라도 법계에서 벗어나는 것이 아니다. 만약 이와 같지 않다면 어떻게 심지법문이라 하며 무진등이라 할 수 있겠는가? 일체법은 모두가 심법이고 일체의 명칭도 모두가 심명으로 만법은 모두가 마음에서 나온 것으로 이 마음이 만법의 근본이다.195)

평상심이라는 이 마음이 만법의 근원이므로 이심전심으로 불법을 전한 것이고 이 심지는 자신의 마음이 바로 도(道)이고 부처라는 사실을 깨닫게 하려고 법문을 하고 있다.

---

194) 정성본(2000), p.353.
195)『景德傳燈錄』卷28(T51, p.440a5～12), "平常心是道. 謂平常心, 無造作 無是非 無取捨 無斷常 無凡無聖. 經云. 非凡夫行 非賢聖行 是菩薩行. 只如今行住坐臥 應機接物盡是道. 道即是法界, 乃至河沙妙用 不出法界. 若不然者 云何言心地法門, 云何言無盡燈. 一切法皆是心法, 一切名皆是心名, 萬法皆從心生, 心爲萬法之根本."

2) 자신의 본심이 부처

평상심이 도(道)이며 부처라는 사실을 "즉심시불"이라하고 마조는 "자심시불, 차심즉불"이라하며 각자가 자기의 마음이 부처라고 확신하라고 하고 있다. 하지만 불심이 아닌 마음을 부처나 도(道)라고 잘못 아는 것을 방지하기 위하여 중생심의 마음을 마음도 아니고 부처도 아니라고 『경덕전등록』「마조장」에 다음과 같이 설하고 있다.

물었다. 마음이 곧 부처라는 것을 체득하지 못했다고 하면 이 마음으로 부처가 되겠습니까? 대답했다. 이 마음이 바로 부처이고 이 마음으로 부처가 된다는 것은 모두가 생각으로 만드는 것이다. 부처의 지혜로 살아가는 사람의 마음은 어디에서나 주인이므로 모든 사물을 대할 때에 바로 신묘하게 활용을 하는 것이다. 대덕은 지금 그대의 마음을 인정하는 그 마음이 부처라고 오인하지 말아야 한다. 설사 인정하여 체득했다고 하더라도 그것은 대상경계이며 그대가 얻은 것은 대상으로 아는 것일 뿐이다. 그러므로 강서대사가 말하기를 마음과 부처와 중생도 아니라고 한 것이다. 또 그대에게 가르친 것이 후인들에게 행리가 되어 지금의 학인들이 그의 의복을 입고 방가에서 한사를 의심하면 도리어 체득할 수 있겠는가? 물었다. 이미 마음도 아니고 부처도 아니며 중생[物]도 아니라고 하면 화상께서 지금 말씀하시는 저의 이 마음이 부처가 아니며 지혜도 도가 아니라고 하는 이것을 알지 못하겠습니다. 대답했다. 그대가 지금 마음도 부처가 아니며 지혜도 도가 아니라고 인정하지 않는다면 노승이 바로 그 마음을 가져와 체득하게 하면 다시 어떻게 하겠는가? 물었다. 모두를 이미 체득하지 못하는 것이라면 허공과 어떻게 다르겠습니까? 대답했다. 이미 중생이 아닌데 어떻게 허공에 비교할 수 있으며 또 누구에게 다르고 다르지 않다고 가르치겠는가? 물었다. 마음도 아니고 부처도 아니며 중생도 아니라고 하는 그 마음은 없는 것이 아닙니다. 대답했다. 그대가 만약에 이것을 인정한다면 도리어 마음이 부처를 이루는 것이다.196)

자신의 마음이 불심인지 중생심인지를 판단하는 것이 무엇인지 알게 하는 대목인데 여기에서도 앞에서 전개했던 '불안한 마음을 찾아보라'고 한 것이나 '죄의 자성을 통달하라'고 한 것도 자신의 궁극적인 마음의 심지가 공(空)이라고 알게 하려는 것이다. 그래서 심지의 그 마음이 부처라고 하며 달마가 전한 일심법이라고 『마조도일선사광록(사가어록)』에 다음과 같이 설하고 있다.

　시중하여 말했다. 그대들이 각자 자기 마음이 부처라고 확신하면 이 마음이 바로 부처이다. 달마대사가 남천축국에서 중화로 온 것은 상승의 일심법을 전하여 그대들을 깨닫게 하기 위한 것이다. 또 『능가경』을 활용하여 중생의 본심이 불심이라고 인가한 것은 그대들이 전도되어 이 일심법이 각자에게 있는 것을 믿지 않는 것을 걱정하였던 것이다. 그러

---

196) 『景德傳燈錄』卷28(T51, p.445b13∼25), "曰. 即心是佛既不得, 是心作佛否. 師曰. 是心是佛, 是心作佛. 情計所有斯皆想成佛. 是智人心是采集主. 皆對物時, 他便妙用. 大德莫認心認, 佛設認得是境. 被他喚作所知愚. 故江西大師云. 不是心, 不是佛, 不是物. 且教爾後人, 恁麼行履. 今時學人, 披箇衣服. 傍家疑, 恁麼閑事還得否. 曰. 既不是心, 不是佛不是物. 和尚今却云. 心不是佛, 智不是道, 未審若何. 師曰. 爾不認心(一有不字)是佛, 智不是道. 老僧勿(一作忽)得心, 來復何處著. 曰. 總既不得, 何異太虛. 師曰. 既不是物比什麼太虛, 又教誰異不異. 曰. 不可無他不是心不是佛不是物. 師曰. 爾若認遮箇還成心佛去也."

므로 『능가경』에서 부처님 말씀인 마음을 종지로 하고 무문을 법문으로 한다. 무릇 법을 구하는 이는 마땅히 구한다는 집착이 없이 구하는 것이므로 자신의 마음밖에 특별한 부처는 없는 것이며 불심이외에 특별한 마음이 없는 것이다. 선을 취하지도 악을 버리지도 않는 것은 깨끗함과 더러움의 양변을 모두 의지하지 않아야 하기 때문이다. 죄의 본성을 찾으려고 아무리 생각을 해도 찾을 수 없고 죄의 자성이 없다고 통달하게 되는 것이다. 그러므로 삼계가 오직 마음이고 삼라만상이 일법에서 나온 것을 증명하는 것이다.197)

『능가경』에서 불어심을 종지로 하고 무문을 법문으로 한다고 하는 것은 상승의 일심법을 근거로 하는 것이고 달마의 법을 근거로 하는 것이며 자신의 법이 정법이라는 것을 의심하지 못하게 하는 것이다. 마조의 평상심으로 전개하는 일체의 모두를 진실로 알고 있는 것으로 종교로서 조사선의 본질을 여실히 나타내는 것198)이지만 수행자가 아니면서 이 평상심을 오해하면 중생심이 불심이 되어 외도를 자식으로 인정하는 결과를 가져오게 된다는 것을 명심해야 한다.

---

197) 『馬祖道一禪師廣錄(四家語錄卷一)』(X69, p.2b18〜c1), "祖示衆云. 汝等諸人, 各信自心是佛, 此心即佛. 達磨大師, 從南天竺國, 來至中華, 傳上乘一心之法, 令汝等開悟. 又引楞伽經, 以印衆生心地, 恐汝顚倒不信, 此一心之法, 各各有之. 故楞伽經, 以佛語心爲宗, 無門爲法門. 夫求法者, 應無所求, 心外無別佛, 佛外無別心, 不取善不捨惡, 淨穢兩邊, 俱不依怙. 達罪性空, 念念不可得, 無自性故. 故三界唯心, 森羅及萬象, 一法之所印." ; 『楞伽經宗通』卷1(X17, p.606c1〜6), "汝等諸人各信自心是佛此心即是佛心達磨大師從南天竺國來至中華傳上乘一心之法令汝等開悟又引楞伽經文以印衆生心地恐汝顚倒不自信此一心之法各各有之故楞伽經以佛語心爲宗無門爲法門."
198) 정성본(2000), p.365.

3) 일체처가 부처

마조의 선사상이 "도불용수, 즉심시도, 평상심시도" 등이라는 것은 앞에서 말한 것이고 마음이 부처라는 것도 이미 아는 사실이지만 마음이 부처가 되려고 하면 청정한 평상심이 되어야 하는 것처럼 자신의 마음이 도(道)가 되어야 하는 것이다. 자신의 마음이 도(道)이며 부처가 되면 대상경계인 육진도 역시 부처가 되어야 한다. 그리고 일행삼매가 되어야 행주좌와가 선이 되고 형상에 차별분별하지 않아야 무상이 되는 부처가 되지만 이것은 언어문자인 방편일 뿐이다. 그러므로 어디에서나 자신의 마음을 자각하면 부처이나 깨닫고 나면 마음도 없고 부처도 없다고 『경덕전등록』에 다음과 같이 기록하고 있다.

> 어느 스님이 물었다. 화상께서는 왜 마음이 바로 부처라고 말씀하십니까? 마조가 대답했다. 어린아이가 우는 것을 그치게 하기 위해서이다. 그 스님이 물었다. 울음을 그치면 어떻게 합니까? 마조가 대답했다. 마음도 아니고 부처도 아니다. 물었다. 이 두 종류의 수행자를 제외하고 찾아오는 사람에게는 어떻게 지시하겠습니까? 마조가 대답했다. 그에게 중생도 아니라고 말하겠다. 물었다. 홀연히 그 중에 일인이 오면 어떻게 하겠습니까? 대답했다. 장차 그에게 그의 체로 하여금 대도를 체득하도록 하겠다. 물었다. 무엇이 달마가 서쪽에서 온 뜻입니까? 대답했다. 지금 그대는 무슨 말을 하는가?[199]

---

199) 『景德傳燈錄』卷6(T51, p.246a21~26), "僧問. 和尚爲什麼說即心即佛. 師云. 爲止小兒啼. 僧云. 啼止時如何. 師云. 非心非佛. 僧云. 除此二種人來如何指示. 師云. 向伊道不是物. 僧云. 忽遇其中人來時如何. 師云. 且教伊體會大道. 僧問. 如何是西來意. 師云. 即今是什麼意."

『조당집』에도 마음과 부처라고 하는 것은 모두가 우는 아이를 달래기 위한 방편으로 자신의 본체를 자각하게 하여 대도를 체득하게 하는 것이다. 이것은 마음과 부처와 중생이라는 말은 자신의 본심을 자각하게 하는 방편200)일 뿐이다. 그러므로 자각하면 도(道)는 수행하여 얻는 것이 아니고 단지 생사의 마음으로 조작하고 무엇을 하려고 하는 마음만 없으면 도(道)201)이다. 마조의 법을 계승한 남전의 상당법문에 의하면 대도는 무영202)이고 진리는 무대203)라고 하고 있듯이 대도는 무주의 생활이 되어야 한다. 견성하는 것은 무대라는 절대행복을 말하는 것이지 비교된 행복을 추구하는 것이 아니므로 어디에서나 부처가 된다.

　　그러므로 마조는 평상심이 도(道)가 되는 것에서 한 단계 더 나아가 마음이 부처라는 것을 깨달아 마음으로 마음을 찾는 어리석음204)에서 깨어나 일상생활을 하는 것으로 조사관을 뛰어넘어서 생활을 하는 것이므로 조사선이라고 하는 것이다. 마음이 부처라고 강조한 것에서 평상심이 도(道)라고 하여 누구나 마음과 중생과 부처는 모두 차별이 없다205)고한 경전의 말

---

200) 『祖堂集』卷16(B25, p.595a14～b4), “江西和尚說 卽心卽佛. 且是一時間語, 是止向外馳求病. 空拳黃葉 止啼之詞. 所以言, 不是心, 不是佛, 不是物. 如今多有人 喚心作佛, 認智爲道, 見聞覺知, 皆云是佛.”

201) 『景德傳燈錄』卷28(T51, p.440a3～5), “江西大寂道一禪師示衆云. 道不用修但莫污染. 何爲污染, 但有生死心造作趣向皆是污染.”

202) 무영(無影): 그림자나 형상이 없는 것으로 종적이나 흔적이 없는 무종(無蹤).

203) 『祖堂集』卷16(B25, p.595b9～10), “大道無影, 眞理無對. 等空不動, 非生死流. 三世不攝, 非去來今.”

204) 『祖堂集』卷20(B25, p.671b3～4), “지공이 웃으면서 말했다. 마음이 바로 부처라는 것을 알지 못하는 것은 나귀를 타고 나귀를 찾는 것과 같은 사람이다.(志公笑云:『不解卽心卽佛, 眞似騎驢覓驢者.)”

205) 『大方廣佛華嚴經』卷10(T09, pp.465c29～466a6), “心佛及衆生, 是三無

118

을 그대로 실천하는 것이다. 그리하여 조사선의 세계가 새롭게 펼쳐져 임제의 "수처작주 입처개진"이라는 유명한 말이 있게 된 것이다.

이와 같이 마음이 바로 부처이기에 자성이 공(空)이라는 사실을 통달하면 일법도 없으므로 무문이며 공문이고 다시 색문이 된다. 이것은 법성이 공(空)이고 색이라는 것도 법성의 색이므로 무형상이 되고 공(空)이 되어 색신이 부처206)이므로 일체처가 부처이다.

이상에서 살펴본 바와 같이 평상심이라는 이 마음이 만법의 근원이고 부처의 어머니라고 하는 것이며 이심전심으로 전한 것이 바로 이것으로 이 마음으로 생활하는 것을 도(道)라고 하고 부처라고 한다. 이 평상심으로 생활하며 전개하는 일체의 모두를 진실로 보는 것을 종교로서 조사선의 본질이지만 만약에 수행자가 아니면서 이 평상심을 오해하면 중생심이 불심이 되어 외도를 자식으로 인정하는 결과를 가져올 수 있다. 그러나 평상심으로 생활하는 자신이 바로 부처이므로 자성이 공(空)이라는 사실을 통달한 것이다. 이것은 일법이 색문이 되는

差別. 諸佛悉了知, 一切從心轉, 若能如是解, 彼人見眞佛. 心亦非是身, 身亦非是心, 作一切佛事, 自在未曾有. 若人欲求知, 三世一切佛, 應當如是觀, 心造諸如來."

206) 『宗鏡錄』卷1(T48, p.418b13~25), "洪州馬祖大師云. 達磨大師從南天竺國來, 唯傳大乘一心之法. 以楞伽經印衆生心, 恐不信此一心之法. 楞伽經云. 佛語心爲宗, 無門爲法門. 何故佛語心爲宗, 佛語心者, 卽心卽佛, 今語卽是心語. 故云. 佛語心爲宗. 無門爲法門者, 達本性空, 更無一法, 性自是門, 性無有相, 亦無有門. 故云. 無門爲法門, 亦名空門, 亦名色門. 何以故, 空是法性空, 色是法性色, 無形相故, 謂之空, 知見無盡故, 謂之色. 故云. 如來色無盡, 智慧亦復然. 隨生諸法處, 復有無量三昧門. 遠離內外知見情執, 亦名總持門, 亦名施門. 謂不念內外善惡諸法, 乃至皆是諸波羅蜜門, 色身佛, 是實相佛家用."

것은 법성이 공(空)이 되어야 색이 법성의 색이 된다. 그러므
로 색이 무형상이 되고 공(空)이 되어 색신이 부처이고 일체처
가 부처가 된다.

5. 『돈오입도요문론』에서 해탈

『돈오입도요문론』은 마조의 법을 계승한 대주혜해가 지은 것으로 혜해는 건주사람이고 성은 주씨이다. 월주의 대운사 도지화상에게 출가하여 수행하였고 『돈오입도요문론』을 지었다고 『경덕전등록』에 다음과 같이 오도한 행장이 기록되어있다.

> 월주혜해선사는 건주사람이고 성은 주씨이며 월주의 대운사 도지화상에게 출가하여 수행하였다. 강서의 마조에게 참배하니 마조가 물었다. 어디에서 왔는가? 대답했다. 월주의 대운사에서 왔습니다. 물었다. 무엇하려 여기 왔는가? 대답했다. 불법을 구하러 왔습니다. 말했다. 자신의 보배창고는 돌아보지 않고 자신의 마니보주는 포기하고 돌아다니면서 무엇을 구하려고 나에게 왔지만 나에게 일물도 없는데 어떤 불법을 구하겠는가? 혜해가 예배하고 물었다. 어느 것이 혜해의 보배창고 입니까? 대답했다. 지금 나에게 묻고 있는 것이 그대의 보배창고인데 일체가 구족하여 지금 조금도 부족함 없이 자유자재하게 사용하면서도 어찌 밖에서 구하고 있는가? 혜해가 언하에 자신의 본심이 부처의 마음이라는 것을 깨달았는데 지식으로 깨달은 것이 아니어서 뛸 듯이 기뻐서 감사의 예배를 하고 6년 동안 시봉하였다. 이후에 도지스님이 연로하여 대운사로 갑자기 돌아와서 봉양하고 자신을 나타내지 않으며 어리석은 것처럼 살면서 「돈오입도요문론」1권을 지었다.[207]

---

207) 『景德傳燈錄』卷6(T51, p.246c8~18), "越州大珠慧海禪師者建州人也. 姓朱氏, 依越州大雲寺道智和尚受業. 初至江西參馬祖, 祖問曰. 從何處來. 曰越州大雲寺來. 祖曰. 來此擬須何事. 曰來求佛法. 祖曰. 自家寶藏不顧 拋家散走作什麼 我遮裏一物也無, 求什麼佛法. 師遂禮拜問曰. 阿那箇是慧 海自家寶藏. 祖曰. 即今問我者, 是汝寶藏, 一切具足更無欠少, 使用自在,

혜해는 마음과 부처와 중생이 다르지 않는 『대방광불화엄경』의 내용을 그대로 답습하고 있으면서 돈오하면 뱀이 용이 되어도 비늘을 바꾸지 않는다는 것을 말하면서 부처와 범부 그리고 수행자가 생김새는 똑같다208)고 말하고 있다.

1) 돈오(頓悟)하면 해탈

『돈오입도요문론』에 돈오에 대하여 "돈(頓)은 망념을 정념으로 전환하여 제거하는 것이고 오(悟)는 망념을 정념으로 전환했다는 생각도 없는 무소득이라는 것을 깨닫는 것"209)이

何假向外求覓. 師於言下自識本心不由知覺, 踊躍禮謝, 師事六載. 後以受業師年老遽歸奉養, 乃晦迹藏用外示癡訥, 自撰頓悟入道要門論一卷."

208) 『祖堂集』卷14(B25, p.563b2~10), "대주화상은 마조의 법을 계승하고 월주에 살았다. 대주의 휘는 혜해이며 건주사람이다. 대주화상께서 시중하여 말했다. 그대의 마음이 부처이니 부처가 부처를 구하려고 하지마라. 그대의 마음이 법이니 법으로 법을 구하지 마라. 불과 법이 화합한 것이 승의 본체이니 이 일체를 삼보라고 한다. 경에 말하기를 마음·부처·중생이 차별이 없다고 하였으니 신구의 삼업이 청정한 것을 이름 하여 부처가 출현하신 것이라고 한다. 신구의 삼업이 청정하지 못한 것을 부처가 사라진 것이라고 한다. 비유하면 마치 화를 내면 기쁨이 없고 기쁠 때에는 화를 내는 것이 없는 것처럼 오직 일심이므로 그 작용에는 두 가지의 체가 없다. 본래의 지혜로 법이하면 무루법이 현전하는 것은 뱀이 용이 되어도 그 비늘을 바꾸지 않는 것과 같은 것이다. 중생이 마음을 되돌려 부처가 되어도 그 면목을 바꾸지 않는다. 성품은 본래 청정해서 수행하여 성취하기를 기다리는 것이 아니며 깨달아 증득하는 것이 있고 구하는 것이 있다면 증상만과 같은 것이 된다.(大珠和尙 嗣馬大師, 在越州. 師諱慧海, 建州人也. 師謂衆曰. 汝心是佛, 不用將佛求佛. 汝心是法, 不用將法求法. 佛法和合爲僧躰(體), 喚作一躰三寶. 經云. 心佛及衆生, 是三無差別. 身口意業淸淨, 名爲佛出丗(世). 三業不淨, 名爲佛滅度. 喩如嗔時無喜, 喜時無嗔, 唯是一心, 用無二躰(體). 本智法尒(爾), 無漏現前. 如蛇化爲龍, 不改其鱗. 衆生廻心作佛, 不改其面. 性本淸淨, 不待修成. 有證有求, 卽同增上慢.)"

209) 『頓悟入道要門論』(X63, p.18a9~10), "問. 欲修何法, 卽得解脫. 答. 唯有頓悟一門, 卽得解脫. 云何爲頓悟. 答. 頓者, 頓除妄念, 悟者, 悟無所得."

라고 하고 있듯이 해탈하는 법을 돈오라고 하고 있다. 돈오
한 그 마음이 부처이므로 돈오한 마음으로 자신의 불심을 다
시 찾으려고 하면 부처가 부처를 찾는다고 설하고 있다. 그
러므로 수행자라고 하면 '불법화합위승체'라고 하고 있듯이
불법이 하나가 되는 것이 생사에서 해탈하는 것이다. 해탈하
는 방법에는 온갖 방편법문이 있는 것이나 돈오라는 이 한마
디를 바로 알고 실천하려고 하면 아주 기본적인 정념은 알아
야 돈오할 수 있다.

혜해가 말하는 해탈을 하려고 하면 돈오라는 한 가지방법밖
에 없다고 하는 것은 자신의 마음을 돈오해야 한다. 이것은 불
법이라는 기본적인 사상이 존재한다는 가정(假定)하에서 가능
한 것이고 범부나 외도들이 돈오하여 해탈하기는 어렵다는 것
이 된다.

2) 무주심이 불행(佛行)

무주라고 하면 수행자가 무념의 무상에서 무주가 되는 것과
범부가 무념에서 무주가 되는 것은 차이가 있는 것이나 부처
와 마음과 중생이 차별이 없다고 하는 것은 돈오를 하면 차별
이 없지만 돈오를 하지 않은 입장에서는 차별이 있다.

무주라는 마음은 자신의 일체법이 적정하여 청정한 마음이
되는 것을 일체처에 머물지 않는 무주심이라고 하는 것이다.
이와 같은 무주심은 선악이나 유무와 내외 그리고 중간에도
집착하여 머물지 않는 것이다. 그리고 공(空)이나 불공에도 머
물지 않는다고 하는 것이며 이 무주심이 본심이고 불심이며

본신이고 불신이 된다. 이와 같이 살아가는 것을 부처라고 하며 해탈하였다고 다음과 같이 설하고 있다.

> 물었다. 마음이 어디에 머물러야 머무는 것입니까? 대답했다. 머문다는 집착이 없이 머무는 것을 머문다고 한다. 물었다. 무엇이 머무는 것이 없는 것입니까? 대답했다. 일체처에 머물지 않는 것은 머문다는 집착이 없는 것이다. 물었다. 무엇이 일체처에 머물지 않는 것입니까? 대답했다. 일체처에 머물지 않는다고 하는 것은 선악이나 유무와 내외 그리고 중간에도 떨어지지 않으며 공이나 불공에도 떨어지지 않으며 선정이나 선정이 아닌 것에도 떨어지지 않는 것을 일체처에 머물지 않는다고 한다. 다만 일개성자가 일체처에 집착하지 않고 즉시 생활하는 곳이다. 이와 같이 체득하는 것을 무주심이라고 하는 것이다. 무주심은 불심이다. 물었다. 그 마음은 무엇과 같습니까? 대답했다. 그 마음은 푸르지도 누르지도 않고 붉지도 희지도 않으며 길지도 짧지도 않고 가는 것도 오는 것도 아니고 더럽지도 깨끗하지도 않고 생멸이 없어 담연하고 적정하다. 이것이 본래 마음의 형태이며 또 본신이라고 하며 본신은 불신이다.[210]

일체처에 머물지 않는다고 하는 것은 일제처에 집착이 없는 것을 말하는 것으로 즉 "선악이나 유무와 내외 그리고 중간에도 떨어지지 않으며 공(空)이나 불공에도 떨어지지 않으며 선

---

210) 『頓悟入道要門論』(X63, p.18b5~13), "問. 心住何處即住. 答. 住無住處即住. 問. 云何是無住處. 答. 不住一切處, 即是住無住處. 云何是不住一切處 答. 不住一切處者, 不住善惡, 有無, 內外中間, 不住空, 亦不住不空, 不住定, 亦不住不定, 即是不住一切處. 只箇不住一切處, 即是住處也. 得如是者, 即名無住心也. 無住心者是佛心. 問. 其心似何物. 答. 其心不青不黃, 不赤不白, 不長不短, 不去不來, 非垢非淨, 不生不滅, 湛然常寂, 此是本心形相也. 亦是本身. 本身者, 即佛身也."

정이나 선정이 아닌 것에도 떨어지지 않는 것"이라고 하고 있다. 이것은 선악이나 시비라는 차별을 모두 초월하여 중도의 실천을 말하는 것이며 일개성자나 부처의 생활을 말하는 것을 무주심의 실천이라고 한다.

3) 대상경계에 무심(無心)하면 해탈

돈오하여 자신의 마음이 공(空)이 되어 마음이 청정하면 일체처에 무심하게 되는 것이다. 그리고 청정하다는 생각도 하지 않는 것을 무정이라고 하며 무정이라는 생각도 없는 것을 무무정이라고 한다.211) 이것은 해탈을 하여도 해탈했다는 생각을 하지 않아야 하는 것을 바른 해탈212)이라고 하며 해탈하면 일법도 없으므로 무일물이라고 한다.

그러므로 자신의 마음이 청정하여 대상경계인 일체처에 무심하게 되면 모든 행을 행하여도 행한다는 집착이 없게 되어 증애의 마음이 없이 청정하게 행하는 것을 만연이 모두 끊어진 것이며 해탈이라고 하며 다음과 같이 설하고 있다.

> 그대들이 단지 일체처에서 무심하기만 하면 곧 모든 행에 집착이 없게 되며 역시 행에 집착이 없다는 생각도 없는 것을 수기라고 한다. 일체처에 무심이라고 하는 것은 증애의

---

211) 『頓悟入道要門論』(X63, p.23b16~18), "問. 云何是無淨無無淨. 答. 一切處無心是淨, 得淨之時不得作淨想, 即名無淨也. 得無淨時亦不得作無淨想, 即是無無淨也."
212) 『頓悟入道要門論』(X63, p.23c1~3), "問. 云何解脫心. 答. 無解脫心, 亦無無解脫心, 即名眞解脫也. 經云. 法尚應捨, 何況非法也. 法者是有, 非法是無也. 但不取有無, 即眞解脫."

마음이 없는 것이고 증애라고 말하는 이것은 좋은 일을 보고도 좋다는 마음이 일어나지 않는 것을 집착하는 마음이 없다고 하는 것이고 나쁜 일을 보고도 미워하는 마음이 없는 것을 미워하는 마음이 없다고 하는 것이다. 좋아한다는 집착이 없다는 것은 번뇌 망념으로 오염된 마음이 없는 것을 말하는 것으로 색의 본성이 공하다고 자각하는 것이다. 색의 본성이 공하다는 것은 만연이 모두 끊어진 것이고 만연을 모두 끊으면 자연히 해탈하게 된다.[213]

육근이 공(空)이고 육진이 공(空)이 되는 것이 정념(正念)이고 무념(無念)이므로 일체처에 무심(無心)하게 되고 일체의 대상경계에 대하여 차별분별을 하지 않게 되는 것[214]을 유무(有無)로 보지 않아야 한다고 다음과 같이 『능엄경』을 인용하여 설하고 있다.

'경'에 유무로 보지 않는 것을 바른 해탈이라고 하였는데 어떻게 하는 것이 유무로 보지 않는 것입니까? 대답했다. 청정한 마음을 증득하는 것을 유라고 하는데 청정한 마음을 증득했다는 생각이 없는 것을 유를 보지 않는다고 한다. 생각이 무생이고 무주를 체득했다고 해도 무생과 무주라는 생각을 하지 않는 것을 무를 보지 않는다고 하는 것이므로 유무로 보지 않는다고 하는 것이다. 「능엄경」에 말하기를 지견에 안다는 생각을 가지면 무명을 근본으로 하여 자각한 것

---

213) 『頓悟入道要門論』(X63, p.24a9~14), "汝但一切處無心, 即無諸行, 亦無無行, 即名受記. 所言一切處無心者, 無憎愛心 是言憎愛者, 見好事不起愛心, 即名無愛心也. 見惡事亦不起憎心, 即名無憎心也. 無愛者, 即名無染心, 即是色性空也. 色性空者, 即是萬緣俱絕, 萬緣俱絕者, 自然解脫."
214) 『頓悟入道要門論』(X63, p.22b15~18), "無念者, 一切處無心是無一切境界, 無餘思求是對諸境色永無起動, 是即無念. 無念者, 是名眞念也. 若以念爲念者, 即是邪念, 非爲正念."

이고 지견에 보고 안다는 생각이 없으면 이것이 열반이라고
하며 역시 해탈이라고 하였다.215)

열반과 해탈은 자신의 마음이 청정하고 대상경계를 공(空)이
라고 청정하게 보고 무주의 생활을 하면 해탈하게 된다. 그
리고 해탈하였다는 법의 '상'이나 비법의 '상'을 가진다면 아
공, 법공이 되지 않는다. 그러므로 바른 해탈은 해탈하였다는
'상'이 없는 것을 불이법문을 깨달았다216)고 하는 것이다. 이
와 같이 깨달아 해탈하는 것은 자신이 해야 하는 것이다. 하
지만 부처나 보살이 있어서 자신을 제도하여 줄 것이라는 신
앙에 빠져서 기도하는 것을 수행이라고 착각하면 백 천겁의
세월을 기도를 해도 이루어지지 않는다. 그래서 부처가 중생
을 제도할 수 없다고 하는 것217)이며 부처나 중생이라는 마
음이 전혀 없이 부처로 살아가야 한다.

그러므로 돈오하는 것은 지금 생사하는 마음을 버리지 않고
해탈하는 것이고 깨달아 부처가 되었다고 하여도 지금 자신이
가지고 있는 색신이 육신의 모습이 바뀌는 것이 아니다. 즉 살
아 있는 모습 그대로 부처가 되는 것을 뱀이 용이 되어도 비

---

215) 『頓悟入道要門論』(X63, p.18c5~9), "經云. 不見有無, 即眞解脫. 何者
是不見有無. 答. 證得淨心時即名有, 於中不生得淨心想, 即名不見有也. 得
想無生無住, 不得作無生無住想, 即是不見無也. 故云不見有無也. 楞嚴經
云. 知見立知, 即無明本, 知見無見, 斯即涅槃, 亦名解脫."
216) 『頓悟入道要門論』(X63, p.22a18~20), "經云. 若取法相, 即著我人, 若
取非法相, 即著我人, 是故不應取法, 不應取非法, 即是取眞法也. 若了此理,
即眞解脫, 即會不二法門."
217) 『頓悟入道要門論』(X63, p.23a9~12), "衆生自度, 佛不能度. 若佛能度
衆生時, 過去諸佛如微塵數, 一切衆生總應度盡, 何故我等至今流浪生死, 不
得成佛. 當知衆生自度, 佛不能度. 努力努力, 自修莫倚他佛力. 經云. 夫求
法者, 不著佛求."

늘을 바꾸지 않는다고 하는 것이고 인아상이 없으면 아공과 법공이 되어 해탈218)하여 살아가게 된다고 하는 것이다.

대주혜해는 해탈을 하려고 하면 자신의 마음을 돈오해야 하는데 불법이라는 기본적인 사상이 존재한다는 가정 하에 가능한 것이다. 일체처에 집착이 없는 마음으로 차별분별하지 않는 것이며 모두 초월하여 중도의 실천으로 무주심의 실천을 하는 것이다.

그러므로 돈오하는 것은 지금 생사하는 마음을 버리지 않고 해탈하는 것이고 깨달아 부처가 되었다고 하여도 지금 자신이 가지고 있는 색신이 육신의 모습이 바뀌는 것이 아니고 살아 있는 모습 그대로 부처가 되는 것으로 아공과 법공이 되어 해탈하여 살아가게 하는 것을 돈오라고 하고 있다.

---

218) 『頓悟入道要門論』(X63, p.22c5〜13), "頓悟者, 不離此生即得解脫, 何以知之. 譬如師子兒初生之時, 即眞師子. 修頓悟者亦復如是, 即修之時, 即入佛位. 如竹春生筍, 不離於春, 即與母齊, 等無有異. 何以故, 爲心空故, 修頓悟者亦復如是, 爲頓除妄念, 永絕我人, 畢竟空寂, 即與佛齊, 等無有異, 故云即凡即聖也. 修頓悟者不離此身即超三界. 經云. 不壞世間而超世間, 不捨煩惱而入涅槃. 不修頓悟者, 猶如野干隨逐師子, 經百千劫, 終不得成師子."

6. 『전심법요』와 『완릉록』에서 부처

『황벽어록』이라고 하면 『황벽산단제선사전심법요』와 『황벽단제선사완릉록』을 들 수 있는데 황벽의 자료들은 『조당집』, 『경덕전등록』, 『고존숙어록』「완릉록」, 『임제어록』 등에 기록되어 있는 것을 보면 황벽의 선사상은 마음이 부처라고 다음과 같이 『전심법요』에 기록하고 있다.

> 오직 이 일심을 자각하면 바로 부처가 되어 부처와 중생이 다시 다른 것이 없다. 단지 중생은 법상에 집착을 하여 외부에서 불법을 구하므로 잘못된 것일 뿐이다. 부처로서 부처를 찾는 것이고 불심으로 불심을 찾으려고 하니 아무리 오랜 세월을 수행하여 육신이 죽는다 해도 체득할 수가 없는 것이다. 그러므로 지금 생각하고 있는 마음만 쉬고 구하려고 하는 걱정이 없으면 부처가 자신의 목전에 나타난다는 것을 알지 못한다. 이 마음을 자각하면 바로 부처가 되고 부처는 중생심을 자각하여 부처가 되는 것이다. 중생심을 자각하면 바로 부처가 되는 것이므로 부처가 깨달은 것이 바로 이 마음이다.[219)

이처럼 향외치구하는 이 마음만 쉬면 지금자신의 마음과 부처와 중생이 차별이 없는 것은 일심의 마음이며 청정한 불심으로 무심이라고 하며 도인이라고 하고 있다.

---

219) 『景德傳燈錄』卷9(T51, p.270b25~c1), "惟此一心即是佛, 佛與衆生更無差異. 但是衆生著相外求轉失, 使佛覓佛, 將心捉心, 窮劫盡形終不能得. 不知息念忘慮, 佛自現前. 此心即是佛, 佛即是衆生. 衆生即是佛, 佛即是心."

1) 무심이 도인

　마음이 부처인데 성문과 수다원의 마음이 부처라고 하면 연각이나 보살의 마음은 무엇이고 부처의 마음이 무엇인가에 대하여 알아야 하는 것이다. 즉 시방의 제불에게 공양하는 것보다 일개(一箇)의 무심도인에게 공양하는 것이 수승[220]하다고 한 것을 보면 그냥 일반적인 범부의 마음은 아니고 무심한 마음을 말한다. 이 무심의 일심이라는 선사상은 달마이래로 마조나 황벽과 임제의 조사선으로 모든 사람들에게 이심전심으로 전승(傳乘)된 것이다.

　무심한 도인에게 공양하는 것이 시방의 제불에게 공양하는 것보다 수승하다고 하는 것은 제불이라는 언어문자인 부처보다는 지금 살아있는 무심한 도인에게 공양한다는 현재의 실상을 강조한 것이다. 그러므로 황벽은 무심을 체득한 도인이 부처이므로 무심을 체득해야 한다고 다음과 같이 설하고 있다.

　　　이 마음을 자각하면 바로 무심한 이 마음은 일체의 모든 법상을 벗어나게 되어 중생이나 제불의 마음과 다른 것이 없는 것이다. 단지 자신이 이렇게 무심하기만 하면 바로 구경의 경지에 도달한 것이다. 도를 수행하는 사람이 지금 바로 이 자리에서 무심하지 못한다면 아무리 수행을 한다고 해도 도를 이루지 못하게 된다. 왜냐하면 이것은 삼승이라는 성문·연각·보살이라는 무심의 공행을 하여도 지금 직하(直下)에 무심하지 못하면 해탈하지 못한다. 그러므로 이 마음을 증득하는 데는 늦고 빠른 차이가 있는데 어느

---

220) 『傳心法要』(T48, p.380a16∼17), "供養十方諸佛, 不如供養一個無心道人." 이후에는 『傳心法要』로 약함.

사람은 이 법을 듣고는 바로 무심을 체득하기도 하고 또 어느 사람은 10신·10주·10행·10회향이나 십지의 지위에 도달하여야 비로소 무심의 경지를 체득하기도 한다. 이처럼 빠르고 늦고의 차이는 있지만 무심을 체득하여 생활하면 다시 더 수행하고 더 증득해야 하는 것이 없으므로 실제로 무소득이라고 하는 것이고 진실하게 허망하지 않게 실천하면 되는 것이다. 일념에 체득한 것이나 십지의 수행을 하여 체득한 것의 공용은 같은 것으로 다시 더 깊고 얕은 것은 없다. 단지 지금 바로 무심을 체득하지 못한다면 오랜 시간을 수고로이 노력을 해야 하는 것이 있을 뿐이다.[221]

여기에서 사람이 무심을 체득하기만 하면 도인이고 부처라고 하는 것은 황벽에서는 도인이 부처이고 조사라고 동일[222]시하고 있다. 이것은 불성과 중생성이 성으로서는 동일[223]하지만 방편으로 삼승을 말하여도 오로지 일승(一乘)만 있다고 설하는 것이다. 황벽은 일심이 무심이라는 사실을 자신이 지금 바로 자각하여 체득하면 어느 누구나 도인이고 부처이다. 이것은 불성과 중생성이 동일한데 빠르고 늦음의 차이가 있지만 수행하여 바로 해탈하기를 바라고 있다.

---

221) 『傳心法要』(T48, p.380b1~9), "此心即無心之心, 離一切相, 衆生諸佛更無差別. 但能無心, 便是究竟. 學道人若不直下無心, 累劫修行終不成道. 被三乘功行拘繫不得解脫. 然證此心有遲疾, 有聞法一念便得無心者, 有至十信十住十行十迴向乃得無心者(有至十地乃得無心者). 長短得無心乃住, 更無可修可證, 實無所得, 眞實不虛. 一念而得, 與十地而得者, 功用恰齊, 更無深淺, 祇是歷劫枉受辛勤耳."

222) 『宛陵錄』(T48, p.384b21~23), "佛說一切法, 度我一切心, 我無一切心. 何用一切法, 從佛至祖, 並不論別事, 唯論一心. 亦云一乘." 이후에는 『宛陵錄』으로 약함.

223) 『宛陵錄』(T48, p.384c27~385a3), "問. 佛性與衆生性, 爲同爲別. 師云. 性無同異. 若約三乘教, 即說有佛性有衆生性, 遂有三乘因果, 即有同異. 若約佛乘及祖師相傳, 即不說如是事. 唯有一心, 非同非異, 非因非果. 所以云唯此一乘道, 無二亦無三, 除佛方便說."

2) 자신의 본성을 친견하고 생활하면 부처

수행자가 행주좌와하며 항상 무심[224]하기만 하면 무심이 바로 도(道)[225]라고 하고 있다. 그러므로 이 마음을 바로 자기의 본성이라고 친견하면 부처이므로 스스로 지금 자신이 말하고 행동하는 이 마음을 자신이 자각하라고 다음과 같이 설하고 있다.

상당하여 말했다. 마음을 자각하면 바로 부처라는 것은 위로는 제불에서부터 아래로는 움직이는 모든 중생에 이르기까지 모두가 일심의 본체는 동일하다. 그러므로 달마가 서천에서 온 것도 오직 일심법을 전한 것으로 일체 중생이 본래 부처라는 것을 올바르게 지시하여준 것이므로 수행을 하여서 증득하는 것은 아니다. 단지 지금 바로 자기의 마음을 자기의 본성이라고 자각하고 체득하여 취하기만 하면 되므로 다시 다르게 구할 필요가 없는 것이다. 어찌 자신의 마음을 아는 것인가? 지금 여기에서 사용하는 언어로 말하고 있는 마음이 바로 그대의 마음이라고 자각하면 된다.[226]

자기가 지금 자신을 바로 볼 줄 알아야 지금의 마음이 자기

---

224) 『傳心法要』(T48, p.383c4~5), "爾如今一切時中行住坐臥, 但學無心."; 『宛陵錄』(T48, p.386c4~5), "如今但一切時中行住坐臥但學無心. 亦無分別亦無依倚. 亦無住著."

225) 『宛陵錄』(T48, p.386a22~25), "問. 若無心行此道得否. 師云. 無心便是行此道, 更說什麼得與不得, 且如瞥起一念便是境. 若無一念便是境忘心自滅, 無復可追尋."

226) 『宛陵錄』(T48, p.386b2~6), "上堂云. 即心是佛, 上至諸佛, 下至蠢動含靈, 皆有佛性, 同一心體. 所以達摩從西天來, 唯傳一心法, 直指一切衆生本來是佛, 不假修行. 但如今識取自心見自本性, 更莫別求. 云何識自心, 即如今言語者正是汝心."

의 본성에서 나온 것인지 아니면 중생심인지를 알게 된다. 그래서 지금의 본성으로 자각하여 인혹과 경혹을 받지 않으면 도인이 되는 것이라고 다음과 같이 설하고 있다.

물었다. 어떻게 하면 수행한다는 단계에 떨어지지 않습니까? 대답했다. 하루 종일 밥을 먹어도 한 알의 쌀알도 씹은 것이 없는 것처럼 하되 하루 종일 걸어 다녀도 땅을 한 발도 밟지 않은 것처럼 하면 인아상을 모두 벗어나 생활하는 것이다. 이렇게 하면 하루 종일 어디에서 일을 하더라도 일체의 상을 벗어나지 않고 생활을 하면서 모든 경계에서 경혹을 받지 않게 되어 비로소 자유자재한 도인이 되는 것이다. 다시 시시로 항상 생각을 하되 일체의 상을 경혹으로 보지 않게 되면 전후의 3제를 오인하지 않게 된다. 과거는 지나가서 없고 현재는 머무르지 않아서 없고 미래는 오지 않았기 때문에 없으므로 편안하게 좌선하며 임운자재하여 망념에 속박되지 않아야만 비로소 해탈하게 된다. 노력하고 노력하라. 이 문중의 천명이나 만 명의 수행자가 있어도 단지 체득하는 것은 3명이나 5명만 체득한다고 하는 것이다. 만약 이와 같이 수행하지 않으면 재앙을 받게 될 것이다. 그러므로 말하기를 힘을 다하여 금생에 반드시 요달하면 누가 누겁의 남은 재앙을 받겠는가라고 했다.227)

좌선을 하던 일상생활을 하던 무심의 마음상태는 무주의 사상으로 해탈하여 생활하기를 강조하는 것이다. 이것은 『금강경』

---

227) 『傳心法要』(T48, p.384a12~20), "問. 如何得不落階級. 師云. 終日喫飯未曾咬著一粒米, 終日行未曾踏著一片地, 與摩時無人我等相. 終日不離一切事, 不被諸境惑, 方名自在人. 更時時念念不見一切相, 莫認前後三際. 前際無去今際無住後際無來, 安然端坐任運不拘, 方名解脫. 努力努力. 此門中千人萬人, 只得三箇五箇. 若不將爲事, 受殃有日在. 故云. 著力今生須了却, 誰能累劫受餘殃."

의 "과거심불가득, 현재심불가득, 미래심불가득."을 "전후삼제"
의 "무거·무주·무래"로 설하여 경혹을 받지 않는 일상생활이
되는 수행법을 제시하고 있다. 자신의 마음을 견성하여 돈오하
면 부처이고 도(道)이므로 "무수무증"228)에서 도불용수229)를
계승하여 무상의 도인이 진여불이기에 자신의 마음이 본래부처
라고 돈오하여 요달해야 한다230)고 견성을 주장하고 있다. 이
견성은 자신의 본성이 불성과 동등하다고 친견하는 것이고 무
심이며 공(空)인 것이다. 자신의 중생심을 모두 버린 청정한 마
음을 불성이라고 자각하고 실천하는 것을 성불이라고 설하고
있다.

3) 일심이 부처

무심이 일심이라고 앞에서 보았듯이 일심은 모든 중생이나
제불이 본래부터 가지고 있는 본래의 마음이므로 차별이 없어
자신이 자각하면 부처와 다른 것이 없다고 다음과 같이 설하
고 있다.

> 황벽이 배휴에게 말했다. 제불과 일체중생은 오직 일심이
> 며 다른 법이 없다. 이 일심은 처음부터 생긴 것도 없어지는

---

228) 『少室六門』卷1(T48, p.374a19~20), "諸法無修無證, 無因無果."
229) 『楞嚴經疏解蒙鈔』卷10(X13, p.893a4~5), "道不用修. 但莫污染."
230) 『傳心法要』卷1(T48, p.381a2~4), "부처는 오직 지금 바로 자기의 마
음이 본래부터 부처라는 것을 돈오하여 요달하면 되는 것이라고 한 것으로
한 법도 더 얻을 것이 없고 하나의 수행도 더 할 것이 없는 이것이 가장
뛰어난 무상도이다. 이것이 진여불이다.(佛唯直下頓了自心, 本來是佛, 無
一法可得, 無一行可修, 此是無上道. 此是眞如佛.)"

것도 아니며 푸른 것도 누른 것도 아니며 형상도 없고 유무
에 속하지 않으며 신구로 헤아릴 수 없으니 장단이나 대소
로 알 수 없으므로 일체의 한량이나 언어문자의 상대적인
개념을 뛰어넘는 당체가 바로 일심이다. 그러므로 생각으
로 하려고 하면 바로 어긋나는 것이 비유하면 허공과 같고
끝이 없어서 한량이 없다. 오직 이 일심이 곧바로 부처이
니 부처와 중생이 다시 차별이 없다. 단지 중생은 상에 집
착하여 외부에서 구하므로 구하면 구할수록 점점 더 일심
과 멀어지게 된다. 부처가 부처를 찾는 것이고 마음으로
마음을 찾으려고 하는 것이 된다. 그러면 모든 겁이 다하
고 몸이 죽어 없어지더라도 자신이 체득할 수 없는 것이고
번뇌 망념만 쉬면 부처는 저절로 현전한다는 것을 모르고
있다. 이 마음을 일심이라고 자각하면 바로 부처가 되고
부처는 바로 중생의 중생심을 자각한 것이 된다.231)

이와 같이 자신의 마음이 일심이라고 확신하게 되면 불심이
되어 부처가 바로 자신의 앞에 나타난다. 그리고 부처와 중생
이 다름이 없는 불법232)을 깨달아 달마가 전한 불법을 계승한
것이라고 알게 되면 자신의 마음이 청정하여 부처가 되는
것233)이다. 그러므로 이 불법은 자신의 일체 불법이 일심이 되

---

231) 『傳心法要』(T48, p.379c18~26), "師謂休曰. 諸佛與一切衆生, 唯是一
心, 更無別法. 此心無始已來, 不曾生不曾滅, 不靑不黃, 無形無相, 不屬有
無, 不計新舊, 非長非短, 非大非小, 超過一切限量名言縱跡對待, 當體便是.
動念卽乖, 猶如虛空無有邊際不可測度, 唯此一心卽是佛. 佛與衆生更無別
異. 但是衆生著相外求, 求之轉失, 使佛覓佛, 將心捉心. 窮劫盡形終不能
得, 不知息念忘慮佛自現前. 此心卽是佛, 佛卽是衆生."
232) 『傳心法要』(T48, p.380a5~7), "단지 일심이 불심이라는 것을 깨달아
다시 어떠한 법도 얻을 것이 없게 된다는 것을 깨달으면 진불이 된다. 이
렇게 되면 부처와 중생이 일심으로 다름이 없다.(但悟一心, 更無少法可得,
此卽眞佛. 佛與衆生一心無異.)"
233) 『傳心法要』(T48, p.381b17~20), "달마가 중국에 와서 오직 일심만을
설하고 일법을 전한 것은 부처가 부처에게 전한 것으로 다른 부처를 설한

어야 경계지성이 되어 불승이 된다. 대상경계가 공(空)이 되어 자신의 마음도 공(空)이 되면 중생이 부처로 살아가게 되는 것234)이다. 그러나 이것을 언어문자나 지식으로 일심을 얻으려고 하면 더 멀어진다고 하며 망념의 근원이 바로 부처라고 다음과 같이 설하고 있다.

　　이 일심법의 본체는 허공처럼 모든 법계에 존재하기 때문에 제불의 이론이라고 한다. 이와 같은 불법을 그대는 어찌 언어문자로 이해하여 체득하려고 하는가? 역시 일기와 일경에서는 일심을 보고 얻을 수 없는 것이며 이것의 의지는 오직 묵묵히 계합하는 것으로 이 일문을 깨닫는 것을 무위법의 문이라 한다. 만약 이것을 깨달아 체득하고자 하면 단지 무심을 깨달아야 한다. 홀연히 깨달으면 체득하는 것이다. 만약 마음을 써서 배워 깨달으려고 하면 할수록 일심법은 더욱더 멀어진다. 분별하는 마음과 모든 취사하는 마음이 없어 마음이 목석과 같이 되면 비로소 도를 배울 능력이 되는 것이다. 지금 눈앞에 온갖 망념이 있는데 어찌 없다고 하십니까? 대답했다. 망념은 본래 본체가 없는데 지금 그대의 마음이 일으킨 것이다. 만약에 그대의 마음이 부처라고 안다면 그 마음은 허망한 것이 없는데 어찌하여 마음을 내어서 다시 허망한 망념을 인정하려고 하

것이 아니고 불법으로 법을 전하고 다른 법을 설한 것이 아니다. 법은 설명할 수 없는 법이며 부처는 얻을 수 없는 부처로 본래 청정한 마음을 말한다.(自達摩大師到中國, 唯說一心唯傳一法. 以佛傳佛不說餘佛, 以法傳法不說餘法, 法即不可說之法. 佛即不可取之佛, 乃是本源淸淨心也.)"

234) 『傳心法要』(T48, p.381b26～28), "일체의 모든 법이 오직 일심이 된 이후에 불승(佛乘)이 되는 것이다. 범부는 모두가 경계를 따라 마음을 내고 그 마음으로 좋고 싫어하는 것이다. 만약에 경계가 없다면 그 마음은 당연히 없게 되고 마음이 없으면 경계는 공(空)이 되며 경계가 공(空)하면 번뇌 망념은 사라진다.(一切諸法唯是一心, 然後乃爲佛乘也. 凡夫皆逐境生心, 心逐欣厭. 若欲無境當忘其心, 心忘即境空, 境空即心滅.)"

는가? 그대가 만약에 마음을 내어도 생각이 변하지 않는다
면 자연이 망념은 없는 것이다. 그러므로 마음이 일어나면
갖가지 법이 만들어지고 마음이 없으면 갖가지 법은 없어
진다고 하는 것이다. 물었다. 지금 바로 망념이 일어나면
부처는 어디에 있습니까? 대답했다. 그대가 지금 망념이
일어났다는 것을 깨달으면 그 깨닫는 것이 바로 부처이다.
그러므로 이와 같이 바르게 적중하여 만약에 망념이 없다
면 부처 또한 없는 것이다.[235]

　망념이든지 정념이든지 지금 자신의 마음을 자각하기만 하면
그 자각하는 것이 바로 부처이므로 지금의 마음을 자각하여야
부처가 탄생하는 것이고 아무 마음이 없다고 하면 부처도 없
게 되는 것이다.

　왜냐하면 사람이 목석과 같이 되면 죽은 부처가 되는 것이고
마음을 목석과 같이 하여야 한다고 하는 것은 마음이 흔들리
지 않아야 하는 것을 목석에 비유한 것이다. 그러므로 망념과
정념을 판단할 수 있는 기본적인 가치관이 확립되어야 마음이
부처가 되고 중생이 부처가 되는 것은 일천제[236]가 아닌 수행

---

235) 『宛陵錄』(T48, p.385b24~c7), "此一心法體, 盡虛空遍法界, 名爲諸佛
理論. 這個法豈是汝於言句上解得他, 亦不是於一機一境上見得他, 此意唯是
默契得, 這一門名爲無爲法門. 若欲會得但知無心. 忽悟即得. 若用心擬學
取, 即轉遠去. 若無岐路心一切取捨心, 心如木石, 始有學道分. 云如今現有
種種妄念, 何以言無. 師云. 妄本無體, 即是汝心所起, 汝若識心是佛, 心本
無妄, 那得起心更認於妄. 汝若不生心動念, 自然無妄. 所以云. 心生則種種
法生, 心滅則種種法滅. 云今正妄念起時, 佛在何處. 師云. 汝今覺妄起時,
覺正是佛, 可中若無妄念佛亦無."
236) 일천제(一闡提): 불법(佛法)을 믿지 않아서 다스릴 수 없는 사람을 말
함. ; 『大般涅槃經』卷5(T12, p.391c22~27), "善男子. 閻浮提內衆生有二.
一者有信. 二者無信. 有信之人, 則名可治. 何以故, 定得涅槃, 無瘡疣故,
是故我說治閻浮提諸衆生已. 無信之人, 名一闡提, 一闡提者, 名不可治. 除
一闡提, 餘悉治已, 是故涅槃, 名無瘡疣."

자가 되면 가능한 것이다.

황벽은 일심이 무심이라는 사실을 자각하여 체득하면 불성과 중생성의 성은 동일하여 좌선을 하든 일상생활을 하든 무심의 마음으로 무주의 생활을 하면 인혹과 경혹을 받지 않는 일상생활을 하게 된다고 하고 있다. 이것은 자신의 마음을 견성하여 돈오하면 부처이고 도(道)이므로 '무수무증'에서 '도불용수'를 계승하여 무상의 도인이고 진여불이기 때문이다.

망념이나 정념의 본성을 지금 자신이 자각하기만 하면 그 자각하는 것이 바로 부처이므로 지금의 마음을 자각하면 바로 부처가 탄생하는 것이다.

선어록상의 본래인에 대하여 살펴보았는데 첫째로 달마의 벽관은 벽을 보고 좌선하여 깨달음이 도래하기를 기다리는 벽관이 아니다. 달마의 벽관은 자신의 망념을 자각하는 방편이다. 그러므로 자신의 잘못된 집착을 모두 끊고 자신의 청정한 불성을 찾아 불심으로 전환하는 것이 벽관이다. 이런 벽관이므로 특별한 깨달음을 구하기 위하여 벽관이나 좌선을 한다고 하면 잘못된 것이다. 안심도 자신이 추구하는 마음을 공(空)으로 자각하여 구경의 편안한 마음을 체득한 것이다. 이 마음을 본래심이나 청정심이라고 하고 또 무심이므로 무망심이고 무념이다. 그러므로 벽관이나 좌선하는 것은 자성이 무아이고 공(空)이라는 사실을 깨달아 체득하여 해탈하는 방편이다.

두 번째로 『입도안심요방편법문』에서 도선은 안심은 불심을 자각해야 하는 것이므로 마음의 본성이 공(空)이라는 것을 체득해야 되는 것으로 달마의 안심법문을 그대로 답습하고 있다. 즉 안심은 무소념으로 차별분별하지 않는 불심으로 중생심을 모두 전환하는 염불이 되어야 한다. 그러므로 염불하는 것이 탐진치의 중생심이 없는 삼학의 마음이므로 안심이 부처라고 한다.

세 번째로 『육조단경』에서는 사견이나 번뇌 망념이 있어도 자각하는 지혜만 있으면 자신이 제도하는 것은 사견은 정견으로, 미혹은 깨달음으로, 우치는 지혜로, 악은 선으로 제도하는 것이다. 이렇게 하여 공덕을 실천하는 것은 안으로는 진여와 화합하고 밖으로는 진여의 지혜로 공덕행을 실천하여야 한다. 이것은 본성에서 시작하여 자신이 부처가 되는 것이다. 그런데 만약에 부처를 외부에서 찾아 구하려고 하면 미혹하여 부처가 중생이 된다. 그러므로 본성이 부처를 만든다는 것이라고 깨달으면 중생이 부처가 되고 본성을 불성이라고 깨닫는 지혜가 있으면 법상에서 벗어나게 된다. 이렇게 하여 일념으로 수행하는 것을 반야바라밀을 실천하는 부처라고 한다. 이것의 근원인 불성을 무념이라고 자각하여 자성으로 반야바라밀을 실천하여 피안에 태어나는 것이다.

넷째로 마조는 평상심이 만법의 근원이고 부처의 어머니라고 하며 이심전심으로 전한 이 마음으로 생활하는 것이 도이며 부처라고 하고 있다. 그러므로 평상심으로 생활하며 모두를 진실로 보는 것이 본질이나 수행자가 되어 불심을 인정하여야 평상심으로 생활하는 자신이 바로 부처가 되는 것은 자성이 공(空)이라는 사실을 통달하였기 때문이다. 이렇게 하여 일법(一法)이 색문이 되면 법성이 공(空)이 되고 색(色)이 법성의 색으로 된다. 즉 색이 무형상이 되고 공(空)이 되어 색신이 부처이고 일체처가 부처가 된다고 하는 것이다.

다섯 번째로 대주혜해는 해탈하려고 하면 돈오하여 일체에 집착이 없는 마음으로 차별분별하지 않고 중도의 실천을 해야 한다고 하고 있다. 그리고 돈오하는 것은 지금 생사하는 마음을 버리지 않고 해탈하여 부처가 되는 것이다. 이와 같이 부처가 되어도 지금 육신의 모습이 바뀌는 것이 아니며 살아 있는 모습 그대로 부처가 되는 것이다. 이렇게 아공과 법공이 되어 해탈하여 살아가게 하는 것을 돈오라고 주장하고 있다.

여섯 번째로 황벽은 일심이 무심이라는 사실을 자각하여 체득하면 불성과 중생성의 성은 동일하여 무심의 마음으로 무주의 생활을 하면 인혹과 경혹을 받지 않는 일상생활을 하게 된다고 하고 있다. 이것은 자신의 마음을 견성하여 돈오하면 부처이고 도(道)이므로 "무수무증"에서 도불용수를 계승하여 무상(無上)의 도인이고 진여불이라고 하고 있다. 본성을 지금 자신이 자각하기만 하면 바로 부처가 탄생한다고 하고 있다. 그러므로 마음이 부처이고 마음을 목석과 같이 하여 망념과 정념을 판단할 수 있는 기본적인 가치관만 있으면 된다고 한다. 이렇게 하여 마음이 부처가 되고 중생이 부처가 되는 것은 일천제가 아닌 수행자가 되면 누구나 부처가 될 있다.

이상에서 살펴보았듯이 선어록에서 주장하는 여래나 부처와 도인이나 진인은 동등한 것이다. 이런 사람을 본래인 이라고 하며 이것의 근원은 자성이고 이 마음으로 살아가는 사람을 말한다. 그러므로 누구나 본성을 자각하여 본래인으로 살아갈 수 있게 한 것이 대승불교이고 종교이다. 종교가 이런 역할을 하지 못하고 신앙에 떨어지게 하여 중생으로 살아가게 한다면 혹세무민하는 것이 된다.

IV. 『임제어록』에서 무의도인

1. 임제의 선사상형성 배경

선이라는 말의 어원은 산스크리트어로 디야나(dhyana)와 팔리어로 쥐안(jhan)에서 유래한 것으로 선은 인도에서 발생한 것이지만 선종은 중국에서 완성된 것237)이다. 선이 중국에서 완성될 수 있었던 것은 불멸이후에 경전의 결집으로 인하여 언어문자로 전승되었기 때문이다. 만약에 경전의 결집이 없었다고 하면 불교가 지금까지 존재하지 않았을 것이다. 그러나 선승들이 나의 말을 기록하거나 기억하지 말라고 한 의미와는 다른 것이고 불교사에서 경전의 결집은 대단한 개혁이다. 이 경전들이 중국으로 전래된 시기는 서력기원을 전후한 무렵238)이라고 하는 것에서 보면 기록의 중요성을 강조한 것이다.

이 시기의 정확한 기록이 없기 때문에 전래설이라는 신용할 수 없는 자료이다. 그러나 후한(後漢) 명제(明帝)의 감몽구법설(感夢求法說)에서 우선 진나라 원굉(328~379)의 『효명황제기』에는 명제의 영평13년(70)에 일어났던 초왕 영(英)의 역모사건을 기록한 후에 그가 이해한 불교의 요지를 적고 있다. 그리고 다시 그것에 이어서 불교를 중국에 처음 전한 것을 처음에 황제가 꿈에 커다란 금인(金人)이 나타나 목에 일월(日月)과 같은 광명이 나타나는 것을 보고 신하에게 물었다. 어느 사람이

---

237) 柳田聖山 著, 徐景洙・李沅河 譯(1984), p.17. ; 정성본(2005), p.19.
238) 伊吹敦 著, 崔鉐植 譯(2005), p.25.

말하기를 서쪽에 신령한 이가 있어 그 명칭을 부처라고 하는데 그 형상이 장대하므로 그 도술(道術)을 묻고 중국에 가져와 그 형상을 그렸다고 한 것[239]에서 중국에 불교전래가 시작되었다고 하고 있다. 그리하여 『사십이장경』과 화상(畵像)을 싣고 왔다는 백마사의 전설이라고 정순일 역(1996), 『중국불교사』에 기록하고 있다. 이렇듯이 불교를 누가 먼저 도입했느냐가 중요한 것은 아니다. 왜냐하면 자신들의 관점에서 받아들였기 때문에 불법을 정확하게 아는 것은 아니므로 그 속에 들어 있는 불법의 내용을 어떻게 파악하느냐가 중요하다. 그러므로 이런 이유에서 경전의 도입이 시작 되었다고 전해지지만 어쨌든 경전의 도입으로 인하여 역경사업이 본격화 되었다. 이후에 서역의 승(僧)인 구마라즙과 제자들에 의하여 많은 경전들이 한역되었던 것[240]이다.

이렇게 하여 경전이 도입되었는데 여기에 선의 경전이 섞여서 도입된 것이지만 어느 것이 선경이고 어느 것이 교의 경(經)이라고 구분하는 것은 오히려 편을 나누는 것이 된다. 이것은 모든 경(經)이 선경이고 교경이기 때문이다. 즉 선은 부처님의 마음으로 수행하는 것이고 교는 부처님의 말씀으로 수행하는 것이다.

그러므로 교는 부처의 안목을 구족해야 하는 것이다. 부처의 안목을 구족하지 않고 언어문자에만 빠지면 논쟁만 일삼는 내범(內凡)이 된다. 그리고 선은 부처의 마음을 이심전심으로 알지 못하고 수행을 하면 부처를 죽이는 것이라고 설하고 있듯

---

239) 鎌田茂雄 著, 鄭舜日 譯(1996), pp.29~34.
240) 鎌田茂雄 著, 鄭舜日 譯(1996), pp.68~91.

이 부처의 안목이 없으면 역시 항상 논쟁을 일삼는 무리가 된다. 경전을 요의경과 불요의경만 판단할 줄 알면 유입된 경전들이나 위경(僞經)도 모두가 부처가 직접 설한 설법이 된다.

선이 중국으로 전래된 것은 특별히 별도로 전래 되었다는 것보다는 경전의 도입으로 인하여 선종으로 새롭게 발전한 것이 대단한 발전인 것이나 이것도 대승불교라는 부처의 입장을 계승한 것이고 언어를 달리하여 조사나 선사라고 한 것241)뿐이다. 왜냐하면 일불에서 다불의 출현은 많은 변화를 가져올 수밖에 없는 일이기 때문이다. 비유하면 현대에서도 다불 사상을 계승하려고 어느 사람을 ○○부처라고 하면 받아들이지 못할 것이다. 이것은 사람들이 일불의 신앙으로 받아들이고 있는 지금의 신앙에서 벗어나야하기 때문이다. 왜냐하면 전지전능한 신앙으로 알고 있는 부처를 지금 살아 있는 사람을 부처라고 믿어야 하기 때문이다. 이것은 엄청난 부작용을 초래할 것이기에 부처라는 말 대신에 조사나 선사, 도사, 진인 등으로 언어를 바꿨을 것이다. 그러므로 언어를 바꿔서 조사나 선사, 도사, 진인이라고 하든지 아니면 거사(居士)라고도 한 것이다.

중국으로 선이 전래된 것도 특별한 것이 아니고 석가모니불의 사상을 그대로 계승한 것이기 때문에 경전의 유입과 함께 들어온 것이고 다불사상의 계승에 의하여 당대(唐代)에서 많은 발전이 있고 선종이 완벽하게 확립된 것이다. 이 선은 요가를 바탕으로 부처가 탄생하였듯이 중국에서 조사선으로 새롭게 탄생하여 많은 조사들을 탄생하게 만든 것이다. 요가와 같이 마

---

241) 도입초기에 부처와 조사나 도사를 동일하다고 했다면 신앙의 사상에서 극복하기 어려웠을 것이므로 방편으로 부처를 장대하다고 했을 것이다.

음을 집중하여 참선하는 동안만 산란한 마음을 가라앉히는 수행이 아니라 한 걸음 더 나아가 견성성불하는 선사상[242]이다. 이것은 마조와 회양의 선문답에서 나타나는 것으로 좌선에 대하여 다음과 같이 설하고 있다.

> 마조화상이 한 곳에 앉아서 좌선하는데 회양화상이 벽돌을 가지고 그 면전에서 돌에다 갈고 있으니 이를 본 마조화상이 물었다. 무엇을 하고 계십니까? 회양화상이 대답했다. 벽돌을 갈아서 거울을 만들 것이다. 마조화상이 물었다. 벽돌로 어찌 거울을 만들 수 있습니까? 회양화상이 대답했다. 벽돌로 거울을 만들 수 없다면 좌선을 하여 어떻게 부처가 되겠는가? 마조화상이 물었다. 그러면 어찌해야 합니까? 회양화상이 대답했다. 어떤 사람이 수레를 타고 가는데 만약 수레가 가지 않는다고 수레를 때려야 하는가? 아니면 소를 때려야 하는가? 회양화상이 또 말했다. 그대는 좌선을 배우는가? 좌불을 배우려는가? 만약에 좌선을 배우려면 선은 좌와(坐臥)에 있는 것이 아니며 좌불을 배우려고 한다면 부처는 일정한 형상이 아니다. 법은 머무름이 없고 취하거나 버릴 수도 없는데 어떻게 하겠는가? 그대가 만일 좌불을 구하면 도리어 부처를 죽이는 것이고 앉아 있는 형상에 집착한다면 해탈하는 이치가 아니다. … 그리고 나의 게송을 들어라하고 다음과 같이 설했다. 심지에는 모든 종자를 가지고 있으니 단비를 맞으면 모두가 싹이 돋네. 삼매의 꽃은 형상이 없으니 어찌 피며 어찌 지겠는가?[243]

---

242) 정성본(2005), p.20.
243) 『祖堂集』卷3(K45, pp.256c14~257a3), “馬和尙 在一處坐 讓和尙 將塼去面前 石上磨 馬師問 ‘作什摩’ 師曰 ‘磨塼作鏡’ 馬師曰 ‘磨塼豈得成鏡’ 師曰 ‘磨塼尙不成鏡 坐禪豈得成佛也’ 馬師曰 ‘如何卽是’ 師曰 ‘如人駕車 車若不行 打車卽是 打牛卽是’ 師又曰 ‘汝爲學坐禪 爲學坐佛 若學坐禪 禪非坐臥 若學坐佛 佛非定相 於法無住 不可取捨 何爲之乎 汝若坐佛 卻是殺佛 若執坐相 非解脫理也’ … 聽吾偈曰 ‘心地含諸種 遇澤悉皆萌 三昧花無相

이처럼 선이 요가와 같이 좌선에 머무는 것이 아니라 성불하게 하는 조사선으로 발전하게 된 것이다. 좌선하여 부처가 되겠다는 좌선에 빠지면 오히려 부처를 죽이는 것이고 좌선하는 모습에 빠지면 해탈을 할 수 없다고 지적하고 있다. 이렇게 하여 조사선에서 임제선으로 발전된 것은 남종의 형성에 의하여 시작된 것이므로 먼저 남종선의 형성에 대하여 알아보도록 하겠다.

1) 남종선의 형성

돈황본, 『육조단경』에서 남종선이라고 하는 것은 남부지역이므로 남종선이라고 하지만 북종선을 비판하기 위하여 남종선을 정통이라고 주장한 것에서 형성된 것이 시초다. 그리고 수행법에서 신수와 혜능의 수행법을 게송과 삼학, 돈점 등의 내용을 비교하며 그 시대에 훌륭한 북종선의 신수(神秀, 606~706)를 비판하여 남종선을 최고라고 이 『육조단경』의 편집자가 주장하는 것에서 남종선과 북종선이 생겼다는 것은 이미 알려진 사실이다. 『육조단경』에 혜능의 입으로 사람은 남북의 구분이 있지만 불성은 남북의 구분이 없다고 말하고 있으면서 남종선과 북종선으로 구분을 하여 모순이 되게 하고 있는 것이다. 그래서 북종선의 수행법과 사상을 문제로 지적하면서 남종을 부

何壞復何成'" ; 『景德傳燈錄』卷5(T51, pp.240c18~241a7), "開元中有沙門道一(即馬祖大師也)住傳法院常日坐禪. 師知是法器, 往問曰. 大德坐禪圖什麽. 一曰, 圖作佛. 師乃取一塼, 於彼庵前石上磨. 一曰. 師作什麽. 師曰, 磨作鏡. 一曰, 磨塼豈得成鏡耶. 坐禪豈得成佛耶. ... 聽吾偈曰. 心地含諸種　遇澤悉皆萌　三昧華無相　何壞復何成."

각시키고 있는 것을 신수와 혜능의 게송에서 보면 신수는 다음과 같이 설하고 있다.

육신은 깨달을 수 있는 근본이고,
마음은 명경대에 있는 밝은 거울과 같은 것이네.
때때로 항상 부지런하게 망념의 때를 닦아서 깨끗하게
하여,
번뇌 망념의 때가 붙지 않게 하여야 하네.244)

라고 하며 항상 수행을 하여 거울에 먼지를 털어내어야 맑은 거울을 유지 할 수 있는 것이라고 하고 있다. 우리들의 마음은 언제나 자신이 수행하지 않으면 번뇌 망념으로 물들어서 청정하지 않는 것이므로 번뇌 망념이 생길 때마다 번뇌 망념을 정념으로 전환하여서 청정하게 하여야 한다. 이와 같은 신수의 수행법을 혜능의 수행법과 비교하여 혜능을 육조로 한 것이다.

진여의 지혜로 본성을 깨달으면 누구나 평등한 것이고,
맑은 거울이나 맑은 마음은 역시 받침과 육신에 대한 집
착이 없는 것이네.
불성은 항상 청정한 것인데,
어느 곳에 번뇌 망념의 때가 있을 수 있겠는가?
또 게송으로 말하였다.
불심이 바로 깨달음의 근본이고,
법신은 명경대의 밝은 거울과 같은 것이네.
맑은 거울과 같은 불심은 본래 청정한 것인데,
어느 곳을 번뇌 망념의 때로 물들일 수 있겠는가?245)

---

244) 『六祖壇經』(T48, p.337c1∼2), "身是菩提樹, 心如明鏡臺, 時時勤拂拭,
莫使有塵埃."

146

이와 같이 혜능행자의 게송과 교수사인 신수의 게송으로 비교를 하여 남종의 우월성을 이『육조단경』에서 기록하며 홍인의 인가를 받은 것이다. 이런 상황은 어느 누가 봐도 신수의 게송은 항상 수행을 필요로 하지만 혜능의 수행은 진여의 지혜로 본성을 불성이라고 자각하기만 하면 더 이상 신수와 같은 수행을 필요로 하지 않는다고 하는 것이 된다. 그러므로 남종은 일자(一字)무식의 나무꾼도 자각만 하면 조사가 될 수 있다는 것을 이『육조단경』에서 단적으로 나타내고 있는 부분이다. 이것이 현대에도 전해져 불교는 깨달으면 된다는 방식으로 알고 있다. 또한 깨닫기만 하면 하루아침에 일확천금을 얻게 되는 것으로 알고 수행하는 사람이 있다고 하면 문제이다. 이런 게송 하나로 자신의 심지를 점검하여 인가증명을 하는 방식이 간화선이라고 한다면 간화선의 수행도 한번쯤은 재고해야 할 것이다.『육조단경』에서 이 부분이 북종선과 남종선을 구분하는 것으로 신수를 북종선이라고 하고 혜능을 남종선이라고 하고 있다. 그 내용으로 간심간정과 본래무일물로 구분하여 불성은 항상 청정한 것인데 어떻게 먼지가 붙을 수 있느냐고 하면서 한번만 깨달으면 더 이상 수행을 필요로 하지 않는다고 하면 절대적인 무의도인이 탄생하게 된 것이다.

만약에 긍정적인 측면에서 신수와 혜능을 모두 인정하여 본다면 북종선은 망념을 자각하여 돈오만 하면 망념을 벗어나 부처가 되는 것이기에 마음이 부처가 되는 선수행법이다. 그리고 남종은 모든 것이 항상 청정한 불성을 가지고 있기 때문에

---

245) 『六祖壇經』(T48, p.338a7~11), "菩提本無樹, 明鏡亦無臺, 佛性常清淨, 何處有塵埃. 又偈曰. 心是菩提樹, 身爲明鏡臺, 明鏡本清淨, 何處染塵埃."

만법이 청정한 선수행이므로 만법일여가 되는 수행법이다. 즉 조사선은 '평상심시도'라는 진여지혜의 선생활을 몰종적으로 실천하는 것이다. 여기에 한 가지를 더 부연하면 신회(神會, 684~758)는 일물을 자신의 불성이라고 하여 서자가 된 것이다. 그리고 회양은 무일물이라고 하여도 적중하지 않다고 하여 적자가 된 이것으로 남종선과 조사선의 차이라고 하여 후대에는 회양을 적자라고 한 것은 마조계의 이들이 주장한 것이다.

그러나 하택종에서 주장하는 북종선의 간심간정의 수행법을 남종선에서는 일행삼매와 무념·무상·무주가 되어야 하는 좌선이다. 그런데 북종선의 간심간정의 수행법은 본성의 청정을 다시 망념으로 살펴서 청정하게 하려고 한다. 그러므로 다시 번뇌 망념이 생기게 되어 중생을 부처로 만드는 것이 아니고 다시 중생으로 만드는 오류를 범한다고 하였다. 이렇게 비판하면서 남종선에서는 망심과 정심이라는 고정된 실체가 없으므로 이것에 집착하여 속박되면 좌선수행을 하는데 방해되기 때문에 남종선이 더 우월하다고 주장하고 있다. 이와 같은 논쟁은 지금까지도 계속하여 진행하고 있는 것이기에 여기에서는 더 논하지 않겠다. 신수의 계정혜와 혜능의 계정혜로 혜능의 우월성을 비교한 부분을 보면 다음과 같다.

　　신수화상이 말하는 계정혜에서 계는 모든 악을 짓지 않게 하는 것을 계라고 설하고, 혜는 모든 행을 선하게 하는 것을 혜라고 하고, 정은 자기의 마음을 청정하게 하는 것을 정이라고 그곳에서는 이와 같이 계정혜를 설명하고 있습니다.246)

---

246) 『六祖壇經』(T48, p.342b19~21), "秀和尙言戒定惠, 諸惡不作名爲戒, 諸善奉行名爲惠, 自淨其意名爲定, 此卽名爲戒定惠."

신수의 계정혜는 모든 악을 짓지 않고 선행을 하며 항상 마음을 청정하게 하여야 한다고 하고 있다. 이 부분은 여러 경전247)에 나오는 말이지만 신수의 삼학은 소근기라고 하며 삼승의 수행자를 낮은 수준이라고 하고 혜능의 삼학은 상인이 수행하는 것이라고 하며 자신들의 수준을 북종선보다 뛰어나다고 주장하는 것으로 혜능의 삼학을 보면 다음과 같다.

> 혜능대사께서 말씀하셨다. 그대는 내가 설하는 계정혜를 본심으로 들어보고 나에게 중생심의 소견이 있는지 잘 살펴보아라. 심지에 망심이 없게 하는 것을 자성의 계라고 하고, 심지에 망심으로 산란함이 없는 것을 자성의 정이라고 하며, 심지에 어리석음이 없는 것을 자신이 아는 것을 자성의 혜라고 한다. 혜능대사께서 말씀하셨다. 그대가 말하는 계정혜는 근기가 작은 사람에게 권하는 것이고 내가 설하는 계정혜는 상근기의 상인에게 권하는 것으로 만법이 자성에서 일어난다는 것을 체득하면 역시 계정혜라는 말도 할 필요가 없게 된다.248)

신수의 북종선은 소근기인의 수행법이고 혜능의 남종선은 상근기의 상인을 위한 수행법이라고 하며 북종선의 수행자들을 낮게 보고 있다. 이것은 『육조단경』에서 설하고 있는 무상

---

247) 『法句經』卷2(T04, p.567b1~2), "諸惡莫作, 諸善奉行, 自淨其意, 是諸佛教."；『出曜經』卷25(T04, p.741b24~c1), "諸惡莫作, 諸善奉行, 自淨其意, 是諸佛教. 諸惡莫作者, 諸佛世尊教誡後人三乘道者, 不以脩惡而得至道, 皆習於善自致道跡. 是故說曰, 諸惡莫作也. 諸善奉行者, 彼修行人普脩衆善, 唯自瓔珞具足衆德, 見惡則避恒脩其善."

248) 『六祖壇經』(T48, p.342b24~28), "大師言. 如汝聽悟[吾]說, 看悟[吾]所見處. 心地無疑非, 自姓[性]戒. 心地無乱, 是自姓[性]定. 心地無癡, [是]自姓[性]是惠. 能大師言. 汝[師]定惠, 勸小根諸[智]人, 吾戒定惠, 勸上[智]人. 得吾[悟]自(性), 亦不立戒定惠."

심지계를 설명하는 부분이다. 지금까지는 남종선의 형성이 지역적인 요건 때문이든 북종선의 수행자들을 낮게 보기 위하여 주장한 것이든 사상이나 역사적이든 이렇게 하여 남종선이 형성되었다. 그러면 남종선의 종지가 무엇이냐 하면 무념을 종(宗)으로 하고 무상을 체(體)로 하며 무주를 본(本)으로 한다고 『육조단경』에 다음과 같이 설하고 있다.

　　선지식이여! 내가 설하는 이 법문은 옛날부터 지금까지 조사들께서 방편으로 가르침에 있어서 돈점을 건립한 것으로 무념을 종(宗)으로 하고, 무상을 체(體)로 하고, 무주를 본(本)으로 하는 것이다. 무엇을 무상이라고 하는가 하면 무상이라는 것은 일체의 의식하는 상에서 차별 분별하는 생각을 벗어나 청정하게 보는 것이다. 무념이라고 하는 것은 자신의 일체법에서 생각하는 차별 분별의 망념이 없는 것이다. 무주라고 하는 것은 사람이 본성으로 살아가는 것을 말하는 것으로 항상 집착에 머무르지 않아야 하는 것이다. 즉 이전의 생각과 지금의 생각 그리고 이후의 생각이 서로 이어지는데 하나의 생각에 집착하여 머물러서 단절되어 끊어지는 것이 없어야 하는 것을 무주라고 하는 것이다. 만약에 한 생각이라도 단절되어 다른 집착에 빠진다면 바로 자신의 법신은 자신을 벗어나게 되므로 항상 생각할 때마다 자신의 일체법에서 무주가 되어야 하는 것이다. 한 생각이라도 만약에 집착하게 되면 생각할 때마다 집착하게 되는 것을 이름 하여 계박이라고 하는 것이다. 자신의 일체법에서 항상 집착하지 않는 것을 속박됨이 없는 해탈이라고 하는 것이다. 그래서 이것이 무주를 본으로 한다고 하는 것이다.[249]

---

249) 『六祖壇經』(T48, p.338c2〜10), "善知識, 我自法門, 從上以來, 頓漸皆立, 無念爲宗, 無相爲體, 無住爲本, 何名爲無相. 於相而離相. 無念者, 於念而不念. 無住者, 爲人本性, 念念不住. 前念今念, 後念念念相續, 無有斷絕. 若一念斷絕, 法身即是離色身, 念念時中, 於一切法上無住. 一念若住,

이와 같이 무념을 종지로 하는 것은 자신의 일체법에서 차별분별이 없는 것을 말하는 것[無念者 於念而不念]이다. 이것은 한자그대로 염을 생각으로 번역을 하는 것을 막기 위해 다음에 나오는 무념을 설하여 생각이 없는 것으로 아는 것을 막기 위하여 다시 다음과 같이 설하고 있다.

> 무엇을 무념으로 실천하는 무념법인가 하면 대상경계의 일체법을 보더라도 자신의 일체법은 대상경계에 집착을 하지 않으면서 어디를 가더라도 어디에도 차별 분별하는 망념으로 집착하지 않는 것을 말한다. 이와 같이 하면 항상 자성은 청정하게 되어 육적을 육문에서 쫓아내게 되어 육진에 살면서도 육진에 오염되지 않고 오가는데 자유로운 반야삼매가 되어 자유자재하게 해탈한 것을 무념으로 살아간다고 하는 것이다. 온갖 것들을 사량분별하지 않으려고 하고, 마땅히 망념을 단절하려고 하지 말아야 한다. 이와 같이 하면 이것에 자신이 법박된 것이며 편견인 것이다. 이 무념법을 깨달으면 만법이 모두 일여가 되어 어디에나 통하게 되는 것이다. 이 무념법을 깨달은 사람은 모든 부처의 경계를 깨달은 사람이다. 이 무념으로 자신의 일체법을 깨달으면 불지에 도달하게 된다.[250]

이상에서 보았듯이 무념과 무상, 무주에서 무념이란 대상경계를 만나더라도 망념이 없고 무상은 대상경계를 만나더라도 차별분별하지 않게 되어야 한다. 그리고 무주는 자신이 진여본

念念即住, 名繫縛. 於一切法上, 念念不住, 即無縛也. 此是以無住爲本."
250) 『六祖壇經』(T48, p.340c19~26), "何名無念 無念法者 見一切法 不着一切法 遍一切處 不着一切處 常淨自性 使六賊 從六門走出 於六塵中 不離不染 來去自由 即時般若三昧 自在解脫 名無念行 莫百物不思 常(當)令念節 即時法縛(傳) 即名邊見 悟無念法者 萬法盡通 悟無念法者 見諸佛境界 悟無念頓法者 至佛位地"

성으로 생활하면서 과거나 미래를 생각하지 않고 항상 현재를 진여의 지혜로 살아가야 하는 것이다. 즉 자신의 본성이 항상 청정하다는 것을 친견하여 본성과 대상경계가 삼매가 되는 것을 일행삼매라고 하며 일행삼매가 되는 법은 일행이라는 진여 본성으로 행하여 대상경계를 대할 때에 무념, 무상, 무주가 되어야 삼매가 된다. 이것은 무념을 체득하면 그 다음은 무념의 실천을 무상이라고 하고 있다. 무상을 실천하는 법을 무주라고 설하며 단절하려고 하지 말아야 한다고 강조하고 있다. 돈오하고 수행에서 불법이 훈습되어 있지 않으면 자기가 가진 지식으로 자신의 행을 판단하려고 하면 단절되기 때문에 돈오이후에는 돈수라고 한 것일 뿐이다. 돈오돈수에 대하여는 팔지 보살 이후에나 가능하다고 한 것이다. 왜냐하면 무주의 단절이 없기 때문이다.

이와 같이 수행하면 불지에 도달한다고 하여서 남종선이 형성된 것이며 이렇게 혜능은 신회가 주장한 남종[251]의 조사에서 조사선의 조사로 하택종[252]에서 되살아난 것이지만 여기에서 논하고자 하는 것은 남악회양문하의 마조와 그의 제자들에 의하여 홍주종을 중심으로 새로운 조사선[253]이 형성되는 것이기에 조사선에 대하여 알아보도록 하겠다.

251) 정유진(2009), p.135.
252) 정유진(2012), p.520.
253) 정성본(1991), p.716.

2) 조사선의 성립

달마를 초조로 하는 선종은 2조 혜가와 3조 승찬(僧璨, ?~606)그리고 4조 도신(道信, 580~651)이 있는데 도신은 5조 홍인(弘忍, 602~675)에게 불법을 전한 것254)을 말한다. 조사는 달마계의 선종에서 조사라고 하는 명호를 처음 동산법문의 개창자인 홍인을 제자들이 존경의 의미로 부르기 시작하여 "여하시조사서래의"255) 라고 하는 것이 공안(公案)이 되어 조사가 달마를 지칭하게 되었다.256) 이것은 『보림전』(801)에 의하여 조사선의 계보가 만들어지면서 조사선이라는 이름이 고정화 된 것이며 조사선에 대한 기록은 『조당집』「향엄화상장」에 다음과 같이 기록하고 있다.

　앙산이 말했다. 사형은 여래선을 대상으로 알고 있는데 무엇보다도 조사선을 대상으로 알지 마십시오. 향엄화상이 어느 스님에게 물었다. 어느 사람이 높은 나무에서 입으로 가지를 물고 발[脚]아래는 가지를 밟고 손으로는 가지를 잡지 못하고 있을 때 아래에 있던 어느 스님이 물었다. 무엇이

---

254) 鎌田茂雄 著, 鄭舜日 譯(1996), pp.223~225.
255) 『祖堂集』卷3(K45, p.251a16~20), "老安國師嗣五祖忍大師, 在嵩山. 坦然禪師因. 如何是祖師西來意旨. 師曰. 何不問自家意旨, 問他意旨作什摩. 進曰. 如何是坦然意旨. 師曰. 汝須密作用. 進曰. 如何是密作用. 師閉目又開目, 坦然禪師便悟." ; 『祖堂集』卷3(K45, p.250b24~26), "問. 如何是祖師西來意. 師曰. 汝問不當. 曰. 如何得當. 師曰. 待我死即向汝道." ; 『祖堂集』卷7(K45, p.278c16~19), "問. 如何是祖師西來意. 師云. 移取廬山來, 向你道. 師云. 德山老漢只憑目前一個白棒, 曰. 佛來也打, 祖來也打. 雖然如此, 交些子. 問. 如何是祖師西來意. 師云. 又與摩去也." ; 『臨濟語錄』(T47, p.504a15~16), "趙州行脚時參師, 遇師洗脚次, 州便問. 如何是祖師西來意."
256) 정성본(1993), p.826.

(달마조사께서) 서쪽에서 오신 뜻입니까? 또 반드시 그[伊]에
게 대답을 해야 한다. 만약에 대답을 하면 떨어져 죽을 것
[被撲殺]이고 대답을 하지 않으면 그의 물음을 피하는 것이
된다. 그대는 이럴 때에 어떻게 그에게 지시해야 자신이 상
신실명257)을 잃지 않겠는가?258)

라고 말하고 있는 것처럼 여래선과 조사선은 선을 지식으로
아는 차이가 있다. 여래선에 대한 새로운 선불교의 입장으로
조사선이 여래선보다 뛰어난 것이라고 주장하고 있다. 이처럼
조사가 부처와 동일하게 된 것은 남종의 육조혜능이 "불교의
이상적인 것으로 부처와 여래를 대신하는 이상적인 것으로 조
사의 이미지를 신회의 남종선언과 육조현창운동에서부터『육조
단경』이 출현하기까지의 그 사이에 성자의 지위로 형성되고
있다."259)라고 하고 부터이다.

이와 같이 성자의 지위를 달마의 의발 전의설로 간주하고『육
조단경』에서 말하고 있는 홍인문하의 신수(神秀)와 혜능과의 전
의로서 육조를 품승(稟承)시키려고 하는 내용은 이제까지 이어
져오던 불교의 선맥을 홍인에게서 다시 시작하는 현사와 같은
모험을 표현하고 있다고 볼 수 있다. 그러므로 정통이라는 외
도적인 발상을 했던 것이지만 여기에서 조사라는 의미와 명호

---

257) 상신실명(喪身失命): 본래면목의 지혜로 불석신명과 같은 뜻이다. 신명
을 의식하지 않는 것으로 구도를 위해 중생심의 몸과 목숨을 버리는 것이
다. 즉 구도를 하여 중생심을 모두 없애는 것을 뜻하는 것으로 중생심의
몸과 마음이 없는 것.
258)『祖堂集』卷19(K45, p.351a5〜10), "仰山云. 師兄在知有如來禪, 且不知
有祖師禪. 師問僧. 如人在高樹上, 口銜樹枝, 腳下踏樹, 手不攀枝, 下有人
問. 如何是西來意. 又須向伊道, 若道又被撲殺, 不道違於他問. 汝此時作摩
生指他, 自免喪身失命."
259) 정성본(1993), p.827.

가 확립되어 부처나 여래와 같이 이상적인 성자의 지위로 정착된 사람이 육조혜능이다260). 이것은 『육조단경』에서 혜능을 생불261)로 보고 육조혜능을 살아 있는 부처라고 설하고 있다.

이와 같이 조사를 부처라고 하는 선이 조사선으로 완성한 것은 마조(709~788)이며 법맥은 혜능(638~713), 회양(677~744), 마조, 백장(749~814), 황벽(未詳), 임제(?~866)이다. 마조는 "태어날 때부터 용모가 기이하여 소와 같이 조심스럽게 걸음을 걷고 호랑이와 같이 신중한 안목을 가졌고 혀를 내면 코에까지 닿았고 발바닥에는 두 개의 법륜이 있었다."고 『송고승전』과 『경덕전등록』에 기록하고 있는 것262)처럼 마조는 조사의 공덕 상을 갖추고 있다고 기록하고 있다. 이렇게 시작된 조사선이 백장에 의하여 『백장청규』가 제정되면서부터 선종의 교단이 만들어져 집단생활의 규정이 확립되어 집단생활이 가능하게 되었다.263) 이와 같은 집단생활로 인하여 어록이 만들어져 주지의 상당설법과 선문답을 기록하게 되었다. 어록이 만들어져 조사선의 시대가 시작된 것이다.

여기에서 북종선을 대체하려고 했던 하택종은 북종선을 비판하면서 자신의 입지를 선양하려고 했지만 결국 북종의 지지층

---

260) 정성본(1993), p.830.
261) 『六祖壇經』(T48, p.342a18~22), "惠能歸漕溪山, 衆生若有大疑, 來彼山間, 爲汝破疑, 同見佛性, 合座官僚道俗, 禮拜和尚, 無不嗟嘆. 善哉大悟, 昔所未聞, 嶺南有福, 生佛在此, 誰能得知. 一時盡散."
262) 『宋高僧傳』卷10(T50, p.766a14~17), "釋道一, 姓馬氏, 漢州人也. 華以喩性不植於高原, 浪以辯識發明於溟海, 生而凝重虎視牛行. 舌過鼻準足文大字. 根塵雖同於法體, 相表特異於幻形." ; 『景德傳燈錄』卷6(T51, p.245c23~25), "江西道一禪師漢州什邡人也. 姓馬氏, 容貌奇異牛行虎視, 引舌過鼻, 足下有二輪文. 幼歲依資州唐和尚落髮, 受具於渝州圓律師."
263) 정성본(1991), pp.780~800.

인 상층계급의 몰락으로 인하여 하택종이 쇠퇴하게 된 것264)이다. 이로 인하여 앞에 언급했던 홍주종은 마조도일 계통의 선을 말하는 것으로 마조의 법맥은 혜능, 회양, 마조, 백장, 황벽, 임제로 이어지는 법맥이라고 주장하는데 육조의 법맥이라고 주장하는 남악회양과 청원행사(靑原行思, ?~740)는 의문의 여지는 있지만 당시에는 육조의 법맥이 아니면 인정받기 어려운 시대적 상황이었다.265) 그리하여 육조의 법맥이 되어 마조에 의하여 조사선이 탄생하게 된 것이다. 마조의 조사선은 '평상심시도'266)나 '도불용수'라는 사상을 근간으로 하여 진여자성으로 생활하게 하는 것이다. 평상심이라는 것은 중생심의 마음이 아니라 중생심을 벗어난 본래심인 진여자성의 마음을 말한다. 그러므로 평상심이 도(道)라는 것은 진여자성의 마음으로 수행하는 도인의 생활을 지칭하는 것이다. 그러므로 '도불용수' 역시 도인은 평상심으로 살아가기 때문에 수행을 따로 할 필요가 없다. 그래서 평상심으로 생활하면 되는 것이므로 모두가 존경하는 조사가 되는 것이기에 조사선이라고 한다. 이렇게 하여 평상심이라는 진여자성의 마음을 자각(自覺)하여 실천하는 것은 인간이 본래부터 구족하고 있는 심성(心性)을 드러내는 것을 선(禪)에서 깨달음이라고 하고 이 자신의 본성을 철견(徹見)하는 것을 돈오라 하고 즉심시불(卽心是佛)이라고 한다.267)

---

264) 伊吹敦 著, 崔鈆植 譯(2005), pp.101~110.

265) 伊吹敦 著, 崔鈆植 譯(2005), p.103.

266) 『祖堂集』卷17(K45, p.339b2~4), "梵日問曰. 如何即成佛. 大師答曰. 道不用修, 但莫汙染. 莫作佛見菩薩見, 平常心是道. 梵日言下大悟, 殷懃六年." ; 『祖堂集』卷18(K45, p.343 b5~9), "師問. 如何是道. 南泉(南泉普願)云. 平常心是道. 師云. 還可趣向否. 南泉云. 擬則乖. 師云. 不擬時如何知是道. 南泉云. 道不屬知不知, 知是妄覺, 不知是無記. 若也眞達不擬之道, 猶如太虛, 廓然蕩豁, 豈可是非."

조사가 부처가 되는 것은 궁극적으로 자신의 평상심인 진여자성을 돈오하여 실천하는 사람이 부처가 되는 것을 임제는 무의도인(無依道人)이라고 한다. 이것은 새로운 불교이지만 임제가 혼자 독창적으로 창조한 것이 아니라 선(禪)에 의하여 조사선이 만들어져 조사선의 꽃이라고 할 수 있는 임제선이 탄생하게 된 것을 말한다. 이렇게 된 것은 우연한 일이 아니라 필연적으로 만들어져야 하는 시대적이고 불교가 추구하는 상구보리(上求菩提)의 사상을 계승한 것이다.

3) 도인의 출현과 임제의 선사상

이상에서 보았듯이 임제선이 탄생하게된 것을 사상적이든 시대적이든 상구보리의 입장에서 보면 그냥 탄생한 것은 아니고 시초는 경전의 번역과 다양한 어록들이 만들어져 더욱더 발전하게 된 것이다. 어록은 좌선과 명상의 실천을 중심으로 한 주지의 상당설법과 조사와 수행자[師資]의 제접과 감변이라는 선문답으로 만들어진 대화를 성문화한 것268)으로 교외별전을 주장한 선승들에 의하여 만들어진 것이다. 이것은 선에서 사용하는 사투리와 일상생활의 언어를 그대로 사용한 것으로 수행에 의하여 체득된 것을 생활하는 인천의 모범이 되는 것이다. 그리고 어록은 주지의 상당과 시중법문을 제자들이 기록269)한 것으로 처음에는 대화나 행적을 있는 그대로 기록한 것이었으

---

267) 鎌田茂雄 著, 鄭舜日 譯(1996), pp.227~228.
268) 정성본(2000), p.348.
269) 정성본(2005), p.74.

나 어록은 선승의 말을 다시 작성한 것이다. 어록을 수행자가 바른 수행을 하지 못하며 조사의 언어문자로만 알고 정확한 이해를 하지 못하여 조사의 마음을 이심전심하지 못하면 지옥의 고통을 받게 된다고 『임제어록』에서 다음과 같이 설하고 있다.

  지금 현재의 수행자들은 진정견해를 체득하여 무의도인으로 살려고 하지 않고, 명칭이나 언어문자로 깨닫고 이해하여야 무의도인이 되는 것이라고 생각하여 커다란 책에 죽은 노사의 말씀을 베끼고 해설하여 세 겹이나 다섯 겹으로 보자기에 싸서 보관하고는 사람들에게 보여주어 가르치려고도 하지 않고, 도를 현지라고 알고 귀중하게 보관해야 된다고 생각하는데 이것은 아주 잘못된 것이다. 어리석은 수행자들이여 그대들이 말라빠진 뼈와 같은 것에서 찾는 것은 남이 만들어 놓은 것인데 그곳에서 무엇을 찾으려고 하니 일반적으로 좋고 나쁜 것을 알지 못하는 수행자가 되는 것이다. 그러므로 이들은 경전에 있는 어려운 글귀를 인용하여 자기의 것으로 만들지도 못하고 사량분별하여 자기 나름대로 경전을 해석하고 마치 자기만 아는 아주 중요한 것이라고 생각하고 자기 나름대로 요달하여서 다른 사람들에게 설명하여 주는 것과 같은 것이다. 비유하면 세속의 사람들이 서로 입에서 입으로 서로 이상한 말을 전하면서 즐기는 것[傳口쉬]과 같은 것인데 이와 같이 공부하며 자기의 일생을 헛되이 보내면서도 수행자들이 나는 출가한 사람이라고 말하고 있다. 그러나 다른 사람이 불법에 대하여 물으면 바로 입이 닫혀서 말로 설명을 하지 못하여 안목은 갑자기 칠흑처럼 되는 것이고, 입은 각목으로 장식한 것과 같게 되어 말을 하지 못하게 된다. 이와 같은 사람들은 미륵불이 출세하게 된다고 하더라도 다른 방향으로 공부하는 세계에

살게 되어 지옥의 고통을 받게 되는 것이다.270)

　이상과 같이 언어문자에 집착하여 자신을 잃어버리지 말라고 마조, 임제, 혜해, 앙산도 "나의 말을 기록하지 말라"271)고 하고 "말과 문자를 추구하지 말라"고 하였다 그러나 제자들이 조사들의 말씀을 기록한 것을 다시 훌륭한 편집자가 잘 만든 것이 어록이다. 이런 어록들은 조사들의 생활과 의식 상태를 확인할 수 있는 것이고 이 어록에 의하여 조사선이 만들어진 것이다. 조사선이 출현하게 된 것은 형해화된 불교에서 벗어나 석가의 마음으로 복귀하려는 운동272)이다. 조사선은 불교의 대

---

270) 『臨濟語錄』(T47, p.501c14~22), "今時學人不得, 蓋爲認名字爲解, 大策子上抄死老漢語, 三重五重複子裏, 不敎人見, 道是玄旨, 以爲保重. 大錯, 瞎屢生. 爾向枯骨上覓什麽汁. 有一般不識好惡, 向敎中取意度商量成於句義, 如把屎塊子向口裏含了吐過與別人. 猶如俗人打傳口令相似, 一生虛過也. 道我出家, 被他問著佛法, 便即杜口無詞, 眼似漆突, 口如楄檐, 如此之類逢彌勒出世, 移置他方世界寄地獄受苦." 이후의 『臨濟語錄』의 한글번역은 양지, 『무의도인으로 살게 하는 임제록』에서 인용함.

271) 『馬祖道一禪師廣錄(四家語錄卷一)』卷1(X69, p.3a4~7), "若能一念返照, 全體聖心, 汝等諸人, 各達自心, 莫記吾語, 縱饒說得河沙道理, 其心亦不增, 縱說不得, 其心亦不減. 說得亦是汝心, 說不得亦是汝心, 乃至分身放光, 現十八變."；『古尊宿語錄』卷1(X68, p.4a3~5), "汝等諸人, 各達自心. 莫記吾語, 縱饒說得河沙道理. 其心亦不增, 總說不得. 其心亦不減, 說得亦是汝心. 說不得亦是汝心."；『五燈會元』卷9(X80, p.189a19~21), "汝等諸人, 各自廻光返顧. 莫記吾言. 汝無始劫來, 背明投暗, 妄想根深, 卒難頓拔. 所以假設方便, 奪汝麤識, 如將黃葉止啼, 有甚麽是處."；『祖堂集』卷2(K45, p.246c19~24), "大師臨遷化時, 告衆云. 正法難聞, 盛會希逢. 是你諸人如許多時在我身邊, 若有見處各呈所見, 莫記吾語, 我與你證明. 時衆中有神秀, 聞師頻訓告, 遂揮毫於壁. 書偈曰. 身是菩提樹, 心如明鏡臺, 時時勤拂拭, 莫使有塵埃."；『祖堂集』卷18(K45, p.344c12~18), "每日上堂謂衆云 汝等諸人 各自廻光返顧 莫記吾語 吾慜汝無始曠劫來 背明投暗 逐妄根深 卒難頓拔 所以假設方便 奪汝諸人 塵劫來麤識 如將黃葉止啼. 亦如人將百種貨物, 雜渾金寶, 一鋪貨賣, 祇擬輕重來機, 所以道, 石頭是眞金鋪, 我者裏是雜貨鋪. 有人來覓雜貨鋪, 則我亦拈他與. 來覓眞金, 我亦與他."；『景德傳燈錄』卷18(T51, p.345a13~15), "仁者, 莫只是記言 記語恰似 念陀羅尼相似. 躍步向前來. 口裏哆哆啝啝地."

안으로 등장한 하나의 사상운동273)으로 사자(師資)간에 문답이 일상에서 사용하는 언어문자로 이루어진 것이며 또 오조를 조사라고 하면서 달마조사가 만들어지게 되었다. 이와 같은 조사는 부처와 같은 사람을 의미하는 것이며 다불이 불교에서 나오듯이 『보림전』274)에 의하여 다조가 생겨 사람들이 조사가 될 수 있게 되었다. 이와 같은 것은 마조의 '평상심시도'나 '즉심시불'과 '도불용수'사상이 확립되어 임제에서는 평상심으로 살아가는 사람이 무사인이고 조사이며 부처라고 『임제어록』에 아래와 같이 설하고 있다.

산승이 깨달아 아는 것으로 보면 법신이 법을 설하는 것이 아니다. 그러므로 고인은 이와 같이 말했다. 이 신(身)은 불법의 상(相)에 의하여 존재하게 된 것이고, 불국토는 법성의 본체를 말하는 것이다. 그러므로 법성의 상을 삼신이라고 하는 것이고, 법성의 본체를 불국토라고 하는 것이니 본체로 활용하는 불국토도 법에 의하여 건설된 국토라는 사실을 분명하게 알아야 빈주먹에 금색 낙엽을 가지고 황금이라고 하여 우는 아이들을 방편으로 달래는 것과 같은 것이라는 사실을 알게 된다. … 조사께서 말씀하셨다. 그대들이 만약 마음을 하나에 집중하여 청정한 마음인가를 관찰하고, 마음을 내어 외부에서 관조하려고 하고, 마음을 하나의 대상에 집중하여 마음을 맑히려고 하고, 마음을 응집하여 선정삼매에 들려고 하는 이와 같은 종류의 수행을 모두 조작된 수행이라

---

272) 정성본(1993), p.851.
273) 김용관(1997), p.33.
274) 『寶林傳』은 10券인데 현재는 7券만 존재하며 『宋藏遺珍』上3. 구체적인 제명은 「大唐韶州雙峰山曹溪侯寶林傳」으로 서천28조(祖), 동토 6조의 전등을 주장하고 사자상승의 법신으로 전법게를 들고 있다. 지거(智炬)의 찬으로 정원17년에 만들어짐.

고 한다. 그대들이 지금 청정하게 법을 여시하게 듣기만 하면 무의도인인데 어떻게 수행하고 어떻게 증득하며 어떻게 장엄시킬 것인가? 무의도인은 수행을 해야 하는 중생이 아니고 무엇으로 장엄을 해야 하는 중생이 아니다. 만약 무의도인을 그대들이 장엄시킬 수 있다고 하면 일체의 중생들도 장엄을 해야 무의도인이 된다. 그러므로 그대들은 이것을 착각하지 말아야 한다.275)

이렇게 형성된 임제선은 '도불용수'사상의 절정을 이루게 되는데 이것의 형성에 영향을 준 것은 중국의 시대적인 영향에 의하여 다양하게 발전한 것이다. 불교가 전래된 이후에 수(隋)에서는 삼론종, 천태종, 삼계교, 정토교를 거치면서 당에서는 정토종, 화엄종, 법상종, 선종 등의 여러 종파가 성립하고 발전276)하였다. 중국불교의 발전에는 여러 가지가 있지만 국가와 결부된 것으로 권력자들의 불행(佛行)과 교단의 관계가 불교발전에 관련되어 있다277)는 것이다. 어느 시대의 인물과의 관계에서 이루어지고 있는 것이 아니라 오랜 중국역사의 전반에서 계속 이루어져 중국불교에 영향을 끼치고 있는 것이 특징278)이고, 국가권력에 의하여 왜곡되고 흥망성쇠 했던 것이다. 그러나 선은 초기부터 변방에서 보살행을 하는 서민적인 형태로 전래되었다. 그래서 산촌에서 수행하는 법이 생겼고 왕족보다

---

275) 『臨濟語錄』(T47, p.499b3~19), "山僧見處, 法身即不解說法. 所以, 古人云. 身依義立, 土據體論. 法性身, 法性土, 明知是建立之法依通國土. … 祖師云. 爾若住心看靜, 擧心外照, 攝心內澄, 凝心入定, 如是之流皆是造作. 是爾如今與麼聽法底人 作麼生 擬修他證 他莊嚴他. 渠且不是修底物, 不是莊嚴得底物. 若教他莊嚴, 一切物即莊嚴得, 爾且莫錯."
276) 鎌田茂雄 著, 鄭舜日 譯(1996), pp.164~201.
277) 徐寅晟(2004), p.50.
278) 종호(1996), p.114.

일반인들을 교화의 대상279)으로 하면서 생활하는 산중불교로 발전되었다. 선종의 초조도 양나라의 무제를 만났지만 인연이 없어 9년이나 면벽한 것은 귀족불교를 계승하려고 하였지만 왕족 불교의 계승에서 실패하여 산촌불교인 일반불교로 발전된 것이다. 그러나 혜가와 승찬도 무제의 폐불 사태를 만나 은둔하다 혜가는 교종으로부터 시기를 받아 독살되었다는 기록이 『역대법보기』「보리달마다라선사장」에 있는 것은 왕족불교를 계승하려다가 교종에 의하여 오히려 일반불교로 발전되어 선불교로 발전할 수밖에 없었던 것280)이다. 이처럼 불법을 계승하려는 선종에 의지가 없었다면 불법이 현재까지 전해진다는 것은 불가능하다. 『육조단경』에 보면 다음과 같이 불법을 계승하는 것을 현사라고 기록하고 있다.

> 오조화상께서는 … 혜능이 의법을 체득하여 전해 받고는 아무도 모르게 밤중에 출발하게 되니 오조께서 자신이 직접 혜능을 보내주기 위하여 구강의 나루터 역까지 전송하여 주셨다. 배에 오를 때에 바로 오조화상께서 지시하여 말씀하시기를, 그대는 가서 힘을 다하여 불법을 홍포하되 마땅히 법을 가지고 남쪽으로 가서 3년간은 이 법을 홍포하지 말아야 한다. 법난이 일어나 법난이 끝나고 나면 널리 행화 하라. 미혹한 중생들을 불법으로 인도하여 만약에 마음의 문이 열리면 그대의 깨달음과 차이가 없게 되는 것이라고 하셨다. 혜능은 오조화상을 하직하고는 바로 남쪽으로 출발하였다.281)

---

279) 종호(1996), p.115.
280) 徐寅晟(20004), p.51.
281) 『六祖壇經』(T48, p.338a14~23), "五祖 … 能得衣法, 三更發去, 五祖自送能, 於[生](至)九江驛. 登時 便[別]悟(五)祖處分, 汝去努力, 將法向南,

이처럼 법을 전할 때마다 목숨이 실로 실낱같다고 하며 그대가 이곳에 머문다면 누가 그대를 해칠지 모르니 이곳을 떠나라고 한 것은 달마와 혜가가 독으로 죽고 승찬도 피신한 것을 염두에 두고 한 것이라고 볼 수 있으나 자신의 지위에서 유지하고 전승하는 것도 힘들었다는 것을 나타내는 내용이다. 그러나 이 『육조단경』의 내용은 신회가 조작하였을 수도 있지만 정확한 근거는 아직까지 없다. 그렇지만 『조계대사별전』에 의하면 "신회가 혜능에게, '전법의 의발은 왜 부촉하지 않습니까?' 라고 물으니 혜능은 '이 의발과 전법자의 목숨이 단명하기 때문이다.'라고 대답하고 있다. 문도들이 '왜 의발과 불법을 전한 사람이 단명합니까?' 라고 질문하자, 혜능이 대답했다. '내가 이 의발을 가지고 있을 때 세 번이나 암살자가 나를 살해하려고 했었다. 나의 목숨도 현사와 같았는데 이후에 사람도 생명을 감당할 수 없기 때문에 의발은 전하여 부촉하지 않는다.'"[282]는 것처럼 정법을 주장하는 이들이 전의설로 계승하려고 한 것이다. 혜능에게 홍인이 불법을 전하는 『육조단경』의 기록에 의하면 "그날 밤에 홍인께서 혜능을 인가하면서 사람들이 아무도 알지 못하게 바로 돈교의 법과 의발을 전해주고 다

三年勿弘此法. 難去[(起)]在(已)後弘化. 善誘迷人, 若得心開, 汝[与]悟無別. 辭違已了, 便發向南."

282) 『曹溪大師別傳』(X86, p.50a22~b9), "大師問和上曰. 法無文字, 以心傳心, 以法傳法, 用此袈裟何爲. 忍大師曰. 衣爲法信, 法是衣宗, 從上相傳. 更無別付, 非衣不傳於法, 非法不傳於衣, 衣是西國師子尊者相傳, 令佛法不斷. 法是如來甚深般若, 知般若空寂 無住即而了法身. 見佛性空寂無住是眞解脫. 汝可持衣去. 遂則受持不敢違命. 然此傳法袈裟是中天布. 梵云婆羅那. 唐言第一好布, 是木綿花, 作時人不識, 謬云絲布. 忍大師告能曰. 汝速去. 吾當相送, 隨至蘄州九江驛. 忍大師告能曰. 汝傳法之人, 後多留難. 能問大師曰. 何以多難. 忍曰. 後有邪法, 競興親附國王大臣, 蔽我正法. 汝可好去, 能遂禮辭南行."

음과 같이 말했다. 그대를 육조로 인가하니 이 의발을 신표로 삼고 대대로 전하여야 한다. 그리고 불법은 이심전심으로 전하고 자신이 깨달아야 한다."[283]라고 하고 있는 것에서 의발은 믿음의 증표이므로 한 사람에게만 전한 것이라면 불법을 '이심전심'하는 것이라고 하지 않았을 것이다. 그러나 교단에서는 교주를 필요로 하기 때문에 의발을 중요시 한 것이고 선종에서는 의발보다는 불법을 중요시한 것이다.

그러므로 교종이나 폐불사태 등으로 인하여 홍인이나 혜능 등의 적전조사의 경우도 왕족불교와는 거리가 있었다. 하지만 신회는 북종선을 그대로 계승하려고 하다가 실패하여 하택종이 쇠퇴하게 되었지만 실제로 홍인의 제자인 법여, 혜안, 신수는 왕족과 왕래가 있었다. 그러나 이것은 일시적이었고 지속되지 않고 시대변화와 같이 사라진 것[284]으로 인하여 오히려 선종이 발전하게 된 것이다. 정치에 개입하여 혜안이나 신수가 귀족불교를 좋아한 것이라고 보기보다는 국가에서 정치적으로 제거하려고 했다는 것이 아닌가하는 의구심이 든 것은 측천무후가 혜안과 신수를 제거하려고 하다가 오히려 스승으로 모셨다는 것이 더 설득력이 있을 것이다. 측천무후가 혜안의 나이가 많으므로 나이를 물은 것이나 우리나라의 경우에서 회자되듯이 태조가 무학에게 욕을 하라고 한 대목과도 일치하는 것으로 이 내용에 대하여 『송고승전』의 내용을 보면 다음과 같다.

측천무후가 시험 삼아 혜안에게 나이를 물었다. 혜안이 대

---

283) 『六祖壇經』(T48, p.338a16~18), "其夜受法, 人盡不知, 便傳頓法及衣, 汝爲六代. 祖衣將爲信稟 代代相傳法 以心傳心, 當令自悟."
284) 종호(1996), pp.115~116.

답했다. 기억하지 못합니다. 왜 기억을 하지 못하는가? 대답
했다. 생사의 몸은 순환하는 고리와 같아 둥근 것은 시작하
는 것이 없는데 기억을 할 필요가 있습니까? 따라서 이 마
음은 흐르는 물과 같아서 흐르는 중에는 간격이 없습니다.
향기가 나고 사라지는 것을 아는 것처럼 역시 망상입니다.
처음 알 때부터 시작하여 죽을 때까지 역시 단지 이와 같은
데 무슨 나이를 기억할 필요가 있겠습니까? 측천무후가 머리
를 숙여 예배하였다. 황제가 궁에 우물을 판다는 소리를 듣
고는 혜안이 말했다. 이 아래에는 적색의 상서로운 물건이
있으니 조심하면 장차 우물에서 금색의 두꺼비가 꿈틀거리
며 막고 있는 것을 볼 것이라고 하였는데 그 현기와 계합
했다. 황제가 더욱 공경하였다. 중종 신룡2년 9월에 관직
을 내리고 자색가사와 명주를 하사했다. 제자를 27명이나
제도했다.[285]

　　혜안의 나이를 묻는 부분은 『경덕전등록』「혜안장」에 의하면
'혜안이 말하기를 법신은 순환하는 것과 같아 둥근 것은 시작
과 끝이 없다. 따라서 이 마음도 흐르는 물과 같으면 흐름에는
간격이 없다. 향기가 나고 사라지는 것을 아는 것처럼 망상이
고 무슨 년 월을 알아둘 필요가 있겠느냐고 하니 측천무후가
예배했다. 그리고는 혜안에게 자색가사를 하사하여 귀족의 귀
의를 받았다.'[286]고 하고 있으며 측천무후가 혜안과 신수를 시

---

285) 『宋高僧傳』卷18(T50, p.823c3~12), "天后嘗問安甲子. 對曰. 不記也.
曰何不記耶. 乃曰. 生死之身如循環乎, 環無起盡何用記爲, 而又此心流注中
間無閒, 見漚起滅者亦妄想耳. 從初識至動相滅時, 亦只如此. 何年月可記
耶. 天后稽顙焉. 聞安鑿井, 勅爲鑿焉, 安曰. 此下有赤祥慎其傷物, 將及泉
見蝦蟆金色, 蠢然出沮洳間, 合其懸記. 帝倍加欽重. 殆中宗神龍二年九月
勅令中官賜紫袈裟并絹. 度弟子二七人."
286) 『景德傳燈錄』卷4(T51, p.231c17~22), "師曰. 生死之身其若循環, 環無
起盡焉用記爲. 況此心流注中間無間, 見漚起滅者乃妄想耳. 從初識至動相,
滅時亦只如此, 何年月而可記乎. 后聞稽顙信受, 尋以神龍二年, 中宗賜紫袈

험한 내용으로 『조당집』에 다음과 같이 기록하고 있다.

> 앙산이 위산에게 물었다. 위산의 부구식287)은 근래에 편안합니까? 위산이 대답했다. 나는 원래로 된지 5, 6년이 지났다. 앙산이 물었다. 만약에 그렇다면 지금 위산선사께서는 연등신전을 응하여 삼매의 경지를 초월한 것입니다. 위산이 대답했다. 아니다. 앙산이 물었다. 성지의 부구식이 오히려 편안한데 연등신전이 왜 그렇지 않습니까? 위산이 대답했다. 비록 이치로는 그러나 나는 아직 보임을 하지 못했다. 앙산이 물었다. 무엇이 보임을 하지 못한 것입니까? 위산이 대답했다. 그대는 입으로만 해탈하려고 하지 말아야 한다. 그대는 안(혜안)과 수(신수)가 측천무후의 시험에 의해 목욕탕에 들어가고 나서야 비로소 장인이 있다는 것을 알게 되었다는 말을 들어 보지 못했는가? 이 경지에 이르면 쇠로된 부처도 진땀을 흘릴 것이다. 그대는 반드시 열심히 수행하고 입으로 심원한 현지를 말하지 말아야 한다.288)

이와 같이 시험하는 것은 선교의 대치를 국가가 이용하는 것으로 이 문을 통과해야 하는 것이기에 '기여현사'와 같은 말이 나온 것이다. 즉 혜안과 신수가 이 문을 통과하니 국사로 존경하였으며 특히 측천무후는 혜안을 스승으로 모시고 경의를 표했다. 이렇게 하여 선이 낙양, 장안에 동산법문으로서 들

裟, 度弟子二七人, 仍延入禁中供養三年."

287) 부구식(浮漚識): 욕식이 일어나는 것. 물거품 같은 마음. 번뇌망념. 중생심.

288) 『祖堂集』卷18(K45, p.348b28~c8), "仰山又問潙山, 和尙浮漚識, 近來不知, 寧也未. 潙山云, 我元來經五六年 仰山云 若與摩, 如今和身前, 應普超三昧頂也, 潙山云, 未. 仰山云, 性地浮漚尙寧. 燃燈身前何故未. 潙山云, 雖然理卽如此, 我亦未敢保任. 仰山云, 何處是未敢保任處. 潙山云, 汝莫口解脫, 汝不聞, 安秀二禪師, 被則天一試下水, 始知有長人. 到這裏, 鐵佛亦須汗流. 汝大須修行. 莫終日口密密底."

어가게 되었다289)고 볼 수 있다. 이처럼 위험을 가지고 있었
기 때문에 '기여현사'라고 했던 것이다. 육조혜능이 불법을 홍
포한 것은 중앙에서 떨어져 있는 광동에서 하였으며 제자들도
거의 왕조와는 거리가 있었다. 신회는 남종선의 선봉자이지만
북종선을 계승하려고 하였으나 결국은 북종선을 파괴하게 되
어 오히려 남종선에서 조사선이 출현하고 임제종이 탄생하게
된 것이다. 그렇지만 하택신회는 천보12년에 낙양에서 대중을
모았다는 것으로 유배되었는데 이것은 북종계의 인물과 친밀
한 어사노혁(?~755)의 탄핵으로 인한 것이다. 이것은『원각경
약소초』에 다음과 같이 기록하고 있다.

    천하에는 북종문하의 세력이 하늘에 도달하고 있었는데
    천보12년에 신회가 대중을 모았다는 무고를 당하여 칙으로
    익양으로 귀양을 갔다가 무당군으로 옮겨졌다. 13년에 은명
    으로 양주로 이송되어 7월에 형주개원사로 이송되었다. 이
    모든 것이 북종의 사람들에 의한 것이었다.290)

『송고승전』291)에 전하는 것으로 국가와 북종에 의하여 이런
일이 생긴 것으로 목숨이 현사와 같다는 것도 이런 것이다.
선사들은 권력으로부터 원조나 보호를 받지 않고 일반인들과

---

289) 정성본(1993), p.355.
290) 『圓覺經略疏鈔』卷4(X09, p.863a6~7), "天下然北宗門下勢力連天, 天寶
　　十二載　被譖聚衆　救黜弋陽　又移武當郡. 至十三載　恩命量移襄州 至七日
　　又移荊州開元寺 皆北宗所致也."
291) 『宋高僧傳』卷8(T50, 756c24~757a1), "南北二宗時始判焉. 致普寂之門
　　盈而後虛. 天寶中御史盧弈阿比於寂. 誣奏會聚徒疑萌不利. 玄宗召赴京. 時
　　駕幸昭應. 湯池得對言理允愜. 勅移往均部.　二年勅徙荊州開元寺般若院住
　　焉.　十四年范陽安祿山舉兵內向,　兩京版蕩駕幸巴蜀,　副元帥郭子儀率兵平
　　殄."

같이 살아왔기에 말이 세속적인 방언들을 사용하게 되었다. 그리고 북종과의 관계가 좋지 않은 것은 신회가 활대의 종론으로 신수의 북종을 공격한 것이 자신이 제6대 조사라는 사실을 확정하기 위한 것이기 때문이다. 즉 신회가 혜능을 남종의 제6대의 조사로 모시기 위한 것이 바로 자신이 제7조라는 사실을 암시적으로 말하기 때문이었다.292) 이와 같은 사실은 보적(普寂)이 북종에서 신수를 6조(祖)로 보적을 7조(祖)로 하고 있었는데293) 이것을 전면적으로 부정한 것이다. 이것은 모두 인정하고 아는 것을 신회는 부정하여 방계라고 배척한 것이다. 이것은 전의부법설을 주장하면서 북종을 공격하고 자신을 7조의 정통이라고 하다가 결국은 유배를 가게 된 것이다. 이때에 안사의 난으로 정치와 경제 그리고 문화와 사상 등의 여러 분야에서 당을 두개로 나누는 계기가 된 사실을 여러 학자들이 지적294)하고 있다. 안사의 난으로 곽자의가 장안을 회복하려다가 우복사인 배면(裵冕)의 계략으로 인하여 돈을 받고 수계하는 향수전을 만들어 군수물자에 보충하려고 하였다.295) 여기에 향수전의 계단을 주재하는 수계사가 신회였다. 많은 대중을 동원했다가 유배생활을 하게 되었다. 그러나 신회의 능력을 인정받아 지덕2년(757)에 고향인 형주개원사의 반야원에서 죄인으로 수계사296)가 되어 오히려 남종선이 인정을 받게 된 것이다. 이렇게 하여 남종선의 독립과 육조혜능

---

292) 정성본(1993), pp.542～558.
293) 田中良昭(1983), p.555.
294) 정성본(1993), p.555.
295) 정성본(1993), p.556.
296) 木村淸孝 著, 章輝玉 譯(1995), pp.155～156.

의 현창운동이 성공하지만 신회는 안사의 난이 끝나기도 전에 입적하고 이후에 시호와 탑호가 하사[297]되었다. 입적하기 전에 시호를 하사받은 조사는 승찬이며 다른 조사들은 신회의 입적이후에 하사[298]받은 것을 보면 계보가 만들어진 것은 신회이후에 만들어진 것[299]이라고 볼 수 있다. 초기선종은 능가종의 동산법문, 북종선, 남종선으로 중국불교의 앞에 나타나 통치계급과 교류를 갖기 시작한 것은 이것이 종파로서 성립된 당 중기이후에 마조와 석두의 문하에서 위대한 스님들이 많이 출현하면서 불교가 중국의 종교로 정착하게 된 것이다[300].

그런데 회창폐불과 안사의 난 등으로 인하여 불교에는 막대한 변화가 있었는데 즉 중앙 정치세력을 배경으로 귀족불교가 주장하던 교학의 종파들은 정치세력의 붕괴로 인하여 쇠퇴하였다. 교학불교가 붕괴하기 시작하자 변방에 있던 선종의 은거 수행하던 선사들은 마조이후 백장은 자급자족의 보청법으로 왕족들의 중앙보다는 지방의 일반인을 중심으로 하는 생활불교로 발전되어 갔다.[301]

---

297) 『景德傳燈錄』卷5(T51, p.245b4~5), "大歷五年賜號眞宗般若傳法之堂. 七年又賜般若大師之塔." ; 『圓覺經大疏釋義鈔』卷3(X09, p.532c12~13), "大曆五年, 敕賜祖堂額, 號眞宗般若傳法之堂. 七年敕賜塔額號般若大師之塔. 貞元十二年, 敕皇太子 集諸禪師, 楷定禪門宗旨, 遂立神會禪師爲第七祖."

298) 初祖 菩堤達摩(圓覺大師, 代宗朝의 大歷中에 下賜), 二祖慧可(大祖禪師, 德宗朝의 時代에 下賜), 三祖僧璨(鏡智(鑑智), 玄宗朝의 時代에 下賜), 四祖道信(大醫大師, 代宗朝의 大歷中에 下賜), 五祖弘忍(大滿大師, 代宗朝의 大歷中에 下賜), 六祖慧能(大鑑禪師, 憲宗朝의 元和11년(816)에 下賜)

299) 정성본(2010), p.119.에 의하면 "전의부법설의 시원을 현색"이라고 하고 있다.

300) 정성본(1993), p.711.

301) 종호(1996), pp.117~118.

생활불교는 선으로 일반 서민들을 위한 생활선으로 발전하게 되었고 또 서민들이 사용하는 언어를 사용하며 자급자족하는 종단을 형성하게 되었다. 선종이 발전할 수 있었던 것은 폐불과 오대의 전란으로 제종의 장소전적(章疏典籍)들이 사라지자[302] 교학불교가 쇠퇴하기 시작된 것이며 교학에 의지했던 사람들이 더 방황하게 된 것이다. 그래서 교학에 집착하던 불교가 일반인들을 선종으로 전환시킬 수 있었다. 이것은 지방을 중심으로 마조와 석두계의 신불교로 교학을 벗어나 전법상승자로서의 조사라는 관념과 이상적인 조사의 개념을 벗어난 새로운 조사선이 시작된 것[303]이다. 이렇게 하여 선종은 더욱더 발전하여 조사들이 선사상을 펼치며 은거하는 생활방식의 수행에서 생활불교를 실천하게 되었다. 이렇게 시대적이거나 사상적인 것으로 인하여 임제선의 형성에 많은 영향을 주고 있었다.

이것은 사상적으로 마조의 '평상심시도'나 '도불용수'의 사상을 계승한 마음에서 사람으로의 사상이라고 할 수 있는 임제선이 형성되었다고 볼 수 있고, 이런 사상에서 임제선이 형성되어진 것을 살펴보면 앞에서 보았듯이 마조이후의 '평상심시도'나 '도불용수'사상이 결정체가 된 것이다.

임제의 사상이 완성되기까지의 선사상을 보면 임제의 사상은 마음에서 사람으로 진행하여 도(道)를 실천하는 "적육단상의 무의도인"[304]이라는 자신이 도인이 되어야 한다는 것으로

---

302) 鎌田茂雄 著, 鄭舜日 譯(1996), p.234.
303) 정성본(1993), p.832.
304) 『臨濟語錄』卷1(T47, p.496c10~11), "上堂云. 赤肉團上 有一無位眞人, 常從汝等 諸人面門出入."

사람이 바로 부처가 되는 것이다. 여기에서 도인은 차별분별 심이 없는 "수처작주 입처개진" 하는 사람을 말하고 있다.

2. 임제의 선수행과 돈오

1) 임제의 선수행

임제에 대한 자료인 『조당집』, 『송고승전』, 『경덕전등록』, 『천성광등록』, 사가본·선화본 『임제어록』등에 나타난 임제의 출생과 수행하여 깨닫게 된 기연에 대한 것은 간략하게 기록[305])되어 있다. 그리고 "임제는 출가하여 구족계를 받고 자유자재로 강의를 하였으며 계율을 정밀하게 연구하였고 경론도 깊이 연구하다가 갑자기 탄식하며 말했다. 이것은 중생을 제도하기 위하여 방편으로 만든 일회용의 처방전에 지나지 않고 교외별전의 종지가 아닌 것이다."[306])라고 하고 있듯이 계율을 깊이 연구하고 불교의 경론을 널리 공부하였으며 대승불교와 유식에 대해 높은 견해를 가졌다고 기록하고 있다. 또한 『조당집』에 의하면 임제가 대우를 찾아가서 밤새도록 『유가사지론』과 유식에 대하여 논하였다고 하는 것[307])을 보면 출가한 뒤에 교학에 전념하여 강의를 자유자재로 할 수 있었던 것이다. 이렇게 교학공부를 모두 하여도 교학은 중생을 제도하기 위한 방편으로

---

305) 『宋高僧傳』12(T50, p.779a27~b1), "釋義玄, 俗姓邢, 曹州南華人也. 參學諸方不憚艱苦. 因見黃檗山運禪師. 鳴啄同時了然通徹. 乃北歸鄕土, 俯徇趙人之請, 住子城南臨濟焉." ; 『景德傳燈錄』12(T51, p.290a18~22), "鎭州臨濟義玄禪師, 曹州南華人也. 姓邢氏, 幼負出塵之志, 及落髮進具便慕禪宗. 初在黃檗隨衆參侍, 時堂中第一座勉令問話. 師乃問. 如何是祖師西來的的意. 黃檗便打. 如是三問三遭打." ; 『祖堂集』19(K45, p.353a25~27), "臨濟和尙嗣黃檗, 在鎭州. 師諱義玄, 姓邢, 曹南人也. 自契黃斥鋒機, 乃闡化於河北, 提網峻速, 示敎幽深. 其於樞祕, 難陳示誨, 略申少分."
306) 『臨濟語錄』(T47, p.506c8~12).
307) 『祖堂集』19(K45, p.353c16~22).

172

일회용의 처방전에 지나지 않는다는 것을 알고 선학으로 전환하여 선수행을 하게 되었던 것이다. 이렇게 하여 초기에 선수행을 하기 위해서 여러 선지식을 참문 하다가 황벽과 대우를 만나 돈오308)하게 되었던 것이다. 임제가 이렇게 돈오하였다고 하는 것은 이미 잘 알려져 있는 것이지만 무엇을 깨달았는지에 대해서 정확하게 알기는 어려운 것이다.

임제가 출가하여 경율론에 대하여 공부를 정밀하게 하였다는 것은 간략하게 기록되어 있지만 『임제어록』에 의하면 "차제세지의방야, 비교외별전지지(此濟世之醫方也, 非敎外別傳之旨)"라고 하는 것은 모든 경율론은 세간의 중생을 구제하는 처방전인 것이다. 그리고 교외별전의 종지가 아니라고 하는 것을 보면 교학의 한계점에 도달하여 사상의 갈등기에 봉착되었었다고 볼 수 있다. 여기에서 돌파구가 된 것이 선수행이었던 것이다. 그래서 선수행을 하기 위하여 『임제어록』에 '갱의유방(更衣游方)'이라고 하는 것을 자세하게 보면 '갱의'는 옷을 갈아입는다는 것인데 출가한 승려가 옷을 갈아입는다고 하는 것은 지금의 환경에서 모든 것을 전환하겠다는 마음이 있었던 것이다. 그리고 '유방'은 행각을 하였다는 것이므로 학문을 하는 수행에서 구경의 깨달음을 체득하기 위하여 구도행각을 시작하였다는 말이 된다. 출가하여 교학에 전념하였지만 이것은 방편이고 교외별전의 종지가 아니므로 행각하다가 황벽이라는 선장을 만나게 되었던 것이다.

그리하여 선으로 전환하고 초기에 황벽의 문하에서 3년 동안 수행하였지만 황벽을 한 번도 만나지 못하고 수행을 하였

---

308) 돈오: 각주359) 참조.

다는 것은 주어진 선방의 청규에 따라 선수행을 하였다고 볼 수 있다. 왜냐하면 『임제어록』에 의하면 "황벽의 회하에서 '행업순일'하게 수행을 하니 수좌가 이에 찬탄하여 말하기를 비록 후생이지만 일반 대중들보다는 특별하다고 하면서 임제에게 물었다. 상좌는 이곳에서 얼마나 있었는가? 임제가 대답했다. 3년간 있었습니다. 수좌가 물었다. 이전에 황벽선사에게 참문은 하여 보았는가? 임제가 대답했다. 아직 참문을 하여 보지 못하였는데 무엇을 물어야 할지를 모르고 있습니다."309)라고 하는 것을 보면 '행업순일'하게 소승의 선수행에만 몰두하였다고 볼 수 있다. 임제는 초기에 깨달음이 선수행에 있는 줄 알고 수행한 것인데 이것이 소승의 선수행인 것이다.

왜 이런 주장을 하는가 하면 3년간 선장에게 묻지 않고 수행을 하였다는 것은 황벽을 능가하고 싶은 욕망이 있었기 때문이다. 그러므로 초기에 임제가 얼마나 '행업순일'하게 수행을 하였는지 짐작할 수 있는 부분이다. 임제의 수행이 일반 대중들의 수행과는 다르다는 것을 "수시후생, 여중유이"310)라고 하는 것을 보면 많은 수행자들이 임제보다 오랫동안 수행을 하고 있었기에 후생이라고 한 것이므로 임제가 바른 선수행을 하고 있었다고 볼 수 있다. 여기에서 주목할 점은 선수행에는 오랫동안 수행하여야 하는 것이 아니고 불퇴전의 마음으로 불법에 맞게 수행하여야 하는 것이다.

임제의 선수행은 이전에 배웠던 교학의 가르침을 어기지 않고 불퇴전의 수행을 하였다는 것으로 '줄탁동시'311)나 '언하돈

---

309) 『臨濟語錄』(T47, p.504b28~c2).
310) 『臨濟語錄』(T47, p.504b28~29), "雖是後生, 與衆有異."; 『景德傳燈錄』(T51, p.290a 24~25), "義玄雖是後生, 却甚奇特."

오'312)의 기연만 만나면313) 언제든지 출세할 수 있는 능력이 있었던 것이다. 이와 같은 일들은 교학의 공부와 선수행이 익어져야 가능하다는 것을 알 수 있다. 그러므로 아무나 우연하게 돈오를 할 수 있는 것은 아니고 임제와 같이 노력하고 수행하면 누구나 '줄탁동시'의 기연을 만날 수 있는 것이다. 그러나 이런 수행을 하지 않고 뛰어넘으려고 한다면 이루어지지 않는다는 것은 명백하다. 임제의 초기 선수행을 '행업순일'이라고 하는 이유가 불법에 맞게 소승의 선수행314)을 하며 불퇴전이라고 하고 있는 것이며 마음속에 번뇌 망념을 모두 해결하였다는 것을 순일이라는 말로 기록하고 있는 것이다. 임제가 돈오하기 이전의 선수행에 대하여 자세한 기록이 없기에 더 알 수 없다. 그리고 그 다음의 수행은 돈오한 이후의 스승을 시봉하며 훈습하는 수행이라고 할 수 있다. 또 자신이 개당설법을 시작하면서 부터는 중생을 제도하는 입전수수의 설법이 수행이므로 다음 장에서 알아보도록 하고 임제가 돈오한 기연

311) 崒啄同時: 줄탁동시와 쵀탁동시라고 읽기도 함. 명탁동시와 같음.
312) 『景德傳燈錄』(T51, p.282b5~8), "師問. 如何是眞佛住處. 祐曰. 以思無思之妙, 返思靈焰之無窮, 思盡還源, 性相常住, 事理不二, 眞佛如如. 師於言下頓悟."
313) 『祖堂集』(K45, p.353c12~17), "黃蘗和尚告衆曰. 余昔時同參大寂道友, 名曰大愚. 此人諸方行腳, 法眼明徹, 今在高安, 願不好群居, 獨棲山舍. 與余相別時叮囑云. 他後或逢靈利者, 指一人來相訪. 于時, 師在衆, 聞已, 便往造謁. 既到其所, 具陳上說." 이라고 하고 있듯이 황벽이 시중설법을 할 때에 과거에 대우가 했던 말을 소개하자마자 대우를 찾아간 것이다. 이처럼 수행이 익어져 기연만 만나면 언하돈오하게 된다.
314) 소승의 선수행: 이 논문에서 소승은 크고 작은 것을 말하는 대소가 아니고 불법에 맞게 수행하는데 조금도 불법에 어긋나지 않고 선수행하는 것을 말하는 것이다. 그리고 대승은 소승을 초월하여 선수행을 하는 것을 말한다. 현대에는 소승이란 말을 사용하지 않고 초기불교나 상좌부불교라고 하지만 여기에서 소승이란 불법을 수지하여 수행하는 것이며 대승은 소승의 수행이 훈습되어 몰종적의 실천을 하는 것을 말한다.

에 대하여 알아보겠다.

2) 임제가 돈오한 기연

임제가 돈오한 것을 『송고승전』에 의하면 황벽을 친견하고 깨달았다고 "명탁동시 요연통철"[315]이라고 하고 있는데 '명탁동시'가 되어 돈오하게 된 것이다. 이것은 황벽과 같은 이심전심의 경지가 되어야 돈오하게 된다고 하고 있는 것이다. 그러므로 황벽의 가르침을 이심전심[316]으로 임제가 모두 알고 있었던 것이므로 '명탁'이 되어 돈오하게된 것이다. 그리고 『경덕전등록』에 의하면 임제가 황벽에게 "여하시조사서래적적의"가 무슨 뜻인지를 세 번이나 물었는데도 세 번 모두 방망이로 맞았다. 황벽에게서 세 번이나 맞고 대우에게 가서 자신이 왜 맞았는지 모른다고 하니 대우가 말하기를 "우왈 황벽임마노파위여득철곤 유멱과재(愚曰 黃蘗恁麼老婆 爲汝得徹困 猶覓過在)"[317]라고 하며 황벽이 그렇게 노파심으로 철저하게 가르쳐 주었는데 허물이 어디에 있는지를 묻고 있느냐고 대우가 말하자 임제가 바로 돈오하게 되었다고 하고 있다. 임제가 돈오하고 나서 말하는 '불법야무다자'라는 의미는 황벽의 가르침을 모두 파악하였다고 하는 것이 되고 임제도 황벽과 같은 부처가 되었다[318]고 하고 있는 것이 된다. 『조당집』에서는 황벽문

---

315) 『宋高僧傳』(T50, p.779a27~b2), "參學諸方不憚艱苦, 因見黃蘗山運禪師. 鳴啄同時了然通徹, 乃北歸鄉土. 俯徇趙人之請, 住子城南臨濟焉. 罷唱經論之徒皆親堂室示人心要."
316) 『傳心法要』(T48, p.383a20~b1).
317) 『景德傳燈錄』(T51, p.290a19~b8).

하에서 수행을 하다가 대우에게 가서 돈오하게 된다고 기록하고 대우의 제자로 하고 있다. 대우가 임제를 제도하는 내용을 자세하게 기록하고 있는데 황벽이 방망이로 제도하는 것이 아닌 대우가 방망이로 제도하는 것[319]으로 기록하고 있다. 황벽과 대우의 역할이 바뀌어 기록하고 있지만 대우나 황벽이 모두 동등한 지위에 있다는 것을 알 수 있는 내용이고 임제를 그들과 동등한 지위에 올려놓으려고 기록하고 있다는 것은 어느 곳이나 같다고 볼 수 있다.『임제어록』에는 "여하시불법적적대의"가 무엇인지 묻고 방망이를 맞았다[320]고 기록하고 있고『경덕전등록』에는 "여하시조사서래적적의"라고 기록하고 있다. "불법적적대의"와 "조사서래적적의"라는 의미는 같은 뜻으로 사용된 것이다. 즉 불법의 바른 뜻이나 달마가 서쪽에서 오신 뜻은 같다는 것이 된다. 여기에서는 황벽에게 세 번이나 맞고 돈오하지 못하여 대우에게 가서 돈오하게 되지만 대우는 황벽의 제자라고 돌려보낸다고 기록하고 있다. 대우와 황벽의 제자라고 하여야 하지만 기록에는 대우의 제자나 황벽의 제자라고 구분하여 기록하는 것은 후대에 자신들의 입장에서 조작한 것이라고 볼 수밖에 없다. 그렇지만 황벽이나 대우는 자신의 법을 계승하였다든지 제자라는 생각은 추호도 하지 않았을 것이다. 왜냐하면 이들은 모두가 선장이므로 오로지 보살도만 실천한 것이다.

　이상에서 간략하게 임제가 깨닫게 된 기연을 살펴보았는데

---

318)『宛陵錄』(T48, p.386a4〜6), "諸佛體圓更無增減. 流入六道處處皆圓, 萬類之中個個是佛. 譬如一團水銀分散諸處, 顆顆皆圓."
319)『祖堂集』(K45, pp.353c12〜354a4).
320)『臨濟語錄』(T47, pp.504b28〜505a2).

돈오하게 된 것은 "불법적적대의"와 "조사서래적적의"가 무엇인지를 정확하게 알아야 하는 것이다. 그리고 이것의 대답은 방망이나 이심전심의 서로간의 대화밖에는 알 수 없는 것이다. 이것을 선문답이라고 하는데 부처가 되어야 부처를 볼 수 있다는 말이 이것인 것이다. 부처가 아닌 입장에서 부처를 보려고 한다면 추측이나 신앙에 의하여 가상의 인물을 만들어야 가능한 것이다. 그래서 만들어진 것이 전지전능한 부처나 자신들의 우상을 만들게 된 것이라고 생각한다. 그렇지만 백년도 못 살고 가는 인생인데 신앙에만 빠져서 한평생을 살다 가면 다시 돌아오지 못할 것이다 그런데도 영원히 죽지 않고 다시 부활할 것이라고 믿고 죽으면 '웰다잉'이 되어 진정으로 행복한 삶이 될 것인가라고 반문하고 싶다. 진정한 삶은 현재를 항상 행복하게 살아가는 대우나 황벽이 되어야 하고 아니면 임제가 되어 올바른 사람으로 살아가는 것이 최대의 행복이다. 그래서 임제가 돈오한 내용을 지금까지 나타난 자료를 가지고 파악하여 보고자 한다.

3) 임제의 돈오

돈오한 것에 대한 내용을 『임제어록』, 『조당집』, 『송고승전』, 『경덕전등록』에 기록된 것을 비교하여 보면 황벽과 대우에게서 깨달음을 얻었다고 하는 것은 옳지만 대우에게서 깨달은 것인지 황벽에게서 깨달은 것인지 그 내용을 더 파악하여 보고자 한다. 왜냐하면 지금까지 많은 선학자들이 연구를 하였지만 돈오한 기연에서 더 나아가지 못하고 방망이로 맞고 깨달았다고만 하고 있기에 임제의 초기 선수행에 대하여 알아보고 돈오한 기연과 내용이 무엇인지 알아보려고 한다.

(1) 『임제어록』에서 돈오

『임제어록』에서 돈오한 이야기는 앞의 『조당집』에서 기록하고 있는 내용과는 다르게 볼 수 있다. 여기에서는 수좌가 임제를 파악하고 돈오하게 인도하는 중간역할을 하고 있다. 임제가 황벽에게 직접 묻지 않고 3년간이나 '행업순일'하게 수행하였다는 것을 수좌가 강조하지만 임제가 스스로 '여하시불법적적대의'라고 묻지 않고 수좌의 권유로 세 번이나 묻고 세 번이나 맞았다고 하는 것[321]은 임제를 너무나 순수하게 만들고 있는 것이다. 『조당집』에서는 황벽이 수좌의 역할을 하는 것으로 기록하였는데 여기에서는 수좌를 개입시켜서 선불교의 보편화를 기했다고 볼 수 있다. 즉 임제를 중심에 두고 황벽과 대우와 수좌를 동등한 선장으로 만드는 것은 종파나 철학의 문제가 아니라 불법의 평등성을 강조하는 것이 된다. 그러므로 어느 누구나 부처로 살아갈 수 있는 기틀을 만들기 위하여 이와 같이 기록하고 있지만 임제라는 거장(巨匠)에 의하여 많은 이들이 부각되어 나타나게 된 것이다.

앞에서 왜 황벽과 대우라는 선장을 개입시켜서 돈오하게 하였는가라는 의문은 임제라는 인물이 너무나 큰 거장이라서 두 선장을 개입시킨 것이 되고 『임제어록』에서는 수좌까지도 선

---

321) 이혜옥(2009), p.257.에 의하면 "학인을 무념으로 인도하기 위한 선사들의 방법"이라고 하고 있다.

장으로 나타나고 있다. 이것을 확대해석하면 이 세 사람에서 그치는 것이 아니라 황벽문하의 모든 이들과 임제문하의 모든 이들이 불법을 알고 살아갔다고 볼 수 있다. 왜냐하면 현대에서 돈오라는 말을 너무나 전지전능한 돈오로 만들다보니까 범부들이 접근도 하지 못하게 만든 것이 오히려 더 큰 불행을 초래하게 된 것이라고 생각한다. 종교라는 것은 어느 누구나 최고로 행복하게 살아 갈 수 있게 하는 것이어야 한다. 그러나 종교가 우상의 대상이 되면 범부들은 신앙이라는 속박에 빠지게 되므로 종교가 오히려 족쇄를 채우는 것이 되는 것이다. 그러므로 어느 누구나 지금 이 자리에서 바로 돈오하여 행복하게 살아가면 되는 것이다. 『임제어록』에서 임제가 철저하게 수행하여 돈오한 내용을 살펴보면 다음과 같다.

　　임제가 대우의 처소로 가니 대우가 물었다. 어디에서 오는가? 임제가 대답했다. 황벽의 처소에서 참문하다 왔습니다. 대우가 물었다. 황벽께서는 무슨 말씀으로 가르쳐 주시던가? 임제가 대답했다. 제가 세 번이나 불법의 대의를 올바르게 실천하는 궁극적인 것이 무엇인지 물었는데 세 번을 모두 주장자로 때리시는데 저에게 무슨 허물이 있는지 알지 못하겠습니다. 대우가 말했다. 황벽께서 노파심으로 그렇게까지 그대를 위하여 철저하게 가르쳤는데 다시 이곳에 와서 허물이 있는지를 묻고 있구나! 임제가 대우의 이 말을 듣고 바로 크게 깨닫고는 말했다. 원래 황벽의 불법도 이와 같이 간단명료하구나![322] … 임제가 말했다. 오기를 기다리지 마시고

322) '불법무다자'라는 말은 임제가 마음이 부처라는 사실을 체득한 것으로 즉 자신의 자성이 불성이라는 것을 확신하고 자신의 마음이 항상 불심이 되었다는 것이다. 불법은 자신의 마음을 부처와 동등하게 알고 실천하는 법으로 여기에서는 원래 "황벽불법"이라고 하며 황벽과 동등하다고 하고

지금 바로 때리지요 라고 하면서 바로 손뼉을 쳤다. 황벽께
서 말했다. 이 풍전한[323])이 다시 와서 호랑이 수염을 만지고
있구나! 라고 하셨다. 임제가 바로 할을 하니 황벽께서 말했
다. 시자야 이 풍전한을 데리고 가서 참당하게 하라.[324])

여기에서 임제가 돈오한 내용을 보면 '여하시불법적적대의'라
고 질문한 것에서 황벽의 사상이 나타나고 있다. 이것은 "여하
시조사서래적적의"와 비슷한 것으로 '향외치구'하지 않는 자성
의 마음이 부처라는 것은 앞에 나타났고 일반적으로 잘 알려
진 것이므로 생략하고 이제 부처가 되었으면 어떻게 생활하여
야 해탈하고 임운자재 하게 생활할 수 있는가에 대하여 황벽
의『전심법요』에 다음과 같이 설하고 있다.

　　물었다. 어떻게 하면 수행의 지위에 떨어지지 않습니까?
　대답했다. 단지 하루 종일 밥을 먹어도 한 알의 쌀도 씹어
　먹는다는 생각이 없어야 하고 하루 종일 생활하여도 한 발
　도 땅을 밟고 행한다고 생각하는 것이 없어야 한다. … 만약
　이와 같이 해탈하지 않는다면 재앙을 받을 때가 있을 것이
　다. 그래서 노력하여 금생에 이것을 요달 하면 뉘가 누겁의
　재앙을 받겠는가라고 한 것이다.[325])

지금 이 마음이 부처이므로 "착의끽반 행주좌와 어묵동정"할
때에 "인아상이 없이 평등하게 생활하는 것"[326])을 황벽이 설한
것이다. 이것은 자신의 육근이 청정한 것이므로 다시 육진의

　　있다. ;『臨濟語錄』(T47, p.504c19), "元來黃蘗佛法無多子."
323) 風顛漢: 선가의 용어로 자기의 제자를 인가하는 의미.
324)『臨濟語錄』(T47, pp.504c14～505a2).
325)『傳心法要』(T48, p.384a12～20) 재인용.
326)『傳心法要』(T48, p.384a13～14), "與摩時無人我等相."

청정을 대상경계에 대한 경혹을 받지 않아야 임운자재 한 사람이 된다고 하고 있다. 그리고 지금 삼세에서 익힌 고정관념을 벗어버려야 경혹을 받지 않고 해탈하여 부처로 살아갈 수 있다고 설하고 있다. 황벽의 사상에서 임제가 깨달은 '여하시 불법적적대의'는 지금 바로 삼세를 초월한 돈오인 것이다. 이것은 『조당집』에서는 "10여 년간 대우를 시봉하고 대우가 입적할 때에 임제에게 부촉하여 말했다. 그대는 스스로 평생 동안 본분사를 저버리지 않고 나의 임종을 지켜 주는구나. 이후에 출세한 마음을 전법하거든 무엇보다 황벽의 가르침을 잊지 마라. 그로부터 임제화상께서 진부지방에서 교화하였는데 비록 황벽의 법을 계승하였으나 항상 대우선사의 지혜와 방편을 찬탄하였고 교화하는 방편으로 방망이와 할을 많이 사용했다."327)라고 하는 것은 『임제어록』에서 기록하고 있는 내용과는 다르지만 "황벽의 가르침을 잊지 말라"고 한 것을 보면 황벽의 불법을 계승한 것이 사실이 된다.

(2) 『조당집』에서 돈오

『조당집』에서 임제가 돈오한 내용을 살펴보면 일반적으로 알려진 황벽문하에서 수행하다가 대우에게 가서 깨닫게 되는 것이 아니다. 그러므로 황벽문하에서 수행한 것은 같지만 대우를 찾아가 참문하고 황벽에게 돌아와 황벽에게서 돈오의 '탁'이 이루지는 것이다. 황벽은 "대우는 마치 맹화가 타는 듯 하는 기쁜 마음으로 그대를 만나 주었는데 그대는 어찌 헛되이 갔다

---

327) 『祖堂集』(K45, pp.353c12～354a4) 재인용.

가 돌아왔는가?"라는 말 한마디에 돈오하고 대우에게 가서 검증하고 있다. 이것은 임제를 위한 황벽의 가르침에 대하여 대우가 말했다. "황벽께서 그대를 위해 그렇게 노파심 때문에 방망이로 때리며 애를 써서 간절하게 가르쳤는데 아직도 허물이 어디에 있는가를 말하고 있는가?"라는 말에 임제가 돈오한 것은 비슷한데 스승을 대우와 황벽을 바꿔서 기록하고 있다. 『조당집』에서는 수좌라는 중간역할 없이 황벽이 직접 대우에게 가서 참문하게 하는 것이 다른 자료들과 다르다.

　　황벽이 대중에게 말했다. 내가 옛날에 대적에서 함께 공부하던 도반 중에 대우라는 스님이 있는데 그는 제방에서 행각하여 법안이 매우 밝았다. 지금 고안현에 주석하시는데 대중과 생활하지 않고 혼자 살기를 좋아한다. 그리하여 내가 떠나올 때 나에게 부탁하기를 나중에 영리한 사람이 있거든 나에게 보내주라고 하였다. 이 소리를 듣고 임제가 대중들과 있다가 바로 찾아갔다. 도착하자 앞의 일을 모두 말하고 밤이 되자 대우 앞에서 『유가사지론』과 유식을 담론하고 다시 이것저것 어려운 것을 신문하듯이 질문했다. 그때 대우가 밤새 초연히 아무런 대답도 하지 않다가 아침에 이렇게 말했다. 노승이 혼자 살고 있는데 먼 길을 온 것을 생각하여 하룻밤 쉬어가게 했는데 내 앞에서 부끄러움도 없이 부정한 소리만 하였는가라고 하고 주장자로 때리며 문밖으로 쫓아내고 문을 닫았다. 임제가 황벽에게 돌아와서 위의 일을 말하니 황벽이 듣고는 존경스러운 마음으로 말했다. 대우는 마치 맹화가 타는 듯 하는 기쁜 마음으로 그대를 만나 주었는데 그대는 어찌 갔다가 헛되이 돌아왔는가? 임제가 다시 가서 대우를 친견하니 대우가 말했다. 저번에는 부끄러움도 모르더니 금일에는 무엇 때문에 또 왔는가라고 말을 마치고 바로 주장자를 내리치고는 문 밖으로 밀어내서 임제가 다시 황벽으로 돌아와 황벽에게 이렇게 사뢰었다. 이번에는 돌아왔지만 헛되이 돌아오지 않았습니다. 황벽이 물었다. 왜 그런가? 임제가 대답했다. 한 방망이에 부처의 경계를 깨달아 체득했습니다. 가령 백겁을 몸이 닳고 골수에 미치도록 모시고 수미산을 한없이 돌아도 이 은혜는 보답하기가 어렵습니다. 황벽이 듣고 기뻐하며 이렇게 말했다. 일단 그대는 깨달음을 보임하고 다시 스스로 출신[328]하라. 임제가 10일 정도 지나 황벽을 하직하고 대우의 처소로 가니 대우께서 바로 주장자를 들려고 하니 임제화상이 주장자를 잡고는 바로 품에 안고 대우선사와 교대하여 그의 등에다 주먹으로 톡톡 치니 대우가 마침내 고개를 끄덕이면서 말했다. 내가 홀로 초막에 살면서 헛되이 보냈다고 생각했더니 뜻밖에 금일 외아들[329]을 얻었다.[330]

『조당집』에서 돈오의 내용을 파악하는 것은 일반적으로 알려진 이심전심의 깨달음만 알 수 있다. 왜냐하면 대우에 대한 기록[331]은 없고 비구니 "말산니요연"을 사법제자라고 『경덕전등록』에 간략하게 기록하고 있다. 그러나 『조당집』에 대우의 스승인 귀종에 대하여 살펴보면 돈오의 내용을 조금이나 알 수 있다. 즉 귀종을 찬탄하는 게송에 의하면 "귀종은 이사를 초월하여 불법의 지혜가 바로 지금 여기에 있으니 지혜가 자유자재 하기로는 사자와 같고 중생들처럼 어디에도 의지하지 않네."[332]라고 하고 있듯이 삼세의 지식에 의지하지 않는 부처라

---

328) 출신(出身): 입신출세라는 뜻으로 온갖 속박에서 자유자재한 깨달음의 경지를 체득하는 것. 선불장에서 합격하는 것.

329) 외아들: 一子, 佛法을 계승한 法子.

330) 『祖堂集』19(K45, pp.353c12~354a4) 재인용.

331) 『景德傳燈錄』(T51, pp.288c29~289a1), "前高安大愚禪師法嗣 筠州末山尼了然"

332) 『祖堂集』(K45, p.329b5), "歸宗事理絕, 日輪正當午, 自在如師子, 不與

고 하고 있다. 그리고 제불의 현지에 대하여 자신이 직접 체득해서 자각해야 한다고 다음과 같이 문답하고 있다.

> 물었다. 무엇이 제불의 현지입니까? 귀종께서 대답했다. 대상으로 이해해서 아는 사람은 아무도 없다. 물었다. 현지를 향해 수행하는 이는 어떻습니까? 귀종께서 대답했다. 향하는 곳이 있으면 바로 어긋난다. 스님이 물었다. 향하는 곳이 없으면 어떻습니까? 대답했다. 누가 현지를 구하겠는가? 그 스님이 대답을 하지 못하자 귀종께서 말했다. 가라! 그대는 용공처가 없으니 더 수행해라.[333]

수행은 목적의식을 가지고 하면 어긋나고 불법의 현지를 자각하게 한 것이 대우의 가르침이므로 진여의 지혜를 체득하는 것이 돈오의 내용인 것이 된다. 그러면 황벽의 가르침을 받았지만 돈오하지 못하고 대우라는 선장을 만나야 '명탁동시'가 되는 것은 '부사의'한 일이다. 이러한 일 때문에 불교를 신비한 종교라고 하는 것이지만 황벽의 가르침을 보면 이러한 신비는 사라지는 것이다. 그러나 왜 대우라는 선장을 개입시켜서 깨닫게 했는지는 시대적이거나 정치적인 외부의 요인이 작용하지 않았나하는 의심이 가는데 역사적인 사료는 사학자에게 맡기고 대우와 황벽이라는 두 선장에 의하여 임제가 탄생하게 된 것은 확실한 사실이 된다.

돈오한 내용은 '순일무잡'이라는 말과 '황벽불법무다자'에서

物依怙."
333) 『祖堂集』(K45, p.353b13~14), "問. 如何是諸佛玄旨. 師云. 無人能會. 僧云. 向者如何. 師云. 有向則乖. 僧云. 無向者如何. 師云. 誰求玄旨. 其僧于時無語. 師云. 去, 無子用功處."

찾을 수 있는데『조당집』에 나타난 자료가 아니고 앞에『임제
어록』에서 설명한 것이다.『조당집』에 나타난 것은 방망이로
쫓아낸 것을 이후의 자료에는 때린 것으로 나타나 과격해지는
분위기를 연출하는 것은 자신들의 위신을 나타내려고 하는 것
이라고 생각된다. 여기에서 임제가 방망이로 쫓겨난 것을 황벽
은 "맹화가 타는 듯 하는 기쁜 마음"으로 아는 것이고 임제의
경지를 모두 파악하였기에 "자차해헐 갱자출신(子且解歇 更自
出身)"334)라라고 하고 있다. 황벽이 임제의 경지를 파악하였다
는 것은 황벽의 사상을 계승했다는 것이다. 그리고 대우라는
선장이 있어야 했다는 것은 임제의 견해가 아주 뛰어났다는
것을 말하는 것이므로 후대에 자신들의 정통성을 유지하려고
역할을 전환한 것335)이 된다. 황벽의 사상을 조금 더 깊게 알
아보기 위하여 백장이 말하는 해탈과 부처에 대하여 알아보면
임제가 돈오한 내용을 파악할 수 있을 것이다.

> 물었다. 무엇이 심해탈이며 일체처의 해탈입니까? 백장께
> 서 대답했다. 부처를 구하지도 않고 법을 구하지 않으며 승
> 을 구하지 않는다. 그리고 복과 지혜나 지식의 알음알이 등
> 을 구하지 않아서 구정의 마음 다하고 역시 구하는 것이 없
> 는 경지도 고수하지 않는 것이 옳다. 역시 이곳에 머무르지
> 도 않고 역시 천당의 즐거움이나 지옥의 속박도 두려워하지

---

334)『祖堂集』(K45, p.353c28).
335) 종호(1996), p.269.에 의하면 "임제가 귀종지상의 제자인 대우의 법을
　　계승하면 마조의 방계가 되므로 후대에 대우와 황벽의 역할을 전환시키고
　　대우의 역할을 약하게 할 필요성"에서 전환하였다고 하고 있다. ; 이언의
　　(2017), p.247.에 의하면 "『조당집』이후에 성립된 자료에는 대우는 조연
　　으로 등장하고 임제가 황벽의 법을 이었다고 하는 것은 양기파의 정통성을
　　확고히 하려고한 것"이라고 하고 있다.

186

않으니 속박에서 해탈하여 장애가 없게 되는 것을 신심과 일체 처에서 모두 해탈하는 것이라고 말한다. 그대들은 조금의 계율을 닦아 신구의가 청정하여 바로 요달 하였다고 말하지 마라. 항하사와 같은 계정혜문과 무루해탈은 털끝만큼도 전혀 알지 못하는 것이니 귀먹고 눈이 어두워지고 얼굴에 주름지며 백발이 될 때까지 기다리지 말고 지금 면전에서 노력하고 용맹정진 하여 성취해야 한다.336)

　여기에서 구하고자 하는 마음도 없지만 구하는 것이 없는 경지에도 머무르지 않는 것이 바로 '심해탈'이라고 하고 있다. 계행이나 선행을 조금하였다고 해탈하는 것은 아니고 심안이 열려서 관조하는 지혜가 있어야 해탈하게 되는 것이다. 임제가 돈오한 해탈의 내용도 대우나 황벽이 임제의 심안을 열어준 것이다. 그러므로 백장이 설하는 부처는 지금 이 자리에 있는 그대가 바로 부처라고 설한 것337)이고 심안이 열려 지혜를 구족하면 언어문자에 구속되지 않는 심성으로 '망연'만 벗어나면 부처338)라고 하고 있다. 임제가 황벽에서 익힌 것은 바른 안목을 열게 하는 선수행이었지만 깨닫지 못하고 방황하는 대목이 『임제어록』에 다음과 같이 기록하고 있다.

---

336) 『百丈懷海禪師廣錄』四家語錄三(X69, p.8b2~8), "問. 如何是心解脫, 及一切處解脫. 師云. 不求佛, 不求法, 不求僧. 乃至, 不求福智知解等, 垢淨情盡, 亦不守此無求爲是, 亦不住盡處, 亦不忻天堂畏地獄, 縛脫無礙, 即身心及一切處皆名解脫. 汝莫言有少分戒, 身口意淨, 便以爲了. 不知恒沙戒定慧門, 無漏解脫, 都未涉一毫毛, 努力向前, 須猛究取, 莫待耳聾眼暗, 面皺頭白."
337) 『百丈懷海禪師語錄』四家語錄2(X69, p.7a6~8), "問. 如何是佛. 師云. 汝是阿誰. 云某甲. 師云. 汝識某甲否. 云分明箇. 師竪起拂子問. 汝見拂子否. 云見. 師乃不語."
338) 『百丈懷海禪師語錄』四家語錄2(X69, p.6b2~3), "上堂云. 靈光獨耀, 迴脫根塵, 體露眞常, 不拘文字. 心性無染, 本自圓成, 但離妄緣, 即如如佛."

무의도인으로 살아가는 법 연구　187

임제가 선원에서 하안거의 수행을 하던 중에 황벽을 친견하러 가니 황벽께서 간경을 하고 있는데 임제가 말했다. 나는 지금까지 황벽선사를 무의도인이라고 알고 있었는데 원래부터 검은콩으로 사량 분별이나 하는 흑두노화상이라는 사실을 감추고 있었구나! 라고 하였다. 그리고 임제가 며칠 있다가 하직을 하려고 하니 황벽께서 말했다. 그대는 하안거를 깨뜨리고 와서는 하안거를 끝내지도 않고 어디로 가는 것인가? 임제가 말했다. 제가 잠시 여기에 온 것은 황벽화상에게 예배나 하려고 왔던 것입니다. 황벽께서 주장자로 바닥을 때리고는 쫓아내 버리니 임제스님이 조금 가다가 이 일을 의심하여 돌아와서 하안거를 끝냈던 것이다.339)

이 부분이 『임제어록』에서 임제가 돈오하는 부분인데 여기에서 황벽을 검은콩으로 사량 분별하는 '흑두노화상'이라고 하는 것은 자신이 아직까지 황벽을 파악하지 못한 입장이라는 것을 말하고 있는 부분이다. 그리고 황벽은 이런 임제를 끝까지 저버리지 않는 마음으로 하안거를 마치고 가라고 하는 어머니의 자비심을 가지고 있는 것이다. 임제는 이것을 저버리고 가려고 하다가 다시 돌아와 하안거를 끝내고 있다. 황벽의 가르침을 경전을 보고 가르치는 '흑두노화상'이라고 비판하다가 황벽의 법을 계승하는 것으로 『임제어록』에서는 기록하고 있다. 『조당집』에서도 "이후에 출세한 마음을 전법하거든 무엇보다 황벽의 가르침을 잊지 마라."340)고 황벽의 가르침을 강조하고 있는 것을 보면 선수행에서 대우와 황벽이 모두 필요한 것이라고 볼 수밖에 없는 것이 된다. 임제의 돈오는 아주 단순한 것으로

---

339) 『臨濟語錄』(T47, p.505b27~c2).
340) 『祖堂集』(K45, p.353a8~9), "已後出世傳心, 第一莫忘黃蘗."

'순일무잡'한 마음이지만 이것이 부처라는 것을 깨닫게 하려면 경율론을 모두 구비하고 무루해탈을 하여야 하는 것이다. 즉 이렇게 무루해탈을 한 '순일무잡'에 의하여 임제라는 거장이 탄생하고 새로운 선불교가 시작되었던 것이다.

(3)『송고승전』에서 돈오

『송고승전』에서 돈오한 내용은 앞에서 설명하였듯이 '명탁동시'에서 돈오한 것이라고 할 수 있다. '명탁'이란 알에서 새 생명이 태어날 때에 밖에서 우는 소리를 듣고 알의 껍질을 쪼아서 깨어주지 않으면 새 생명이 태어나지 못하게 된다. 임제의 깨달음에 '명탁동시'라는 말을 사용한 것은 임제도 새 생명으로 태어날 때가 되었는데 껍질을 쪼아줄 선장이 없어서 때를 기다리고 있었다고 볼 수 있다. 그래서 이심전심이란 말을 사용한 것이고 황벽의 경지에 도달하였었지만 기연이 있어야 했던 것이라고 볼 수 있다. 그러므로 임제가 돈오한 내용을 알려고 하면 임제에 대하여 알든지 아니면 황벽에 대하여 알아야 하는 것이다. 즉 황벽은 『황벽산단제선사전심법요』와 『황벽단제선사완릉록』(※ 이후에는 『전심법요』와 『완릉록』으로 약함)에서 찾아볼 수 있으므로 『경덕전등록』과 『임제어록』에서 돈오한 내용을 찾아 황벽과 임제의 이심전심한 내용이 무엇인지 알아보겠다. 먼저 『경덕전등록』에 마음이 부처라고 다음과 같이 기록하고 있다.

오직 이 일심을 자각하면 바로 부처가 되어 부처와 중생이 다시 다른 것이 없다. 단지 중생은 법상에 집착하여 외부에서 불법을 구하므로 잘못된 것일 뿐이다. 부처로서 부처를 찾는 것이고 불심으로 불심을 찾으려고 하니 아무리 오랜 세월을 수행하여 육신이 죽는다 해도 체득할 수가 없는 것이다. 그러므로 지금 생각하고 있는 마음만 쉬고 구하려고 하는 걱정이 없으면 부처가 자신의 목전에 나타난다는 것을 알지 못한다. 이 마음을 자각하면 바로 부처가 되고 부처는 중생심을 자각하여 부처가 되는 것이다. 중생심을 자각하면 바로 부처가 되는 것이므로 부처가 깨달은 것이 바로 이 마음이다.[341]

이처럼 향외치구[342]하는 이 마음만 쉬면 지금 자신의 마음과 부처와 중생이 차별이 없는 것은 일심의 마음이며 청정한 불심으로 무심이라고 하며 도인이라고 하고 있다. 이 내용은 임제의 사상에서도 찾을 수 있는 것으로 임제는 '향외치구'만 하지 않으면 부처와 다르지 않다고 『임제어록』에서 다음과 같이 설하고 있다.

그대들이 만약 항상 무엇을 구하려고 하는 마음만 쉬면 바로 조불과 다르지 않다. 그대들이 조불의 경지를 알고자 한다면 단지 그대의 면전에서 불법을 듣고 있는 자신이 무의도인이며 조불이다. 수행자들이 이것을 철저히 확신하지 못하기 때문에 바로 '향외치구'하며 조불을 구하고 있는 것이다. 설령 외부에서 구하여 무엇을 얻었다고 할지라도 모두가 언어문자로 알고 있는 만법일 뿐이니 결국은 본래 살아있는 조사의 뜻을 깨닫지 못하게 된다.[343]

---

341) 『景德傳燈錄』(T51, p.270b25~c1).
342) 『少室六門』(T48, p.373c19~20), "若不見性, 終日茫茫, 向外馳求覓佛, 元來不得."

여기에서 임제가 돈오한 내용은 '향외치구'하지 않는 마음을 확신한 것이다. 이것이 임제가 돈오한 내용인데 자신이 자신의 면전에서 불법(佛法)을 듣는 무의도인이면서도 확신하지 못하면 '향외치구'하여 구하려고 하는 것이다. 만약에 '향외치구'하여 구하였다고 할지라도 알음알이인 것이고 죽은 조사의 말뿐이며 살아있는 조사의 불법은 아닌 것이므로 이심전심을 몽둥이나 주먹으로 표현한 것이고 여기에서는 '명탁동시'라고 기록하고 있다.

(4)『경덕전등록』에서 돈오

『경덕전등록』의 「진주임제의현선사」344)에서 임제가 황벽에게 "여하시조사서래적적의"라고 묻자 바로 방망이로 맞고는 깨닫지 못하고 대우에게 이일을 참문 하였다. 그러자 대우가 하는 대답이 그렇게도 간절한 노파심에서 철저하게 가르쳤는데도 알아듣지 못하고 허물이 어디에 있는지 모르겠다고 하는 것을 질타하자 이 말에 돈오하게 된 것이다. 『경덕전등록』에서 돈오한 내용은 없고 임제가 물은 "여하시조사서래적적의"에서 돈오의 내용을 찾을 수 있는 것이다 그래서 스승인 황벽

---

343) 『臨濟語錄』(T47, p.497b7∼10).

344) 『景德傳燈錄』(T51, p.290a19∼b8), "처음에 황벽의 문중에서 대중과 함께 흠모하며 배우고 있었는데 어느 때에 제1상좌가 황벽에게 참문 하라는 말에 의하여 참문을 하게 되었다. 임제가 물었다. 무엇이 조사가 서쪽에서 오신 적적한 대의입니까? 황벽이 바로 주장자를 내려쳤다. ... 임제가 말했다. 왜 보기를 기다리신다고 말씀합니까? 지금 때리세요. 라고 하며 황벽을 향하여 손바닥을 한번 치니 황벽이 하하! 하고 크게 웃었다.(初在 黃蘗隨衆參侍, 時堂中第一座勉令問話. 師乃問. 如何是祖師西來的的意. 黃蘗便打. ... 師云. 說什麼待見即今便打遂鼓黃蘗一掌, 黃蘗哈哈大笑.)"

이 설한 『전심법요』와 『완릉록』에 "조사서래유전심불 직지여 등심본래시불(祖師西來唯傳心佛　直指汝等心本來是佛)"이라고 하고 있는 것에서 찾아보면 마음이 바로 부처라고 다음과 같이 기록하고 있다.

　　대답했다. 삼승에서 분명하게 그대들에게 말하기를 범성의 마음도 모두 허망하다고 했다. 그렇지만 그대들이 지금까지 깨닫지 못하고 그 마음을 집착하여 허공에 실체가 있다고 조작하고 있는데 어찌 허망한 일이 아니겠는가? 허망하므로 미혹한 마음이라고 하는데 그대가 단지 범부의 중생심과 성인이라는 경계를 제거하기만 하면 마음밖에 다시 특별한 부처는 없다. 달마조사가 서쪽에서 와서 일체의 모든 사람이 모두 부처라고 직접 올바르게 알려 주었다. 그러나 그대들은 지금까지 그것을 깨닫지 못하고 범성의 마음에 집착하여 향외치구하며 도리어 스스로 자신의 마음을 미혹하게 하고 있다. 그러므로 그대들에게 말하기를 마음이 곧바로 부처라고 한 것이다. 일념에 중생심이 생기면 육도에 떨어지게 된다. 무시이래로 이와 같은 법은 지금과 다르지 않고 어떤 다른 법이 없는 것이므로 등정각을 성취했다고 한다.345) 물었다. 무엇이 부처입니까? 대답했다. 그대의 마음이 부처이다. 부처는 곧 마음이며 마음과 부처가 다르지 않으므로 마음을 부처라고 하는 것이다. 만약에 마음을 벗어난 다른 부처는 없다. 물었다. 만약 자신의 마음이 부처라고 한다면 달마조사가 서쪽에서 와서 전한 법은 무엇입니까? 대답했다. 달마조사가 서쪽에서 와서 전한 법은 오로지 마음이 부처라는 법을 전한 것으로 그대들의 마음이 본래 부처라고 올바르게 직접 가르쳐 주신 것이다. 마음과 마음이 다르지 않기 때문에 조사라 한다. 만약 이 의미를 언하에 올바르게 깨닫

---

345) 『傳心法要』(T48, p.383a6~13).

는다면 곧 삼승의 모든 지위를 모두 초월하여 본래의 부처
가 되는 것이고 수행하여 성취하려는 방편이 필요 없는 것
이다.346)

황벽이 설한 "여하시조사서래적적의"는 마음이 부처라고 하
는 것인데 이 마음은 중생심의 마음이 아닌 불심의 마음이다.
범부나 성자의 마음도 허망한데 이 마음을 부처라고 하면 어
려운 것이나 달마조사가 혜가에게 전한 법이고 마음과 자성에
대하여 다음과 같이 자세하게 기록하고 있다.

> 그러므로 이 의미는 확신하기 어렵다. 달마조사가 이 땅에
> 와서 양위에 갔지만 단지 혜가대사 한 사람만 자기의 마음
> 을 확신하고 언하에 바로 마음이 곧 부처라는 것을 깨달았
> 다. 신심에 모두 함께 중생심이 없는 것을 대도라고 한다.
> 대도는 본래로 평등하여 모든 중생들도 모두 동일한 본성을
> 가지고 있다는 것을 인정하는 것이다. 마음과 자성이 다르지
> 않다는 것을 알고 자성을 불성347)이라고 자각하면 중생심이
> 불심이 되어 마음이 불성과 다르지 않게 되는 것을 조사라
> 고 한다. 그러므로 말하기를 마음이 불성이라는 사실을 인정
> 하고 체득하였을 때 부사의 하다고 말할 수 있는 것이라고
> 한 것이다.348)

이와 같이 마음이 부처라는 것은 자신의 자성이 불성349)이라

---

346) 『宛陵錄』(T48, p.385b16~21).
347) 이현배(2021), p.162. 에 의하면 "임제는 불성 혹은 자성등으로 불리는
    성의 개념을 내적인 진아를 무위진인"이라고 하고 있다. ; 王志躍 著, 김
    진무·최재수 공역(2002), p.138. 에 의하면 "무위진인은 실제로 진법, 진
    불, 진도, 무형, 무체, 무상"이라고 하고 있듯이 불성의 마음을 수지하여
    항상 사용하는 무위진인이 부처인 것이다.
348) 『宛陵錄』(T48, p.384b24~29).

는 것을 체득하고 나면 자신의 마음은 항상 불심이 되는 것이므로 자성에 의한 마음350)을 사용하면 조사가 되고 부처가 된다. 이 마음을 돈오한 임제와 혜가가 동일한 법을 깨달은 것이된다. "여하시조사서래적적의"에 담긴 의미는 간화선에서 화두로 사용하기도 한다. 하지만 궁극적인 것은 자성이 불성(佛性)이라는 사실을 확신하여 불심(佛心)으로 생활하기를 바라는 간절한 자비심이고 각자가 달마가 되고 부처가 되기를 바라는 것이다.

이상에서 임제가 돈오한 내용에 대하여 알아보았는데 황벽의 선사상을 계승한 것으로 확인되었지만 황벽을 능가하는 사상을 전개할 인물이라는 것을 이전의 선장들이 미리 알았다고 볼 수 있다. 임제가 돈오한 내용은 지금 이 마음이 부처라는 사실을 체득한 것이다.

임제의 선수행은 "행업순일"한 수행을 한 소승의 수행이었기에 황벽이나 대우의 가르침이 필요했던 것이다. 즉 소승에서 대승으로 전환한 것을 돈오라고 표현한 것이고 돈오한 내용을 지금 이 마음이 부처라는 것을 자신이 체득해야 하는 것이다. 그래서 방망이가 필요했던 것이지만 이 마음이 자신의 자성에

---

349) 『大般涅槃經』(T12, p.395b13~19), "我見者名爲佛性. 佛性者卽眞解脫. 眞解脫者卽是如來. 又解脫者, 名不空空. 空空者名無所有. ... 不空空者卽 眞解脫. 眞解脫者卽是如來, 又解脫者, 名空不空."

350) 마음: 범성의 마음을 모두 불성에 의한 마음이라고 한다. 그러므로 불성을 자성이라고 확신하는 것을 견성이라고 한다. 견성한 마음을 청정한 마음이라고 하는 것이므로 마음을 청정하게 하면 불성에 이르게 된다고 하는 것이 범부를 제도하는 법이다. 임제가 말하는 마음은 견성한 마음을 말하는 것이므로 인간인 임제가 조사로서 범성을 제도하는 것이다. ; 김호귀 (2012a), p.65.에도 "불성은 개개인의 본래적이고 청정한 자성이므로 선종의 수행과 깨침은 그 자성에 대한 자각"이라고 하고 있듯이 불성은 자성이다.

서 나온 마음이라는 것을 체득하여 실천하면 방망이도 필요 없는 것이 된다. 자성은 불성이고 자성에서 나온 마음이 불심 이라는 것을 알고 지금 이 불심이 자신의 마음이 되어 실천하 는 것을 부처라고 한 것이다.

임제가 돈오한 내용을 보면 『송고승전』에서는 황벽과 임제가 '명탁동시'한 것은 '향외치구'하지 않는 일심에서 '명탁동시'가 되었던 것이다. 그리고 『경덕전등록』에서는 "여하시조사서래적 적의"라는 말에서 마음이 부처라는 것을 체득한 것이다. 즉 자 신의 자성이 불성이라는 것을 확신하여 자성에 의한 마음을 사용하면 조사가 되고 부처가 된다는 것을 돈오한 것이므로 임제와 혜가가 동일한 법을 체득한 것이다.

『조당집』에서 임제가 돈오한 내용은 대우의 스승인 귀종과 같은 경지인 진여의 지혜를 체득한 것이다. 또한 심안이 열려 황벽의 스승인 백장이 말하는 치구하지 않는 마음으로 일체 처에서 무루 해탈하여 지금 이 자리에 있는 그대가 바로 부처 라는 것을 체득한 것이다. 『임제어록』에서 돈오한 내용은 "여 하시불법적적대의"가 무엇인지에서 자신의 육근이 청정하면 육 진이 청정하여 대상경계에 대한 경혹을 받지 않는 임운자재 한 사람이 되는 것이다. 그러므로 지금까지 삼세에서 익힌 고 정관념을 버리고 경혹을 받지 않는 해탈을 한 것이 부처라는 것을 체득한 것이다. 그리고 "여하시불법적적대의"에서 돈오한 내용은 지금 바로 무루 해탈하여 부처로 살아가는 것이라는 것을 체득한 것이다. 지금 이와 같은 부처가 되었으면 항상 이 런 마음을 가져야 하는 것을 "행주좌와 어묵동정"할 때에 자신 이 인아상이 없이 몰종적의 생활을 하여야 한다고 불퇴전을 강조하고 있다. 이렇게 임제가 돈오하여 수행하였기에 선수행에 대하여 논한 것이다. 마음이 부처이지만 중생심이 아니고 불심으로 수행하는 것이 부처인 것이다. 그리고 임제가 돈오한 것도 어쩌다 우연히 돈오한 것이 아니라 철저하게 삼장의 불법을 공부하여 익힌 것이고 '행업순일'한 선수행을 거쳐 돈오를 한 것이다.

3. 임제가 교화하는 방편

1) 본심이 도인

임제가 설하고 있는 도인을 삼구·삼현·삼요에서 찾기 위해 먼저 삼구에 대하여 살펴보겠다. 임제의 삼구에 대하여는 지금까지도 논쟁을 그치지 않고 있는 것은 안타까운 일이다. 임제가 설한 『임제어록』과 다른 경전들을 비교하면서 자세하게 살펴보도록 하겠다.

> 물었다. 어떻게 하면 진정한 부처, 진정한 법, 진정한 도로 살아가는 것인지 깨닫게 하여 주시기 바랍니다. 임제께서 대답했다. 부처는 마음이 청정한 것이 부처이고, 법은 자신의 마음이 불심의 지혜라는 사실을 분명하게 아는 것이 자신의 법이고, 도는 어디에서나 청정한 지혜로 살아가는 것이므로 자신이 망념으로 장애받는 일이 없는 것을 도라고 하는 것이다. 그러므로 이 셋을 혼융하여야 일개성자인 무의도인으로 살아가는 것이고, 불법도라고 하는 것은 모두 청정한 명칭에 불과하며 실체로 존재하는 것은 없다. 당연히 진정한 수행자라면 이것이 항상 끊어짐이 없게 살아야 하는 것이다. 달마대사가 서쪽에서 온 이래로 단지 이와 같이 일개성자로 살아가면서 인혹을 받지 않는 무의도인을 찾았던 것이다. 이후에 2조가 찾아와서 달마의 말씀에 바로 계합하여 요달하고는 비로소 말하기를 종전까지는 공부를 헛되이 했다는 것을 알았다고 했다. 산승이 금일 알고 있는 견해도 조사나 부처와 전혀 다르지 않은데 만약 제 일구에서 정확하게 깨달아 체득하면 조사나 부처의 스승이 되고, 만약 제 이구에서 정확하게 깨달아 체득하면 인간과 천상의 스승이 되고,

만약 제 삼구에서 정확하게 깨달아 체득하면 자신이 제도한
다는 것을 대상으로 알지 않는 것이다. 물었다. 달마께서 서
쪽에서 이곳에 오신 구경의 뜻은 무엇입니까? 임제가 대답했
다. 만약 무슨 뜻을 가지고 왔다면 자신은 구제하였을 지라
도 불법대의를 요달 하지 못한 것이 된다. 물었다. 만약에
이미 뜻이 없었다면 이조는 어떻게 법을 체득할 수 있었습
니까? 임제가 대답했다. 얻었다고 말하면 얻지 못한 것이다.
물었다. 이미 만약에 얻을 수 없다고 하면 무엇을 얻을 수
없다고 하는 근본적인 뜻은 무엇입니까? 임제가 대답했다.
그대가 어디에서나 구하려는 마음을 쉴 수 없기 때문에 조
사께서 말씀하시기를, '어리석은 대장부야 자신의 머리를 가
지고도 자신의 머리를 다른데서 찾으려고 하고 있다.' 라고
말했다.351)

　　임제의 삼구는 "만약 제 일구에서 정확하게 깨달아 체득하면
조사나 부처의 스승이 되고, 만약 제 이구에서 정확하게 깨달
아 체득하면 인간과 천상의 스승이 되고, 만약 제 삼구에서 정
확하게 깨달아 체득하면 자신이 부처로서 제도한다는 것을 대
상으로 알지 않는다."라고 하는 것에서 조불의 스승이라는 말
은 조사와 부처를 동등하게 보는 것이고 조사와 부처라는 것
은 명칭일 뿐인 것이다. 그렇지만 조사나 부처가 자신이 되지
않으면 대상의 조사나 부처이므로 자신과는 아무런 상관도 없

---

351) 『臨濟語錄』(T47, pp.501c28~502a12), "問. 如何是 眞佛眞法眞道, 乞
　　垂開示. 師云. 佛者, 心淸淨是, 法者, 心光明是, 道者, 處處無礙淨光是.
　　三即一, 皆是空名, 而無寔有. 如眞正學道人, 念念心不間斷. 自達磨大師,
　　從西土來, 祇是覓簡, 不受人惑底人.後遇二祖, 一言便了, 始知從前, 虛用功
　　夫. 山僧今日見處, 與祖佛不別, 若第一句中得, 與祖佛爲師, 若第二句中得,
　　與人天爲師, 若第三句中得, 自救不了. 問. 如何是西來意. 師云. 若有意,
　　自救不了. 云. 既無意, 云何二祖得法. 師云. 得者是不得. 云. 既若不得,
　　云何是不得底意. 師云. 爲爾向一切處, 馳求心不能歇, 所以祖師言. "咄哉
　　丈夫, 將頭覓頭."

는 것이 된다. 그러나 범부들은 대상의 조사나 부처를 자기 것으로 취하려고 하고 있다. 그러므로 범부들은 이룰 수 없는 것을 취하려고 하여 탐진치가 발동을 하게 된다. 이것을 내려놓아야 조불의 스승이 되고 이 말의 뜻을 이해하게 된다. 임제의 설법 중에서도 "달마께서 서쪽에서 이곳에 오신 구경의 뜻은 무엇입니까?(如何是西來意)"라는 물음에 "만약 무슨 뜻을 가지고 왔다고 하더라도 자신이 부처이므로 구제한다는 생각을 하지 않는다.(若有意, 自救不了)"라고 하고 있다. 이것은 달마도 무슨 의도를 가지고 와서 중생을 제도하였다면 달마 자신이 부처라고 할지라도 자신이 조작한 것이 된다. 불법을 가지고 자신을 나타내는 마음으로 조작하여 중생을 제도하면 이것은 기어중죄에 속한다. 그러면 달마가 아무런 생각 없이 왔다면 "다른 사람에게 불법을 어떻게 전할 수 있는가?"라는 물음에 불법은 얻었다는 생각을 가지면 얻지 못한 것이라고 하고 있다. 대상의 불법을 얻을 것이라고 하는 것을 경계하고 있다. 이 말은 지금 임제의 앞에서 질문하고 있는 그 수행자에게 자신이 불법의 대의를 알아야 한다고 설하고 있다.352) 즉 자신이 자신의 불법을 체득해야 하는 것인데 타인의 불법을 체득했다는 생각을 가지면 안 된다고 하고 있다. 임제는 "이미 만약에 얻을 수 없다고 하면 무엇을 얻을 수 없다고 하는 근본적인 뜻은 무엇입니까?(既若不得, 云何是不得底意)"라는 질문에 지금 헐떡이는 마음을 쉬라고 하고 있다. 즉 이 마음을 내려놓지

352) 수행자와 범부의 입장은 다르기 때문에 이 논의 내용도 수행자의 입장에서 삼구와 삼현 삼요을 논한 것이다. 그러나 승속이나 세간과 출세간을 구분하는 것이 어떤 의미에서는 차별이지만 현대에서 생각하는 차이가 너무나 많아서 불가피하게 구분한 것이다.

못하면 자신의 머리를 가지고 자신의 머리를 찾는[將頭覓頭] 어리석은 짓을 하게 된다고 경책하고 있다. 이렇게 하면 다시 일구라는 말이 무슨 말인지 의심을 하게 된다. 일구라는 말을 『출요경』에 의하면 다음과 같이 설하고 있다.

> 우치한 사람은 많은 문구를 독송하면서도 일구의 도리도 깨달아 알지 못하지만 지혜가 있는 사람은 일구의 도리를 깨달아 알면 온갖 도리를 모두 깨달아 아네. 우치한 사람은 많은 문구를 독송하면서도 일구의 도리도 깨달아 알지 못한다고 하는 것은 우치한 사람은 지혜가 없어 행하지도 못하고 자신의 지견도 없고 안목도 없어서 듣고도 수행하려고 하지 않는다. 단지 그는 얕은 지혜인 추지만 가지고 음식을 탐하며 그는 많은 문구를 독송하면서도 일구의 도리도 알지 못한다. 그러므로 우치한 사람은 많은 문구를 독송하면서도 일구의 도리도 알지 못한다고 하는 것이다. 지혜가 있는 사람은 일구의 도리를 깨달아 알면 온갖 도리를 모두 깨달아 안다고 하는 것은 지혜가 있는 사람은 안목도 있고 지견도 있어서 자신이 세밀하게 사유하여 그것을 둘러싼 도리로 이것은 법에 상응하는 것이고 상응하지 않는 것을 안다. 그러므로 지혜가 있는 사람은 일구의 도리를 깨달아 알면 온갖 도리를 모두 깨달아 안다고 말하는 것이다.[353]

이처럼 일반적으로 많이 아는 지식을 중요시하는데 일구라는 한 문구라도 정확하게 알아야 한다고 강조하는 것에서 임제는 조불의 스승이라는 말을 하게 된 것이다. 이것의 근원은 불법

---

353) 『出曜經』卷19(T04, p.709b25~c3), "愚誦千章, 不解一句, 智解一句, 即解百義. 愚誦千章, 不解一句者, 愚者無智無行無見無眼不聞. 但有淺智 麤智, 貪食彼千句不解一句. 是故說, 愚誦千章, 不解一句也. 智解一句, 即解百義者, 智者有眼有見能細思惟, 彼一義圍遶義如(知)此, 法應爾不應爾. 是故說, 智解一句, 即解百義也."

에 대하여 임제는 '황벽불법무다자'라고 하고 있고 또 『대방광불화엄경』에 하나를 알면 모든 것을 알 수 있다는 "약일즉다다즉일(若一即多多即一)"354)에도 나타나 있는 것이다. 그리고 다문제일의 아난존자를 비유하는 예로 석가모니의 설법을 모두다 기억을 할지라도 일구(一句)를 알지 못하여 경전결집에 참석하지 못한 것이 된다. 즉 평생을 독송하고 기도할지라도 일구도 정확하게 모르고 수행하면 시간만 낭비하게 되는 고행이 된다. 그러므로 임제는 일구에서 정확하게 불법에 맞게 깨달아 알면 조불의 스승이라고 하고 있다. 이구와 삼구도 이와 같지만 차별로 알고 번역하여 인천의 스승이나 '자구불료'에 대하여 다르게 한 것은 아래에 다시 논하겠다.

(1) 일구(一句)

임제는 일구에는 삼현문이 갖추어져야 하고 일현문에는 삼요가 갖추어져야 방편이 있고 진여의 지혜를 사용할 수 있다355)고 설했다. 일구에 삼현문이 갖추어져야 한다는 것은 체중현, 구중현, 현중현(體中玄, 句中玄, 玄中玄)이나 일현, 이현, 삼현(一玄, 二玄, 三玄)이 구족되어야 하는 것이다. 삼현삼요를 체상용(體相用)과 성지행(性智行)으로 보기도 하고 일이삼현으로 보아 삼신, 삼학, 삼승으로 설명하면서 일구를 체상용이나 삼신, 삼학, 삼승으로 파악하기도 한다.356) 그러므로 체상용으로

---

354) 『大方廣佛華嚴經』卷8(T09, p.448b16).
355) 『臨濟語錄』(T47, p.497a19~21), "師又云, 一句語須具三玄門. 一玄門須具三要. 有權 有用. 汝等諸人, 作麼生會. 下座."
356) 柳田聖山 著, 一指 譯(1988), p.83~84.

파악한다는 것은 불법의 형성이 어떻게 이루어졌는지를 알아야 한다. 그래서 삼요가 구족되지 않으면 일구를 알기 어려운 것이다. 체상용은 본성은 체이고 본성으로 경계를 아는 것이 '상'이며 본성으로 아는 '상'을 그대로 사용하는 것이 '용'이다. 그리고 여기에 삼요를 삼신이나 삼학, 삼승으로 보면 삼현에 각각 삼요가 있어야 한다. 일구에 삼현문이 갖추어져 있다는 것은 불법의 기본 도리가 들어 있어야 하는 것이고 삼요가 있어야 하는 것도 불법의 구체적인 내용을 확신해야 하는 것이다. 일구의 도리를 깨달아 모든 생활을 진여의 지혜로 한다는 것은 언하돈오의 경지에 이른 무의도인이 되어야 한다. 그러므로 '불법도'에서 부처는 청정한 것이고 법이란 자신이 평등하게 바르게 아는 인연법이고 도는 어디에서나 청정한 바른 지혜로 생활하는 것이므로 일구에서 깨달아 알면 조불의 스승이 된다. 왜냐하면 조불을 대상으로 알지 않으므로 조불의 스승이라고 한 것이기 때문이다.

결론적으로 일구라는 한 문구를 정확하게 파악하여 불법에 맞게 알면 경전에 나오는 다음의 내용들도 이런 논리를 벗어나지 않는다고 하는 것이다. 그러므로 이 일구에서 알면 사량분별하려고 하는 것을 용납하지 않는다고 다음과 같이 설하고 있다.

어느 스님이 물었다. 무엇이 제 일구입니까? 임제가 대답했다. 삼요의 법인357)을 찍으면 빨간 인주로 인하여 숨은 글

---

357) 『楞嚴經正見』卷1(X16, p.638c9), "以上即是 印空印水印泥 三要印也." ; 『宗範』卷2(X6 5, p.347b3~24), "汝謂三要印, 即眞佛眞法眞道. 又計第一第二第三句有三門. 此汝錯擬以三玄門配三句, 及佛法道之三耳. 故謂第三

자가 그대로 나타나는 것처럼 주와 객으로 나누어 사량 분별하려고 하는 것을 용납하지 않는 것이다.358)

일구에서 깨닫는 것은 조불이라는 마음도 없는 무의도인이 되는 것이므로 조불의 스승이라고 한 것이다. 이것을 풍혈은 "그 말을 듣고 바로 할"을 했고 도오는 "바로 운제(雲際, 번뇌)로 향하는 것이니 동산의 왕래를 끊는 것"이라고 하였으며 해인은 "나타(불법을 옹호하는 대력귀왕)359)가 분노하는 것"이라고 하였으며 운봉360)은 "손이 무릎아래까지 내려온 것[垂手過膝: 부처의 32상(相)중의 하나]"이라고 하였다. 이것은 모두가 일구에서 깨달았다는 것을 자신들이 나타내고 있는 것이며 또 이들을 모두 도인이라고 해야 한다.

即本於眞佛. 二即本法, 一即本道. 道者佛法雙明, 炤用無礙. 故謂一與祖佛爲師, 旣佛法雙明, 有佛矣. 可與祖佛爲師哉. 又謂祖即法也. 分爲二句, 佛爲三句. 且問汝三句中得自救不了, 佛自救不了耶. 且不合濟云. 佛心淸淨是. 法心光明是. 道處處無礙淨光是. 汝謂一句中具三玄門, 即一句具三句, 權也. 在賓全正令也. 旣謂權, 豈全正令, 未夢見全正令旨. 又云一句明明該萬象此也. 以汝未明汾陽自爲一句, 菊花正塵塵盡是汾陽. 以曉人人該萬象, 塵塵盡本來人耳. 又謂三句只一句, 三玄只一玄, 故一玄中具三要, 言言不離本分, 實也. 立主要須圓也. 且問汝因甚道得意忘言道易親耶. 汾陽豈若汝不忘玄要名言, 翻覆顚倒哉. 又謂三玄只一玄, 三要只一要. 所以云四門通一要, 一要具三玄. 臨濟首山汾陽, 先三要後三玄, 實而權也. 汝莫謗好. 汝見一要具三玄, 謂要實玄權. 且問汝四門著落, 然後判一要, 始見不亂說. 首山云恁麼來者是誰, 一似指地, 一似驗他. 僧答某甲. 以名通來者, 常在途中, 不離家舍. 首云莫道是別人, 隱隱證他."

358) 『臨濟語錄』(T47, p.497a15~16), "僧問. 如何是 第一句. 師云. 三要印開朱點側(窄), 未容擬議主賓分."

359) 나타태자(那吒太子): 비사문천왕(毘沙門天王)의 태자로 세 개의 얼굴에 여덟 개의 팔을 가진 대력귀왕[三面八臂大力鬼王]

360) 『大乘百福相經』(T16, p.330b8), "九者平身端立垂手過膝. ; 『禪宗正脉』卷6(X85, p.475 c1~4), "僧問. 萬法歸一, 一歸何所. 師曰. 黃河九曲. 曰如何是第一句. 師曰. 垂手過膝. 曰如何是第二句. 師曰. 萬里崖州. 曰如何是第三句. 師曰. 糞箕掃帚."

이것을 방편으로 보면 일이삼구(一二三句)가 있고 조불이 있지만 진제의 입장에서는 명칭일 뿐이다. 이구와 삼구도 같은 것이지만 『임제어록』에 기록되어 있는 것을 살펴보면 다음과 같다.

(2) 이구(二句)와 삼구(三句)

일구에 이구와 삼구가 다 들어 있다고 보는 견해와 이구와 삼구를 각각 다르게 보는 견해가 있다. 각각으로 보는 것과 통합하여 보는 것은 요의경과 불요의경의 관점처럼 진제와 속제의 차이이다. 이것을 『선문강요집』에 의하면 "삼성장(三聖章) 이현화(二賢話) 일우설(一愚說)"361)로 분류하여 설명하고 있다. 여러 관점에서 해석할 수 있겠지만 성자나 현자의 관점에서 해석하는 차이와 범부의 입장에서 보는 차이는 권교와 실교의 차이이다.

즉 이것은 "약제이구중득(若第二句中得) 여인천위사(與人天爲師) 약제삼구중득(若第三句中得) 자구불료(自救不了)"362)라는 말에서 인천의 스승이나 '자구불료'363)라는 말 때문에 이론(異論)이 있는 것이다. 임제는 이구에 대하여 "묘해기용무착문(妙解豈容無著問), 화쟁부절류기(漚和爭負截流機)."364)라고 대

---

361) 『禪門綱要集』(H6, p.850b1~4), "三聖章 二賢話 第二篇 一愚說"
362) 『臨濟語錄』(T47, p.502a5~7), "若第二句中得, 與人天爲師. 若第三句中得, 自救不了."
363) 『萬松老人評唱天童覺和尚頌古從容庵錄』卷5(T48, p.275a12~13), "第三句薦得自救不了(說這不唧嚠漢 : 이 말은 지혜롭지 못하고 부적절하다는 뜻이다.)"
364) 『臨濟語錄』(T47, p.497a17), "妙解豈容無著問, 漚和爭負截流機."

답하고 삼구에 대하여는 "간취붕두롱괴뢰(看取棚頭弄傀儡), 추견도래리유인(抽牽都來裏有人)."365)이라고 대답했다. 이것은 "묘해가 어찌 무착의 질문을 용납할 수 있겠는가?"라고 하는 것에서 살펴보면 문수를 사람으로 보면 해결하기 어렵지만 문수는 진여의 지혜이고 무착은 유식과 공사상의 대가(大家)이므로 진여의 지혜로 생활하면 무착의 질문도 용납할 수 없는 것이라고 하는 것이 된다. 그리고 "방편[漚和]의 지혜로 절류기(수행자)를 거부하지 않는다."라고 하는 것은 일구에 모두가 있지만 중생을 교화하는 방편으로 이구에서 깨달으면 인천의 스승이라는 명칭을 사용한 것이라고 하고 있다. 그러므로 방편의 세제에서 보면 중생도 있고 부처나 조사도 있지만 진제의 입장에서 보면 캄캄한 것으로 모두가 부처가 된다. 또 삼구의 내용에서도 '자구불료'와 "看取棚頭弄傀儡, 抽牽都來裏有人"을 비교하여 설명하면 '자구불료'를 자신도 구제하지 못한다고 번역을 하면 어록을 보는 안목이 아니고 교학을 보는 수준이므로 앞 각주의 '설저부즉유한(說這不唧嚠漢)'이라는 고인의 말씀을 새겨보아야 할 것이다. 그러므로 '자구불료'는 자신이 부처의 입장에서 불법을 요달하는 것을 대상으로 알지 않는 것366)이라고 번역해야 한다. 그리고 "무대에서 꼭두각시가 노는 것을 보고는 이것을 조종하는 사람이 안에 있다는 것을 잘 살펴봐야 한다."에서 자기 자신을 움직이고 있는 그 사람을 잘 살펴보면 그 사람이 무의도인인 자신이 뇌므로 자신을 구제한

---

365) 『臨濟語錄』(T47, p.497a18∼19), "看取棚頭弄傀儡, 抽牽都來裏有人. (藉裏頭)"
366) 『宗範』卷2(X65, p.347b9∼10), "且問汝三句中得自救不了, 佛自救不了耶, 且不合濟."

다고 하는 것367)이 된다. 이 내용을 실제로 무대에 오른 연극을 상상하여 설명하면 대상으로 알게 되어 지혜가 없는 이들이 논쟁하는 것이 되어 자신의 머리를 찾는다고 헤매는 것이 된다. 이것을 육진경계를 보는 안목으로 이해를 하면 항상 타인의 말을 의심하여 그 말의 진의를 파악하여 알려고 해야 하는 것이 된다. 여기에서는 진실을 말하는 임제의 좌도량에서 설한 것이므로 그런 의심을 하라고 임제가 설법을 하여 수행자들을 기만하지는 않았을 것이다. 현대의 번역들을 보면 거의가 의심의 눈초리로 번역하고 있으니 모두가 의심하는 병들이 많을 수밖에 없다. 의심은 또 다른 의심을 낳는 것이어서 의심하는 중생의 눈에는 모든 것이 진실로 보이지 않게 된다.

2) 방편을 사용하는 도인

일구에 삼현문이 구족되어야 하고 일현문에는 삼요가 구족되어야 한다고 임제는 다음과 같이 설하고 있다.

> 임제가 또 말했다. 일구에는 반드시 삼현문을 구족하여야 하고 일현문에는 반드시 삼요가 구족되어야 방편으로 교화할 수도 있고 자신이 진여의 지혜로 생활할 수도 있다. 그대들 모두는 이것을 어떻게 깨달아 알았는가? 라고 하고 법좌에서 내려 왔다.368)

---

367) 『人天眼目』卷1(T48, p.301c15~17), "일구에서 깨달아 체득하면 입전수수하는 것이다. 이구에서 깨달아 체득하면 무승자박에서 해탈하는 것이다. 삼구에서 깨달아 체득하면 네 개의 다리로 착지하는 것이므로 완벽하게 깨닫게 되는 것이다.(第一句薦得, 和泥合水. 第二句薦得, 無繩自縛. 第三句薦得, 四稜著地)."

삼현에 대하여 이처럼 간략하게 언구만 언급하고 해설이 없으므로 후인들의 논쟁거리가 되었지만 일현(一玄)·이현(二玄)·삼현(三玄)과 체중현·구중현·현중현369)으로 보는 경우

---

368) 『臨濟語錄』(T47, 497a19~21), "師又云. 一句語須具三玄門, 一玄門須具三要, 有權有用. 汝等諸人, 作麼生會. 下座."

369) 『人天眼目』卷1(T48, pp.301c24~302b2), "삼현삼요: 스님이 말했다. 무릇 종승을 연창할 때에 일구에는 반드시 삼현문이 구족되어야 하고 일현문에는 반드시 삼요를 구족해야 방편[權]도 있고 진여의 지혜로 생활[實]할 수도 있으니 관조하고 활용하는 것이니 그대들은 모두 깨달아 알겠는가? 이후에 분양선소화상이 와서 앞의 말을 들어 말했다. 어느 것이 삼현삼요의 근원적인 문구인가? 물었다. 제일현은 무엇입니까? 분양이 대답했다. 친히 음광(가섭)을 면전에서 부촉한 것이다. 도오가 말했다. 석존이 아난의 어깨를 비추는 것이다. 제이현이란 무엇입니까? 분양이 대답했다. 상을 없애고 언어문자의 방편을 벗어난 것이다. 도오가 말했다. 고륜이 모든 상을 모으는 것이다. 제삼현이란 무엇입니까? 분양이 대답했다. 맑은 거울이 차별 없이 비추는 것이다. 도오가 말했다. 마른 뽕나무에서 물이 나오기를 기다리는 것이다. 제일요는 무엇입니까? 분양이 말했다. 말에 조작이 없는 것이다. 도오가 말했다. 정추로 모두 관조하는 것이 제일이다. 제이요란 무엇입니까? 분양이 대답했다. 천성이 그대로 현지의 이치를 깨닫는 것이다. 도오가 말했다. 번쩍이는 지혜로 천지를 밝게 비추는 것이다. 제삼요란 무엇입니까? 분양이 대답했다. 사구백비를 초월하여 한산의 도를 모두 아는 것이다. 도오가 말했다. 협로에 청송이 늙은 것이다. 제일현은 조용이 동시에 완벽해지고 칠성의 지혜광명이 찬란하여 만 리에 종적이 없는 것이다. 제이현은 송곳이 날카로워 의심을 하려고 하면 뺨을 뚫고 지나가 얼굴을 찢지만 양어깨에 의지 하는 것이다. 제삼현은 묘용이 모두를 구족하여 근기에 따라 이사를 밝혀서 만법이 체에 온전하게 있는 것을 아는 것이다. 제일요는 육근과 육경을 모두 잊고 조짐조차도 끊으니 산이 무너지고 바다가 마르며 티끌까지도 모두 없애고 차가운 재까지도 탕진해야 비로소 현묘한 지혜를 얻는 것이다. 제이요는 송곳을 관조하여 지혜를 드러내어 가고 오는데 자재하여 지혜로 갑을 투과한 칠성의 광명이 빛나는 것이다. 제삼요는 송곳이나 낚시를 사용하지 않고 진여의 지혜로 사면초가에서 소리를 하니 그것을 듣는 자는 모두 와서 관조한다. 삼현삼요의 일은 나누기 어려우니 뜻을 체득하면 언어문자를 버려야 도와 가까워지니 일구에 명명백백하게 모두가 갖추어져 있는 것으로 구월구일 중양절에 국화가 새롭네.(三玄三要 師云. 大凡演唱宗乘, 一語須具三玄門, 一玄門須具三要, 有權有實, 有照有用, 汝等諸人作麼生會. 後來汾陽昭和尚, 因擧前話乃云. 那箇是三玄三要底句. 僧問. 如何是第一玄. 汾陽云. 親囑飮光前. 道吾. 釋尊光射阿難肩. 如何是第二玄. 汾云. 絶相離言詮. 吾云. 孤輪衆象攢. 如何是第三玄. 汾云. 明鏡照無偏. 吾云. 泣向枯桑淚漣漣. 如何是第一要. 汾云. 言中無作造. 吾云. 最好精麁照. 如何是第二要. 汾云. 千聖入玄奧. 吾云. 閃爍乾坤

에서 일이삼현에 대하여 먼저 설명하고 내용을 알아보겠다.
일현에 대하여 분양과 도오는 "僧問. 如何是第一玄. 汾陽云.
親囑飮光前. 道吾云. 釋尊光射阿難肩"이라고 하고 있다. 이것
은 분양이 가섭에게 염화미소로 이심전심의 불법을 전수한 것
이라고 한 것370)이고 도오는 아난이 불법을 감당하여 수호하
게 하는 것이라고 설명하고 있다. 그리고 이현(二玄)에 대하여
는 "如何是第二玄. 汾云. 絶相離言詮. 吾云. 孤輪衆象攢."이
라고 하는 것에서 분양은 의식의 상을 끊어 언전(言詮)을 벗
어나는 것371)이라하였고 도오는 고륜(孤輪)으로 중상(衆象)이
모이는 것이라 하였다. 또 삼현(三玄)에 대하여 "如何是第三
玄. 汾云. 明鏡照無偏. 吾云. 泣向枯桑淚漣漣."이라고 한 것
은 분양은 명경(明鏡)은 편견 없이 관조하는 것372)이라 하였
고 도오는 마른 뽕나무에서 물이 나오기를 기다리는 것이라고
하였다. 그리고 『오가종지찬요』에 의하면 일현을 현중현, 이현
을 구중현, 삼현을 체중현이라고 다른 이들의 주장과 반대로
일현과 삼현을 반대로 설명373)하는 것처럼 볼 수 있지만 결국

光晃耀. 如何是第三要. 汾云. 四句百非外, 盡踏寒山道. 吾云. 夾路青松老.
汾陽頌(并)總. 第一玄, 照用一時全, 七星光燦爛, 萬里絶塵烟. 第二玄, 鉤
錐利便尖, 擬議穿腮過, 裂面倚雙肩. 第三玄, 妙用具方圓, 隨機明事理, 萬
法體中全. 第一要, 根境俱忘絶朕兆, 山崩海竭灑飄塵, 蕩盡寒灰始得妙. 第
二要, 鉤錐察辨呈巧妙, 縱去奪來掣電機, 透匣七星光晃耀. 第三要, 不用垂
鉤并下釣, 臨機一曲楚歌聲, 聞者盡教來反照(一作聞了悉皆忘反照). 三玄三
要事難分, 得意忘言道易親, 一句明明該萬象, 重陽九日菊花新.)"

370) 『人天眼目』卷1(T48, p.302a18∼19), "第一玄, 照用一時全, 七星光燦
爛, 萬里絶塵烟."

371) 『人天眼目』卷1(T48, p.302a20∼21), "第二玄, 鉤錐利便尖, 擬議穿腮
過, 裂面倚雙肩."

372) 『人天眼目』卷1(T48, p.302a22∼23), "第三玄, 妙用具方圓, 隨機明事
理, 萬法體中全."

373) 『五家宗旨纂要』卷1(X65, pp.256c3∼257a14), "첫째로 현중현은 조주
의 정전백수자(庭前柏樹子) 화두와 같다. 이 말은 본체 상에서 본체에 집

은 같다.

여기에서 일현을 삼산래는 "무엇이 일현입니까? 삼산래가 말하기를 금강을 두 사람이 견디는 것이다. 송으로 말했다. 거북이가 하늘을 나는 것이고 오직 일척의 흔적만 남은 것이며 위음왕 이전374)을 확실히 밟은 것이네."라고 하는 것을 보면 현중현이지만 체중현과 가깝다고 설명하는 것이다[還直以第一玄假立爲體中玄者近是].

착하지 않는 것이고, 언구 상에서 언구에 집착하지 않는 것이다. 현묘함이 한이 없어 시절인연을 기다리지 않는 것이 기러기가 하늘을 날아가는 것과 같고 그림자가 찬물에 빠지는 것과 같다. 그러므로 역시 용중현이라고 말한다. ... 두 번째는 구중현으로 장씨가 술을 마시는데 이씨가 취하는 것이다. 전삼삼후삼삼이고 육육은 삼십육으로 그 언어문자에서 뜻을 찾아서는 안 된다. 비록 본체에서 나오기는 하였지만 이 일구는 체에 구속받지 않는 것이다. ... 세 번째는 체중현으로 이것이 진체에서 나오는 최초의 일구이다. 이 일구는 바로 체중현으로 말속에 도리를 드러내는 것이므로 현지에서 체가 드러나는 것이다. 비록 이 도리를 밝히는 것이지만 지혜는 지위를 떠나지 않는다.(濟宗三玄要 第一玄中玄 如趙州答庭柏話. 此語於體上又不住於體, 於句中又不著於句. 妙玄無盡, 事不投機, 如雁過長空, 影沉寒水. 故亦名用中玄. 三山來云. 如趙州答庭柏話, 此則就其現前指點, 拈來便是. 何等明淺, 而目爲玄中玄耶. 且焉得以玄中玄看作用中玄. 豈有用中玄而爲第一玄之理, 蓋凡演唱宗乘. 何語不從體中發出, 未有能離體說法者, 還直以第一玄假立爲體中玄者近是. 如何是第一玄. 三山來云. 金剛兩頭肩. 頌曰. 第一玄, 烏龜飛上天, 單剩一隻脚, 踏著威音前. 第二句中玄 如張公喫酒李公醉. 前三三後三三, 六六三十六, 其言無意路. 雖是體上發, 此一句不拘於體故. 三山來云. 如六六三十六之語, 此正是親切指點, 焉得謂之言無意路而目爲句中玄耶. 須知第二句中玄即用中玄. 蓋有體而後有用, 凡所發揮, 皆是從體起用. 故宜以用次於體, 還直以第二玄假立爲用中玄者近是. 如何是第二玄. 三山來云. 空手把金鞭. 頌曰. 第二玄, 騎馬上高竿, 嗊地翻筋斗, 弔下一文錢. 第三體中玄, 此乃是最初一句, 發於眞體. 此一句便具體中玄, 因言顯理, 以顯玄中之體. 雖明此理, 乃是機不離位故. 三山來云. 如云體中玄是最初一句, 發於眞體, 既是最初一句, 發於眞體. 豈得以最初眞體之句而目爲第三玄耶. 須知第三玄, 乃是玄中玄. 蓋兼前體用兩者, 盡在當機拈出, 名爲體. 不得名爲用. 不得名爲非體非用. 不得迥出意言, 難於測度, 非單就體而言也. 還直以第二玄假立爲玄中玄者近是. 如何是第三玄. 三山來云. 虛空打鞦韆. 頌曰. 第三玄, 囫圇沒中邊, 東洋飄大海, 架箇無底船.)"

374) 威音王佛 이전은 최초의 부처를 말하는 것으로 '부모미생전'의 뜻과 같이 조작이 전혀 없는 진여를 말함.

그리고 이현에 대하여 삼산래는 "무엇이 제 이현입니까? 삼산래가 말했다. 빈손으로 금편을 잡는 것이다. 게송으로 말했다. 말을 타고 솟대에 오르는 것이며, 머리 돌려 아는 것이니, 조문 와서 쓸데없는 말하네."라고 하고 있듯이 언구에서 불법의 현지를 밝혀야 하는 것이다. 즉 구중현에 대하여 "두 번째는 구중현으로 장씨가 술을 마시는데 이씨가 취하는 것이다. 전삼삼후삼삼이고 육육은 삼십육으로 그 언어문자에서 뜻을 찾아서는 안 된다. 비록 본체에서 나오기는 하였지만 이 일구는 체에 구속받지 않는 것이다."라고 하고 있듯이 언어문자에 구속받지 않고 현지를 파악하여야 한다.

삼현에 대하여 삼산래는 "무엇이 제삼현입니까? 삼산래가 말했다. 허공에서 그네를 타는 것이다. 게송으로 말했다. 제삼현은 혼륜에는 중변(中邊)에 떨어진 것이고 동양이 대해에서 풍랑을 만난 것이며 기둥이 밑 바닥없는 배에 있는 것이네."라고 하고 있는 것은 "반드시 제삼현은 현중현이라는 것을 알아야한다. 대개 앞의 것을 체용으로 설명하면 이름을 체라고 하고 이름 붙일 수 없는 것을 용이라고 한다. 이름 붙일 수 없는 것을 비체비용이라고 한다. 부득이 뜻으로 말하지만 측량하기 어려워도 체만 취하는 것은 아니다. 도리어 이현으로 돌아오지만 임시로 현중현에 가깝다고 할 수 있다."라고 하는 것은 현지에서 현지를 찾는 것이기 때문에 자신의 머리를 찾는다고 한 것이다. 이처럼 말하는 경우에도 결국은 삼현을 체중현.구중현.현중현의 순서로 말하는 것이므로 이것을 설명하고 있는 『인천안목』이나 『선림승보전』에 의하여 살펴보겠다.

(1) 체중현

체중현에 대하여 일현으로 설명하고 있는 『인천안목』에 의하면 "어느 스님이 물었다. 무엇이 일현입니까? 분양이 대답했다. 가섭에게 부촉한 것이다. 도오가 말했다. 아난에게 불법을 감당하여 수호하게 하는 것이다."375)라고 하였고 또 "제일현은 관조와 활용을 동시에 하는 것이니 칠성(七星, 검)의 광명이 찬란하여 만리에 종적이 없는 것이다."376)라고 하며 또 "일현은 삼세의 제불이 무엇을 베풀려고 하여도 꿈속에서 자비를 베푸는 것이 되어 경박함만 나오니 단정히 좌선하면서도 단견에 떨어지는 것이네."377)라고 하고 있다.

분양선소(947~1024)와 도오 그리고 자명초원(986~1040)이 설명하고 있는 이 내용을 보면 분양은 염화미소를 설명한 것378)이고 도오는 아난이 부처의 설법을 듣고 깨닫지 못했지만 이후에 깨닫고 경전결집에 참여하여 경전결집의 중요한 부분을 감당할 것을 미리 예측한 것이라고 하는 것이다. 이것은 쉽게 말하면 본체에 저장하여 뒷날 감당할 수 있게 하였다고 설명하고 있다. 그리고 자명은 게송으로 체중현의 단계를 설명하고 있다. 이것은 다른 관점에서 보면 마음이 부처라는 '즉심

---

375) 『人天眼目』卷1(T48, p.302a5~6), "僧問. 如何是第一玄. 汾陽云. 親囑飮光前. 吾云. 釋尊光射阿難肩."
376) 『人天眼目』卷1(T48, p.302a18~19), "第一玄. 照用一時全, 七星光燦爛, 萬里絶塵烟."
377) 『人天眼目』卷1(T48, p.302b4~5), "第一玄. 三世諸佛擬何宣, 垂慈夢裏生輕薄, 端坐還成落斷邊"
378) 부가설명으로 "제일현은 관조와 활용(活用)은 동시에 하는 것이니 칠성(七星, 검)의 광명이 찬란하여 만 리에 종적이 없는 것"이라고 본체의 근본을 설명하고 있다.

시불'을 말하는 것으로 도(道)에 들어간 처음 단계라고 할 수 있다. 그러므로 부처를 아무리 설명을 하여도 알아듣지 못하고 단견에 떨어진다고 하며 낮은 단계의 도(道)라고 설명하고 있다.

승고는 체중현에 대하여 "부처가 손으로 땅을 가리키면서 말하기를 이곳에 사찰을 건립해야 하겠다고 하니 '제석천이 풀을 하나 가지고 와서 그곳에 꽂고는 말하기를 사찰을 건립했습니다.'라고 하였다. 부처님이 미소를 지었다."379)라고 하는 비유와 "수료가 마조에게 밟혀 넘어지고 일어나면서 말하기를 삼라만상의 온갖 미묘한 도리가 단지 하나의 털끝에 있는 것처럼 바로 그 근원을 체득했다." 그리고 "어느 스님이 조주에게 물었다. 무엇이 학인의 자신입니까? 조주가 대답했다. 산하대지이다."380)라고 설명하고 있다. 그리고 다시 설명하기를 체중현에서 깨달을 수 있지만 칼 날 위에서 하는 것처럼 해야 한다는 말을 하고 있다. 여기에서 잘못하면 일구에 얽매여 살게 되므로 줄탁동시의 안목은 깨달았을지라도 사용을 하지 못하는 문제가 있을 수 있다고 체중현의 문제점을 지적하고 있다.381)

이 말은 세 가지의 비유로 첫째는 사찰이라는 법당을 건립하는 것은 지금 여기에 바로 작용하고 있는 실제의 생활이 불법

---

379) 『禪林僧寶傳』卷12(X79, p.516b14~16), "古曰. 佛以手指地曰, 此處宜建梵刹, 天帝釋將一莖草, 插其處曰. 建梵刹竟, 佛乃微笑."

380) 『禪林僧寶傳』卷12(X79, p.516b16~18), "水潦被馬祖一踏踏倒, 起曰萬象森羅, 百千妙義, 只向一毫上, 便識得根源. 僧問趙州. 如何是學人自己. 州對曰. 山河大地."

381) 『禪林僧寶傳』卷12(X79, p.516b18~22), "此等所謂合頭語, 直明體中玄, 正是潑惡水, 自無出身之路. 所以雲門誠曰. 大凡下語如當門劍, 一句之下, 須有出身之路. 若不如是, 死在句下. 又南院云. 諸方只具啐啄同時眼, 不具啐啄同時用."

이라고 하고 있는 것이다. 그리고 모든 법문이 한 털 끝에 있다는 것과 자기 자신이 무엇이냐는 질문에 대한 대답이 산하대지가 자신이고 이것은 털끝에 있는 도리를 체득해야한다고 하고 있다. 이와 같은 견해를 가지고 이해하려고 하면 털끝과 산하대지라는 생각에서 벗어나지 못하는 맹점을 승고는 다음과 같이 설명하고 있다.

스님이 물었다. 삼현이 반드시 일시에 견해가 원만하게 갖추어지지 않았다면 무슨 허물이 있습니까? 고수가 대답했다. 단지 체중현은 체득했다고 할지라도 구중현은 요달하지 못한 것이다. 이 사람은 항상 불법의 지견은 있다고 할지라도 하는 말마다 각각을 삼승에 계합시키려고 한다. 대답하는 말에는 반드시 시절인연에 의지하고 이사를 구족하고 빈주를 나누어야 비로소 원만하다고 하고 그렇지 않으면 치우쳤다고 한다. 이 사람은 불법의 지견을 잊지 않아서 자신의 도안을 밝히지 않으므로 눈에 금가루가 있는 것과 같다. 반드시 구중현에서 다시 깨달아야 바르다고 할 수 있다. 만약에 단지 구중현만 깨달으면 법신은 깨달아 체득할 수 있지만 그러나 반대로 지견의 노예가 되어 실행을 할 수 없다. 싫어하고 좋아하는 인아상이 있으면 마음밖에 대상경계가 있게 되어 체중현을 밝히지 못하게 된다. 운문이나 임제의 문하의 법손들이 대부분 이와 같다.382)

즉 체중현만 체득하고 구중현을 체득하지 못하면 자신이 가

---

382) 『禪林僧寶傳』卷12(X79, p.517a8～15), "僧曰. 三玄須得一時圓備(若見未圓備)有何過. 古曰. 但得體中玄, 未了句中玄. 此人常有佛法知見, 所出言語, 一一要合三乘. 對答句中, 須依時節, 具理事, 分賓主, 方謂之圓, 不然, 謂之偏枯. 此人以不忘知見, 故道眼未明, 如眼中有金屑. 須更悟句中玄, 乃可也. 若但悟句中玄, 即透得法身, 然返爲此知見奴使, 並無實行. 有憎愛人我, 以心外有境, 未明體中玄也. 雲門臨濟下兒孫, 多如此."

진 불법의 지견[지식과 식견]으로만 이해하려고 하여 삼승[성문·연각·보살]에 맞추어 평가하려고 하는 것이므로 나무는 볼지라도 숲을 보지 못하는 것을 지적하고 있다. 그러므로 자신이 도인이 되지 못하면 불법을 짊어지고 다녀야 된다고 설명하는 것이다. 여기에서 금가루가 눈에 들어가 있어서 방해가 된다고 비유하는 것처럼 송아지 목에 순금으로 된 방울을 달아놓은 것과 같은 것이다. 즉 운문은 칼날에서 행하는 것에 비유하였고 또 남원은 제중현을 줄탁동시의 안목에 비유하여 체중현을 사용하지 못하면 구중현을 체득해야 한다고 지적하고 있다.383) 그리고 임제나 운문문하의 제자들도 이와 같다고 말하는 것은 염화미소나 불립문자를 뜻으로 이해하려고 하는 체중현의 단점을 구중현으로 보완하여야 한다고 설명하는 것이다.

혜홍각범(1071~1128)은 "고덕이 말했다. 일구의 말속에는 반드시 삼현을 구족해야 한다. 그러므로 이 삼현의 법문이 부처의 지견이고 모든 부처도 이 법문으로 법계중생을 제도하여 해탈시켜서 모두 성불하게 했다는 것을 알아야 한다. 지금 사람들은 도리어 삼현이 임제가풍이라고 하는데 이것은 잘못이다."384)라고 했다. 혜홍각범은 삼현법문이 임제의 가풍이 아니고 제불의 법문이라고 하고 있다. 그러므로 정법을 계승했다고

---

383) 『禪林僧寶傳』卷12(X79, p.516c6~11), "僧曰. 既悟體中玄, 凡有言句, 事理俱備, 何須句中玄. 古曰. 體中玄臨機須看, 時節分賓主, 又認法身法性, 能卷舒萬象, 縱奪聖凡, 被此解見所纏, 不得脫灑, 所以須明句中玄. 若明得, 謂之透脫一路, 向上關捩. 又謂之本分事, 祇對更不答話."

384) 『禪林僧寶傳』卷12(X79, p.516a21~24), "古德云. 一句語之中, 須得具三玄. 故知. 此三玄法門, 是佛知見, 諸佛以此法門, 度脫法界衆生, 皆令成佛. 今人却言, 三玄是臨濟門風, 誤矣."

설명하는 것을 임제가 만든 독자적인 것이 아니라고 비판하는 것이다. 그러나 승고의 설명이 오히려 더 설득력이 있고 즉 임제의 가풍이 아니라 석가와 제불의 가풍이므로 오히려 임제가 정법을 계승하였다고 한 것이 된다.

(2) 구중현

구중현에 대하여 이현으로 설명하고 있는 『인천안목』에 의하면 "무엇이 이현입니까? 분양이 말했다. 의식의 상을 끊어 언전(言詮)을 벗어나는 것이다. 도오가 말했다. 고륜으로 중상이 모이는 것이다."[385] 라고 하고 있다. 또 "제이현은 송곳이 날카로워 의심을 하려고 하면 얼굴을 뚫고 지나가니 얼굴이 찢어져 양어깨로 의지하는 것이다."[386]라고 하며 "이현(二玄)은 영리한 납승이 안목을 밝히지 못하면 전광석화와 같은 지혜가 있어도 오히려 둔하게 되고 눈을 치켜들고 눈을 깜박이면 관산(關山)하며 돌아다니네."[387]라고 하고 있다.

분양과 도오와 자명이 설명하고 있는 내용을 보면 분양은 언전에서 현지를 체득해야 하는 것이고 도오는 불심으로 모든 모양[衆象]이 모인다고 하는 것은 현지를 파악해야 하는 것을 설명하고 있다. 그 다음은 문구(文句)에 의심을 내려고 하면 벌써 어긋난다는 의심즉차(擬心卽差)와 동념즉괴(動念卽乖)를

---

385) 『人天眼目』卷1(T48, p.302a7~8), "如何是第二玄. 汾陽云. 絕相離言詮. 道吾云, 孤輪衆象攢."

386) 『人天眼目』卷1(T48, p.302a20~21), "第二玄, 鉤錐利便尖, 擬議穿腮過, 裂面倚雙肩."

387) 『人天眼目』卷1(T48, p.302b6~7), "第二玄. 靈利衲僧眼未明, 石火電光猶是鈍, 揚眉瞬目涉關山."

설명하는 것이고 또 체중현에서 전광석화와 같은 지혜가 있어도 구중현을 체득하지 못한다고 하고 있다.

즉 『선림승보전』에 승고는 다음과 같이 구중현에 대하여 비유하여 설명하고 있다. "비구가 부처에게 무슨 법을 설하느냐고 물으니 부처가 대답하기를 정해진 법을 설한다. 또 물었다. 내일은 무슨 법을 설하시겠습니까? 부처가 말했다. 정해진 법이 없다. 물었다. 오늘은 왜 정해진 법을 설하고 내일은 왜 정해진 설법을 하지 않습니까? 부처가 말했다. 오늘은 정해진 것이지만 내일은 정해진 것이 아니기 때문이다."라고 하고 있다. 그리고 "청원행사에게 물었다. 무엇이 불법의 대의 입니까? 대답했다. 여릉의 쌀값이다."라고 하였다. 또 "조주에게 물었다. 듣기로는 화상께서는 남전을 친견했다고 하시던데 맞습니까? 대답했다. 진주에는 큰 무가 나온다."라고 하였다. 그리고 "운문에게 물었다. 무엇이 부처와 조사를 초월하는 말입니까? 대답했다. 호병이다. 무엇이 향상일로의 관문으로 돌아온 것입니까? 대답했다. 동쪽의 산과 서쪽의 고개가 푸르다."라고 하고 또 "동산에게 물었다. 무엇이 부처입니까? 대답했다. 삼베가 세근이다."라고 하는 것을 구중현이라고 설명하고 있다.

이것을 설명하면 부처의 설법은 지금 이 자리에서 하는 것을 말하는 것이므로 똑같이 고정된 설법을 반복하지 않는 것이다. 그리고 불법의 대의가 여릉의 쌀값이라는 것은 고정된 쌀값이 아니듯이 고정된 대의는 없다는 것을 설명하는 것이다. 조주의 친견이라는 것은 불불불상견(佛佛不相見)[388]이라

---

388) 부처는 부처의 경계를 대상으로 두지 않는 것을 말함.

고 하는 것이므로 동문서답과 같은 일이 벌어지는 것이다. 즉 그 다음의 내용은 지식으로 이해하려고 하면 부처나 도인이 무엇인지 알아야 하고 또 자신의 마음이 공(空)이라는 사실을 친견해야 알 수 있다. 그리고 육경이 공(空)이라는 사실을 알아야 구중현에서 촉목시도(觸目是道)를 알 수 있다.

승고는 여기에서 더 나아가 구중현의 문제점은 언구에 얽매이는 것이라고 하면서 "지금은 이렇게 하는 것이 최선이겠지만 이렇게 하는 것이 천하에 크게 유행하면 조사의 선풍은 사라지고 언구 중에 도(道)가 있다고 생각하게 된다. 만약에 언구에 얽매이지 않으려면 반드시 현중현에서 밝혀 깨달아야 한다."389)라고 하며 현중현에서 깨달아야 한다고 하면서 조사선이 사라질 것을 예언하고 있다. 그리고 체중현이나 구중현에서 체득하여 해탈할 수 있지만 지견(知見)과 견해가 남아 있으면 도(道)를 깨닫지 못하고 타인의 분상에서 말한 언구이므로 이 부분에 대하여는 대답하지 않고 현중현에서 체득해야 한다고 설하고 있다.390) 그리고 현중현에서 깨달아야 한다고 다음과 같이 기록하고 있다.

만약에 … 모든 수행자들은 일종의 현문을 체득하여 깨달아야 하고 또 반드시 현중현에서 깨달아 밝혀야 비로소 능히 좌선하지 않고 고정된 노상에서 벗어나 비로소 평온을

---

389) 『禪林僧寶傳』卷12(X79, p.516c23~24), "祖風歇滅"을 예언한 것이라고 한 이유는 혜홍의 사상이 대해종고의 간화선으로 전환되었기 때문이다.

390) 『禪林僧寶傳』卷12(X79, p.516c18~24), "若於此等言句中, 悟入一句, 一切總通. 所以體中玄見解, 一時淨盡, 從此已後, 總無佛法知見. 便能與人去釘楔, 脫籠頭, 更不依倚一物. 然但脫得知見見解, 猶在於生死, 不得自在. 何以故, 爲未悟道故, 於他分上, 所有言句, 謂之不答話. 今世以此爲極則, 天下大行, 祖風歇滅, 爲有言句在. 若要不涉言句, 須明玄中玄.

체득하고 실지를 밟고 생활할 수 있다.391)

구중현의 단점을 지견의 노예가 되어 실천을 하지 못하는 것이라고 지적하며 현중현에서 깨달아야 한다고 하고 있다. 혜홍이 승고를 비판한 것을 보면 승고가 "덕산연밀이나 동산수초(910~990), 지문사관, 파릉호감은 단지 언교만 깨달아 체득하였지만 견성하여 도(道)를 깨닫지 못했다라고 하고 있다. 그러면서 어느 스님이 파릉에게 물었다. 무엇이 제바(提婆)의 종지 입니까? 파릉이 대답했다. 은쟁반에 담긴 눈과 같다. 물었다. 무엇이 취모검 입니까? 대답했다. 산호의 가지마다 달이 있다. 물었다. 부처의 교와 조사의 의지가 동일합니까? 다릅니까? 대답했다. 닭은 추우면 나무에 올라가고 오리는 추우면 물에 들어간다."392)라고 운문의 은혜에 보답하였다고 설명하고 있다.

승고는 이들에게 이러한 언구에 대한 지견이 남아 있으면 사구(死句)이므로 도(道)를 깨닫지 못한 구중현의 단계라고 하는 것이고 혜홍은 활구이므로 승고가 말한 이들도 도(道)를 깨달았다고 두둔하고 있다. 이것은 어떻게 하면 사구이고 활구인지는 자신들이 어떻게 활용하는지에 달려있다.

---

391) 『禪林僧寶傳』卷12(X79, p.517a13~17), "若但悟句中玄, 即透得法身, 然後爲此知見奴使. ... 凡學道人, 縱悟得一種玄門. 又須明取玄中玄, 方能不坐在脫灑路上, 始得平穩, 脚踏實地."
392) 『禪林僧寶傳』卷12(X79, p.517b22~c1), "如德山密, 洞山初, 智門寬, 巴陵鑒, 只悟得言教, 要且未悟道見性. 何以知之, 如僧問巴陵, 提婆宗. 答曰銀椀裏盛雪. 問吹毛劍. 答曰. 珊瑚枝枝撑著月. 問佛教祖意是同別. 答曰. 雞寒上樹, 鴨寒下水."

(3) 현중현

현중현에 대하여 삼현으로 설명하고 있는『인천안목』에 의하면 "무엇이 삼현(三玄)입니까? 분양이 말했다. 밝은 거울은 편견 없이 모두를 관조한다. 도오가 말했다. 마른 뽕나무에서 물이 나오는 것이다."393)라고 하였다. 또 "제삼현은 묘용이 모든 것에서 구족하여 근기에 따라 이사를 명확하게 아니 만법이 체에 온전하게 있는 것을 아는 것이다."394)라고 하였다. 또 "삼현은 삼라만상 넓은 우주에서 구름이 흩어져 있는 산은 공허하고 맑으니 떨어진 꽃잎이 큰 강에 가득하네."395)라고 하고 있다. 분양과 도오와 자명이 설명하고 있는 내용을 보면 분양은 심경에 비유하여 자신의 명경(明鏡)이 깨끗하면 만법이 청정하여 대상경계를 청정하게 보고 생활하게 된다고 하는 것이다. 그리고 도오는 망념이 없는 경지를 설명하고 있고 또 분양은 현묘한 지혜의 작용[妙用]을 설명하고 있다. 자명의 게송은 이후에 "空山無人, 水流花開, 鷥子滿慈, 泯其智辯, …"396)라는 지혜와 변재를 초월하는 조사선의 몰종적의 실천을 현중현이라

---

393) 『人天眼目』卷1(T48, p.302a9~10), "如何是第三玄. 汾陽云. 明鏡照無偏. 道吾云. 泣向枯桑淚漣漣."

394) 『人天眼目』卷1(T48, p.302a22~23), "第三玄. 妙用具方圓, 隨機明事理, 萬法體中全."

395) 『人天眼目』卷1(T48, p.302b8~9), "第三玄. 萬象森羅宇宙寬, 雲散洞空山嶽靜, 落花流水滿長川."

396) 『虛堂和尚語錄』卷3(T47, p.1006a24~25), "상당하여 말했다. 공산에 무인(無人)이어도 물은 흐르고 꽃이 피는 것처럼 사리불과 부르나가 그들의 지혜와 변재를 없애는 것이고 이루(离婁)와 사광(師曠)[천안통과 천이통]이 그들의 총명을 없애는 것이다. 왜냐하면 법을 아는 자만이 법이 무서운 줄 알기 때문이다.(上堂. 空山無人, 水流花香, 鷥子滿慈, 泯其智辯, 离婁師曠, 黜其聰明. 何也, 識法者懼.)"

고 설하고 있다. 이와 같은 것은 인아상을 버린 경지의 설법이
다.

『선림승보전』에는 승고는 석가와 마조 임제의 비유로 다음과
같이 방편문중에서 현지의 극칙이라고 하며 오로지 깨달아야
알 수 있다고 하고 있다.

    스님이 물었다. 무슨 말이 시절인연이 되는 것을 현중현이
    라고 합니까? 승고가 말했다. 외도가 부처에게 물은 것처럼,
    말을 하는 것도 묻지 않고 말을 하지 않는 것도 묻지 않겠
    다고 물으니 세존이 양구하였다. 외도가 말하기를, 세존이
    대자대비를 베풀어 저의 미혹한 안목을 사라지게 하여 저를
    깨달음을 체득하게 하여 주셨다고 하였다. 또 스님이 마조에
    게 물었다. 사구를 벗어나고 백비를 떠나 달마조사가 서쪽에
    서 오신 뜻을 정확하게 말씀하여 주십시오. 대답했다. 내가
    지금 그렇게 말할 마음이 아니니 단지 지장에게 가서 물어
    보아라. 스님이 지장에게 가서 물으니 지장은 내가 지금 머
    리가 아프니 백장에게 가서 물어서 취하라고 하였다. 또 백
    장에게 물으니 백장이 대답했다. 나의 이곳에서는 그것을 대
    상으로 알지 않는다. 또 임제가 황벽에게 무엇이 불법의 정
    확한 대의냐고 세 번 묻고 세 번 맞은 것이 이것이다. 이와
    같은 인연들이 방편문중에서 현지의 극칙이라고 하는 것이
    니 오로지 깨달아야만 비로소 이것을 알 수 있는 것이다. 만
    약 조사의 처음 종지를 찾는다면 그것도 바른 것이 아니
    다.397)

---

397) 『禪林僧寶傳』卷12(X79, pp.516c24~517a8), "僧曰. 何等語句, 時節因
緣, 是玄中玄. 古曰. 如外道問佛, 不問有言, 不問無言. 世尊良久. 外道曰.
世尊大慈大悲, 開我迷雲令我得入. 又僧問馬大師. 離四句, 絕百非, 請師直
指西來意. 答曰. 我今日無心情, 但問取智藏. 僧問藏, 藏曰, 我今日頭痛,
問取海兄. 又問海, 海曰, 我到遮裏却不會. 又臨濟問黃檗, 如何是佛法的的
大意. 三問三被打. 此等因緣, 方便門中, 以爲玄極. 唯悟者方知. 若望上祖
初宗, 即未可也."

여기에서 외도가 깨달은 것은 양구에서 깨달은 것이고, 임제가 깨달은 것은 방[棒]이며, 질문한 스님에게는 사구백비를 벗어난 도리를 불회(不會)라고 백장이 설명하고 있다. 승고는 깨달음을 백장의 대상으로 알지 않는 것[不會]에서 찾은 것이고 외도나 임제는 자신이 묻는 질문에서 찾은 것이다. 왜냐하면 외도는 자신의 질문이 진퇴양난[딜레마]이라는 사실을 알고 질문한 것인데도 석가는 어린아이의 질문에 대답하듯이 친절하게 자비를 베풀고 있다는 것을 외도가 깨달아 모두를 깨달은 것이기 때문이다. 임제의 깨달음은 앞의 돈오부분에 설명하였다.

승고가 이처럼 현중현을 최고라고 설명하는 이유는 제불의 언구는 체중현에서 나온 것이고 조사들의 언구는 구중현에서 나온 것이며 불조의 심법은 현중현에서 나온 것이므로 조사가 도(道)를 깨닫는 관문[祖道門, 祖師關]에는 한량없는 대인[부처]이 되어야 알 수 있다고 하고 있다.398)

혜홍은 승고가 말한 깨달음의 근본이고 윤회의 근본인 자기 자신을 둘로 나눈 것은 잘못이라고 하고 있다. 그러나 승고가 말하는 윤회의 근본은 자신의 마음이므로 마음을 공겁이전의 마음과 지금의 마음으로 나눈 것399)에서 공겁이전의 마음은 공이고 지금의 마음은 불공(不空)이 되는 것이다.

승고는 여기에 지해(知解)를 구하려고 하면 생사의 바다에 들어가게 되어 자신이 도인의 몸[人身]을 회복하지 못하고 윤

---

398) 『禪林僧寶傳』卷12(X79, p.517b18～21), "古曰. 蓋緣三世諸佛, 所有言句敎法, 出自體中玄. 三世祖師, 所有言句并敎法, 出自句中玄. 十方三世佛之與祖, 所有心法, 出自玄中玄. 故祖道門中, 沒量大人, 容易領解."

399) 『禪林僧寶傳』卷12(X79, p.516a11～13), "示衆曰. 衆生久流轉者, 爲不明自己, 欲出苦源, 但明取. 自己者, 有空劫時自己, 有今時日用自己. 空劫自己是根蔕, 今時日用自己是枝葉."

회고를 받게 된다400)고 하고 있다. 그리고 이것은 알음알이가 도(道)가 아니고 깨달음이 아니라고 하는 것이며 공겁이전의 마음인 공의 마음을 깨달아야 지금의 마음을 잘 사용할 수 있다는 논리이므로 혜홍이 말하는 자기를 둘로 나눈 것이 잘못이라고 하는 것이 잘못이 아니다. 혜홍은 유식의 입장에서 일법(一法)중에 두 가지 견해가 생길 것을 걱정하고 있는데 이것역시 심법(心法)에 속하는 것이다.

이상에서 체중현은 일구라고 할 수 있고 구중현은 이구이고 현중현은 삼구라고 보고 설명하고 있는 것이므로 임제가 설법한 내용도 이와 같이 된다. 왜냐하면 예를 들어 일구와 체중현의 입장에서 앞의 설명을 다시하면 조불의 스승이나 사량 분별을 용납하지 않는 것은 같은 것이 된다.401) 그러므로 승고는 현중현이나 삼구에서 깨달으면 철저하게 깨달았다고 할 수 있다고 하고 있다. 그러므로 일이삼구에 삼현이 모두 다 들어 있다고 하여 일이삼구가 차별이 되고 삼구가 최고라고 하는 것이 되어 일구나 이구가 부수적인 것이 된다. 그래서 각자로 나누어 보는 것과 일구에 모든 것이 다 들어 있다고 보는 경우가 있게 된 것이다. 하나로 보든 각각으로 보든 모두가 조사와

---

400) 『禪林僧寶傳』卷12(X79, p.516a15~20), "學佛法, 廣求知解, 風吹入生死海. 若是知解, 諸人過去生中, 總曾學來, 多知多解, 說得慧辯過人, 機鋒迅疾. 只是心不息, 與空劫已前事, 不相應, 因茲惡道輪迴, 動經塵劫, 不復人身. 如今生出頭來, 得箇人身, 在袈裟之下, 依前廣求知解, 不能息心, 未免六趣輪迴."

401) 『臨濟語錄』(T47, p.502a4~7), "山僧今日見處與祖佛不別, 若第一句中得, 與祖佛爲師. 若第二句中得, 與人天爲師. 若第三句中得, 自救不了." ; 『臨濟語錄』(T47, p.497a15~19), "如何是第一句. 師云. 三要印開朱點側, 未容擬議主賓分. 問. 如何是第二句. 師云. 妙解豈容無著問, 漚和爭負截流機. 問. 如何是第三句. 師云. 看取棚頭弄傀儡, 抽牽都來裏有人."

부처가 되려고 하면 '향외치구'하지 말고 자신을 알고 지금 자신이 바로 본심으로 살아가면 모두가 부처와 조사라고 하면서 자신이 조불이라고[402]하고 있다. 그러나 후대의 사람들이 여러 견해를 내어 조불이나 인천의 스승에 떨어지는 것이며 자구불요(自救不了)에서 다른 견해를 내었던 것이다. 그러므로 일현문에는 반드시 삼요가 있어야 한다고 하는 것이다.

(4) 삼요

삼요에 대하여 임제는 "일구에는 삼현문이 구족되어 있어야 하고 일현문에는 삼요가 갖추어져야 방편이 있고 진여의 지혜를 사용할 수 있다."[403]라고 기록하고 있는 것은 앞의 각주에서 언급한 것이고 『인천안목』에 삼현삼요는 나누기가 어렵다고 분양이 게송으로 말하고 있다. 이것은 삼현삼요를 분석하려고 하지 말고 임제가 설하는 내용을 파악하려고 하면 그 속에 들어 있는 의미를 체득하고 이런 언어문자에 집착하지 말아야 도(道)와 계합하는 것[得意忘言道易親]이라고 한다. 그리고 일구(一句)로 명명백백하게 만상에 대하여 설명하고 있는 것[一句明明該萬象]이라고 하고 있다. 그리고 게송에 9월 9일에 국화꽃이 새로 피는 것[重陽九日菊花新]이라고 하는 것은 이전의

---

402) 『臨濟語錄』(T47, p.497b8), "便與祖佛不別" ; 『臨濟語錄』(T47, p.497b16~17), "要與祖佛不別" ; 『臨濟語錄』(T47, p.497c1), "便與祖佛不別" ; 『臨濟語錄』(T47, p.499c11), "爾若欲得與祖佛不別" ; 『臨濟語錄』(T47, p.500c6~7), "是爾目前用底與祖佛不別" ; 『臨濟語錄』(T47, p.502a4~5), "山僧今日見處與祖佛不別" ; 『臨濟語錄』(T47, p.50 2a13), "知身心與祖佛不別."
403) 『臨濟語錄』(T47, p.497a19~21) 재인용.

지해를 벗어나면 무의도인이 되는 것이라고 말하고 있다. 그래서 삼요에 대하여 많이 언급하지 않은 것으로 『인천안목』에 분양과 도오나 자명이 설명한 것을 보면 다음과 같다.

　　무엇이 일요입니까? 분양이 말했다. 말에 조작이 없는 것이다. 도오가 말했다. 정추로 모두 관조하는 것이 제일이다. 무엇이 이요입니까? 분양이 말했다. 천성이 현지의 이치를 깨닫는 것이다. 도오가 말했다. 번쩍이는 지혜로 천지를 밝게 비추는 것이다. 무엇이 삼요입니까? 분양이 말했다. 사구와 백비를 벗어나 한산의 도를 모두 아는 것이다. 도오가 말했다. 협로에 청송이 늙은 것이다.404) 제일요는 육근과 육경을 모두 잊고 조짐조차도 끊으니 산이 무너지고 바다가 마르고 번뇌까지도 모두 없애서 차가운 재까지도 탕진하여 비로소 현묘한 진여의 지혜를 체득하는 것이다. 제이요는 송곳을 관조하여 지혜를 드러내어 가고 오는데 자재하여 지혜로 갑을 투과한 칠성검의 광명이 빛나는 것이다. 제삼요는 송곳이나 낚시를 사용하지 않고 진여의 지혜로 사면초가에서 소리를 하니 그것을 듣는 자는 모두 와서 반조한다.(한번 들으면 모두를 요달하여 반조하는 것까지도 잊는 것이다.) 삼현삼요의 일은 나누기 어려우니 뜻을 체득하면 언어문자를 버려야 도와 가까워지니 일구에 명명백백하게 모두가 갖추어져 있는 것으로 구월구일 중양절에 국화가 새롭네.405) 제일요는 어찌 성현의 신묘함을 말할 수 있으며 의심하려고 하

---

404) 『人天眼目』卷1(T48, p.302a11~16), "如何是第一要. 汾云. 言中無作造. 吾云. 最好精麁照. 如何是第二要. 汾云. 千聖入玄奧. 吾云. 閃爍乾坤光晃耀. 如何是第三要. 汾云. 四句百非外, 盡踏寒山道. 吾云. 夾路青松老."

405) 『人天眼目』卷1(T48, p.302a24~b2), "第一要, 根境俱忘絶朕兆, 山崩海竭灑飄塵, 蕩盡寒灰始得妙. 第二要, 鉤錐察辨呈巧妙, 縱去奪來掣電機, 透匣七星光晃耀. 第三要, 不用垂鈞幷下釣, 臨機一曲楚歌聲, 聞者盡教來反照(一作聞了悉皆忘反照). 三玄三要事難分, 得意忘言道易親, 一句明明該萬象, 重陽九日菊花新."

면 큰 강을 건너게 되고 고개를 들면 이미 전도된 것이네. 제이요는 고봉정상에서 문을 두드리는 것으로 신통이 자재하여 다문하여도 문밖에서 소리치는 것이 되네. 제삼요는 일어나고 넘어지는 것은 사람들이 웃겠지만 손안에 천지를 쥐고 있으니 천차만별을 모두 진여로 관조하네. 현묘한 뜻을 통달한 그대에게 알리는 것이니 방과 할을 상황 따라 맞추어 요긴하게 사용하여 만약에 확실하고 적중한 종지를 밝히면 밤중에 태양이 빛나게 되네. 죽암(이름은 사규이고 성도의 사씨의 자식으로 불안의 법을 계승함)이 시중하여 말했다. 임제가 말하기를 일구중에 삼현문을 구족하고 일현문에는 반드시 삼요를 구족해야 한다고 했다. 대중들이여 이 일을 간절하게 부촉하니 전전하는 것을 알아차리려면 이 게송을 듣고 의지하라. 문구 중에서 삼현을 깨달아 알기 어려운 것으로 일구에 깨달아 통달하면 공겁이전의 일이고 임제의 근본종지는 원래부터 단절된 적이 없는 것이니 한 조각의 지혜로 견인하는 것이네.406)

라고 삼요에 대하여 설명하고 있지만 이들은 삼현과 비슷하게 설명하고 있다. 그러나 전이암의 『종범』에 의하면 일구, 이구, 삼구를 삼현문에 짝짓지 말고 삼요를 불법도라고 하며 삼구에 적용시키고 있다. 그러면 이제까지 설명해왔던 삼구의 설명이 높고 낮은 단계가 없게 된다. 이것은 『임제어록』에 임제가 설명하고 있는 것을 그대로 설명하고 있다. 그러므로 이 설명이 설득력이 있다고 본다. 불법도에 대하여 임제는 부처는

---

406) 『人天眼目』卷1(T48, p.302b10~21), "第一要, 豈話聖賢妙, 擬議涉長途, 擡頭已顚倒. 第二要, 峯頂敲楗召, 神通自在來, 多聞門外叫. 第三要, 起倒令人笑, 掌內握乾坤, 千差都一照. 報汝通玄士, 棒喝要臨時, 若明端的旨, 半夜太陽輝. 竹庵(名士珪成都史氏子嗣佛眼)示衆云. 臨濟道, 一句中須具三玄門, 一玄門須具三要, 大衆事因叮囑起, 展轉見諸訛. 聽取一頌. 句中難透是三玄, 一句該通空劫前, 臨濟命根元不斷, 一條紅線手中牽."

청정한 것이고 법은 마음의 지혜라는 사실을 분명하게 아는 불법이고 도(道)는 어디에서나 청정한 지혜로 살아가는 것이라고 하고 있다. 그리고 불법도를 같이 사용하여야 무의도인이며 이것도 모두 청정한 명칭이므로 실체로 존재하는 것은 없고 이 지혜가 항상 끊어짐이 없게 살아야 하는 것407)이라고 하고 있다.

이와 같이 설한 것에서 전이암은 삼구의 설명을 도(道)를 일구라고 하고 법을 조사라고 하며 이구이고 부처를 삼구라고 설하고 있다. 그리고 삼구를 삼현문으로 설명하면 잘못이라고 하며 불법도로 다음과 같이 설명하고 있다.

> 삼구가 본불이고 이구가 본법이며 일구가 본도이다. 도라고 하는 것은 불법으로 똑같이 관조하여 진여의 지혜로 사용하는데 장애가 없는 것이다. 그러므로 일구에서 깨달으면 조불의 스승이다. 이미 불법으로 쌍명하여 부처가 있는 것이므로 조불의 스승이라고 한다. 또 조사를 법이라고 하며 나누어 이구가 되나. 부처를 삼구라고 하면 또 그대가 삼구에서 자구불요에 대하여 물을 것이므로 부처는 자신이 구제하고 요달한다는 생각을 하지 않는다.408)

『종범』에 권(權)과 실(實)로 나누어 속제와 진제로 설명하면서 "일구 중에 삼현문을 구족해야 한다고 하면 즉 일구에는 삼구가 있어야 하는 것을 방편[속제]"409)이라고 하며 일구를 강

---

407) 『臨濟語錄』(T47, pp.501c28~502a2).
408) 『宗範』卷2(X65, p.347b6~10), "故謂第三即本於眞佛, 二即本法, 一即本道. 道者佛法雙明, 炤用無礙, 故謂一與祖佛爲師. 既佛法雙明, 有佛矣, 可與祖佛爲師哉. 又謂祖即法也, 分爲二句. 佛爲三句, 且問汝三句中得自救不了, 佛自救不了耶."

조하였다. 그리고 또 "삼구에서 단지 일구만 설명하고 삼현에서 단지 일현만 설명하는 것은 일현에 삼요가 구족되어야 하는 것이므로 말마다 본분사를 분리시킬 수 없는 것을 진제"[410]라하고 삼현은 속제이고 삼요를 진제라고 설명하면서 진제가 속제라고 하고 있다. 그리고 "일요에 삼현이 있다는 것을 깨달으면 삼요는 진제이고 삼현은 속제인 방편이다."[411]라고 하는 것은 도(道)가 진제이고 삼현은 방편으로 도(道)를 깨닫게 하는 속제가 된다. 이것은 삼현을 체상용이나 성지행으로 설명한 것과 각현(玄)마다 삼신(三身, 一玄)이나 삼학(三學, 二玄)과 삼승(三乘, 三玄)에 배치시킨 것[412]과는 차이가 있다.

3) 도인을 자각하게 하는 교화법

(1) 사료간

임제의 교화법으로 사료간, 사조용, 사빈주, 사할, 사종무상경을 들 수 있는데 사료간에서는 오는 사람의 근기에 따라 인혹과 경혹으로 분별하여 제접하는 방편이다. 즉 "유시탈인불탈경(有時奪人不奪境), 유시탈경불탈인(有時奪境不奪人), 유시인경구탈(有時人境俱奪), 유시인경구불탈(有時人境俱不奪)."이라

---

409) 『宗範』卷2(X65, p.347b11~12), "汝謂一句中具三玄門, 即一句具三句, 權也."
410) 『宗範』卷2(X65, p.347b15~16), "又謂三句只一句, 三玄只一玄, 故一玄中具三要, 言言不離本分, 實也."
411) 『宗範』卷2(X65, p.347b20~21), "汝見一要具三玄, 謂要實玄權."
412) 柳田聖山 著, 一指 譯(1988), p.84.

고 사람과 경계라는 말을 사용하였는데 사람이 육근으로 육경을 육식으로 아는 것인데 근과 경을 나누어 설명하는 것은 육식의 작용을 내외로 분리하여 인(人)과 경(境)으로 나누어 설명한다고 볼 수 있다. 왜냐하면 첫째에서 "유시탈인불탈경"을 "후일발생포지금(煦日發生鋪地錦), 영해수발백여사(嬰孩垂髮白如絲)"라고 설명하고 있는 것은 인혹을 뺏으면 진여의 지혜로 살아가게 되니 세상이 비단 같고 경혹을 빼앗지 않는다고 하는 것을 어린아이가 수행하는 깃과 같다고 하는 것은 많은 방편을 익혀야 한다고 볼 수 있다. 인혹에 떨어진 수행자를 제접하는 것이다.

그리고 "유시탈경불탈인"을 "왕령이행천하편(王令已行天下遍), 장군새외절연진(將軍塞外絶烟塵)."이라고 하는 것은 경혹을 빼앗아도 수행이 익어져 인혹을 빼앗을 필요가 없는 것이므로 천하가 태평하여 항상 진여의 지혜로 살아가는 것을 설명하고 있다. 그러나 『임제어록』에는 중하근기의 수행자를 제접하는 것이라고 하고 수행자의 법을 빼앗는다고 하는 것413)이며 앞의 내용에 대한 언급을 하지 않고 있다. 그러므로 앞의 내용도 중하근기라고 할 수 있지만 설명이 조금 다른 것은 편집하는 이들이 오해를 하였다고 볼 수 있다.

또 "유시인경구탈"을 "병분절신(并汾絶信), 독처일방(獨處一方)."이라고 하는 것은 경혹과 인혹을 모두 빼앗는다는 것으로 중상근기의 수행자를 제도할 때의 경우라고 할 수 있다. 인경(人境)을 경법(境法)이라고 하며 중상근기의 수행자를 제도하

---

413) 『臨濟語錄』(T47, p.501b4~5), "如中下根器來, 我便奪其境, 而不除其法."

는 것414)으로 설명하고 있다. 이것도 독각의 수행자를 제접한다고 설명하고 있다.

그리고 "유시인경구불탈"을 "왕등보전(王登寶殿), 야로구가(野老謳歌)"라고 설명하는 것은 인혹과 경혹을 모두 초월한 도인을 제접하는 경우로 한도인으로 살아가게 제도하는 모습을 나타낸다. 굳이 설명을 한 것은 시중설법이므로 도인의 자유스런 모습을 나타낸 것이다. 그런데 『임제어록』에는 상상근기의 수행자를 제접하는 것이라고 하고 다시 상상근기의 위에 출격의 견해를 가진 사람에 대하여 전체작용을 하고 근기에 해당되지 않는다415)고 설명하고 있다. 그리고 『임제어록』에는 이와 같은 경지에 도달하면 자신이 도인이라고 하고 있다.

대덕이시여, 이와 같은 경지에 도달하게 되면 수행자들이 힘을 다하기만 하면 그곳에는 망념의 바람이 통하지 않게 되어 석화나 전광으로 바로 도인의 불법을 깨닫게 된다. 수행자들이 만약 눈동자만 움직여도 바로 어긋나게 되는데 무엇을 하려는 마음을 내면 바로 더 어긋나게 되는 것이고, 망념이 일어나면 바로 아주 틀리게 되는 이것을 깨달아 알아야 자신의 눈앞에서 도인이 떠나지 않고 살아 있다는 것을 자각하게 되는 것이다. 대덕이여, 그대들이 발우와 사시의 육신을 짊어지고 방가에서 부처를 구하고 불법을 구하려고 다니는데 지금 구하려고 하는 본심의 그가 그대들이 알고자 하는 도인이라는 사실을 깨달아 알아야 한다.416)

---

414) 『臨濟語錄』(T47, p.501b5), "或中上根器來, 我便境法俱奪."

415) 『臨濟語錄』(T47, p.501b6～8), "如上上根器來, 我便境法人俱不奪. 如有出格見解人來, 山僧此間便全體作用不歷根器."

416) 『臨濟語錄』(T47, p.501b8～12), "大德, 到這裏學人著力處不通風, 石火電光即過了也. 學人若眼定動, 即沒交涉, 擬心即差, 動念即乖. 有人解者, 不離目前. 大德, 爾檐鉢囊屎檐子, 傍家走求佛求法, 即今與麼馳求底, 爾還

그리고 『종문현감도』에 의하면 사람과 법을 공(空)으로 설명하고 있는데 첫째는 아공으로 수행자가 사람의 마음인 법이 '공'이라는 것을 깨닫지 못한 것이며, 둘째는 법공으로 수행자가 경계가 '공'이라는 것을 깨닫지 못한 것이며, 셋째는 수행자가 이공(二空)이라는 것을 깨달은 것이고, 넷째는 삼공(三空)417)이라고 깨달아 알고 실천하는 것을 마지막의 도인이나 격외의 사람이라고 설명하고 있다.418)

그러므로 "탈인불탈경(奪人不奪境), 탈경불탈인(奪境不奪人), 인경구탈(人境俱奪), 인경구불탈(人境俱不奪)"은 첫째는 아공을 깨닫지 못한 수행자를 제접하는 것이며 둘째는 법공을 깨닫지 못한 수행자를 제접하는 것이며, 셋째는 이공을 깨닫지 못한 수행자를 제접하는 것이며 넷째는 삼공을 통달한 도인을 제접하는 것이다.

(2) 사조용

사조용은 『인천안목』, 『법연선사어록』, 『양기방회화상어록』, 『경덕전등록』 등에 기록되어 있는 것으로 내용을 보면 "아유시선조후용(我有時先照後用), 유시선용후조(有時先用後照), 유시조용동시(有時照用同時), 유시조용부동시(有時照用不同時)."419)

識渠應."
417) 삼공은 아공·법공·구공으로 자신의 오온이 '공'이고 자신의 만법이 '공'이 되어 아공과 법공이라는 것도 초월한 것.
418) 『宗門玄鑑圖』(X63, p.753a18~20), "四料揀者, 奪人不奪境, 即法未空也. 奪境不奪人, 即人未空也. 人境俱奪, 即二空也. 人境俱不奪, 即三存也."
419) 『人天眼目』卷1(T48, p.304a11~12). ; 『楊岐方會和尙語錄』(T47,

라고 하고 있다. 그리고 선지식이 수행자를 제도하기 위하여 할[喝] 등을 사용하여 점검하는 것이다. 또 '선조후용'에서 수행자가 불법의 대의를 물으니 스승이 수행자에게 다시 불법의 대의가 무엇이냐고 대답하게 하고 있다. 수행자와 스승의 대답이 할이고 그다음에 다시 수행자가 할을 하니 스승이 때렸다[打]라고 하고 있다.420) 그리고 "먼저 수행자가 자신을 관조하게 하고 이후에 그의 근기에 따라 지혜를 사용하게 하는 것을 사람이 있다."라고 하는 것은 수행자를 시험하여 인혹을 제거하게 하는 제접법이다. 그 다음은 "먼저 스승이 지혜의 활용을 보여주고 이후에 자신을 관조하게 하는 법이 있다."라고 하는 것은 수행자가 가진 경혹을 제거하게 하는 제접법이다.421) 그 다음은 '유시조용동시'로 "관조와 활용을 동시에 하는 것은 밭을 가는 농부에게서 소를 빼앗는 것이고, 배고픈 사람에게서 음식을 빼앗는 것과 같은 것이며, 뼛속에서 골수를 뽑아내는

---

p.644a21~26), "問如何是先照後用. 師云. 語路分明說, 投針不迴避. 如何是先用後照. 師云. 金剛覷面親分付, 話道分明好好陳. 如何是照用同時. 師云. 祖佛道中行路異, 森羅影裏不留身. 如何是照用不同時. 師云. 清涼金色光先照, 峨嵋銀界一時鋪."；『法演禪師語錄』卷1(T47, p.655b27 ~c5), "僧問. 如何是先照後用. 師云. 王言如絲. 學云. 如何是先用後照. 師云. 其出如綸. 學云. 如何是照用同時. 師云. 舉起軒轅鑑, 蚩尤頓失威. 學云. 如何是照用不同時. 師云. 金將火試. 乃舉, 僧問首山. 如何是佛. 首山云. 新婦騎驢阿家牽. 大衆, 莫問新婦阿家, 免煩路上波吒, 遇飯即飯遇茶即茶, 同門出入宿世冤家."；『景德傳燈錄』卷13(T51, p.305a19 ~21).

420)『人天眼目』卷1(T48, p.304a17~26), "時有僧出問佛法大意. 師云. 汝試道看. 僧便喝. 師亦喝. 僧又喝. 師便打(先照後用). 問如何是佛法大意. 師便喝. 復云. 汝道好喝麼. 僧便喝. 師亦喝. 僧又喝. 師便打(先用後照). 僧入門, 師便喝. 僧亦喝. 師便打云, 好打只有先鋒, 且無殿後(照用同時也客). 僧來參, 師便喝. 僧亦喝. 師又喝. 僧亦喝. 師便打云, 好打爲伊作主不到頭轉見無用處, 主家須奪此是照用不同時也(而用之). 千人萬人, 到此出手不得. 直須急著眼看始得(照用不同時)."

421)『人天眼目』卷1(T48, p.304a12~13), "先照後用有人在, 先用後照有法在"

것이니 아픈 곳을 도리어 송곳으로 찔러 통증을 제거하는 것과 같은 것이다."[422)라고 하는 것은 관조와 활용을 동시에 하게 하는 것은 수행자의 고정관념을 완전히 제거하는 것으로 삼승을 몰종적으로 제도하는 것이다. 마지막의 '유시조용부동시'는 "관조와 활용을 동시에 하지 않는 것으로 질문을 하고 대답을 하여 객이 되기도 하고 주인이 되기도 하여 제접하니 물을 합하여 진흙이 되는 것과 같이 하므로 근기에 따라 제접하는 것이다. 그러나 만약 뛰어난 사람이 와서는 이와 같은 말을 들어 설명하기도 전에 일어나 바로 가버리면 오히려 이 사람은 나은 사람이다."[423)라고 하는 것은 도인을 제접하는 것이고 입전수수(入廛垂手)하는 것을 말한다.

『양기방회화상어록』에 의하면 '선조후용'은 "말의 방향과 말의 뜻을 분명하게 설하면 바늘을 던져 계합하여도 회피하지 않는다."라고 하고 또 '선용후조'에 대하여는 "금강을 만나[覿面, 對面] 직접 분부 받고 도(道)를 분명하게 말하고 매우 뛰어나게 서술한다."라고 하고 도(道)를 체득하는 것이라고 하며 '조용동시'를 "조불의 도중(道中)에서 행로가 뛰어나니 삼라만상의 그림자 속에도 몸을 숨기지 않는다."라고 도(道)에 맞게 실천하는 것이라고 설명하고 있다. 마지막으로 '조용부동시'를 "청량산에서 진여의 지혜로 관조하여 아미산에서 진여의 지혜로 일시에 베푼다."라고 하는 것은 문수보현의 법을 실천하는

---

422) 『人天眼目』卷1(T48, p.304a13～14), "照用同時, 驅耕夫之牛, 奪饑人之食, 敲骨取髓, 痛下針錐."
423) 『人天眼目』卷1(T48, p.304a15～17), "照用不同時. 有問有答, 立主立賓, 合水和泥應機接物. 若是過量人, 向未舉時(已前), 撩起便行, 猶較些子."

격외의 도인을 제접하는 것이라는 설명이다.

『법연선사어록』에 의하면 '선조후용'은 "왕의 말은 가는 실과 같다."라고 하며 그 다음은 '선용후조'로 "왕의 말이 입 밖으로 나오면 근간이 된다."고 하는 것은 관조하는 것은 간단하지만 그것을 실천하면 일개성자가 된다고 하는 것과 같다. 그리고 '조용동시'는 "헌원(軒轅)의 거울을 들어 일으키니 치우(蚩尤)가 문득 위세를 잃는다."라고 하고 있으며 '조용부동시'에 대하여 법연은 "금은 불로 시험한다(金將火試)."라고 설명하고 있다. 이것은 『경덕전등록』에서 분양이 설명하고 있는 내용과 비슷하다.

『경덕전등록』의 「전여주수산성념선사법사 분주선소조」에 의하면 사조용은 첫째는 이(爾, 수행자)와 상량하게 하고 둘째는 수행자가 일개성자라는 사실을 깨닫게 하며 셋째는 수행자가 망념의 근원을 마땅히 균등하게 알고 수행하게 하는 것이고 넷째는 수행자가 망념을 만법귀일이라고 알고 실천하게 하는 것이다.[424] 사조용은 수행자를 근기에 따라 네 종류로 구분하여 제접하는 방법을 자세하게 설명한 것이다.

(3) 사빈주

사빈주는 상량할 때에 주객을 감변(勘辨)하는 방법으로 "객간주(客看主)·주간객(主看客)·주간주(主看主)·객간객(客看

---

424) 『景德傳燈錄』卷13(T51, p.305a19~21), "先照後用, 且要共爾商量. 先用後照, 爾也須是箇人始得. 照用同時, 爾作麼生當抵. 照用不同時, 爾又作麼生湊泊."

客)"을 설한 것이다. 선지식을 감변하는 것과 수행자를 감변하는 것으로 볼 수 있다. 주(主)는 선지식이나 수행자가 진정견해를 구족한 것이고 객(客)은 자신들이 진경견해를 구족하지 못한 것으로 고정관념에 떨어진 심병을 파악하여 각자가 수행하고 제접하라는 지침인 것이다. 그렇지만 바른 선지식을 찾는 안목을 구족하기를 바라는 것으로 볼 수 있다.

임제는 '객간주'를 "만약에 진정한 수행자가 있다면 바로 할(喝)을 하고는 먼저 일개성자의 말씀을 제시히면 선지식은 이 경계를 판단하지 못하고 그 경계에 빠져서 자기의 마음대로 조작한다. 그러면 수행자가 바로 할(喝)을 하여도 앞의 선지식이라고 하는 사람은 이것을 긍정하지 않고 앞의 일개성자(一箇聖者)의 말씀을 놓지 못한다. 이와 같이 대상경계에 빠지면 치명적인 심병이 되는 것으로 의왕(醫王, 부처)이 와도 감당할 수가 없는 것인데 이것을 객(客)이 주인을 간파(看破)한 것이라고 하는 것이다."425)라고 설하고 있다. 이것은 고정관념에 떨어지면 헤어 나오기 어려운 것을 치명적인 심병[膏肓之病]이라고 하였다. 만약에 선지식이라는 사람이 성인의 말씀이라는 경전이나 교학적인 신앙에 떨어지면 많은 사람들을 현혹시키게 된다. 그러므로 바른 안목을 구족한 수행자가 선지식을 감변하는 것으로 심병에 걸린 선지식을 구분할 수 있는 것을 "객간주"라 한다. 이것은 바른 안목의 수행자를 바르게 인도할 수 없는 선지식을 참문한 것으로 언하돈오의 '줄탁'을 할 수 없는 기연이다.

---

425) 『臨濟語錄』(T47, p.501a5~8), "如有眞正學人, 便喝, 先拈出一箇膠盆子, 善知識, 不辨是境, 便上他境上, 作模作樣. 學人便喝, 前人不肯放. 此是膏肓之病, 不堪醫, 喚作客看主."

그리고 '주간객'에 대하여 임제는 "어느 사람에게는 선지식이 아무것도 제시하지 않고 수행자가 묻는 것에 따라 곧바로 그의 경계를 빼앗아 버린다. 그러면 수행자는 그 경계를 빼앗겨도 그 경계를 고수(固守)하려고 하며 필사적으로 놓지 않는데 이것을 주인이 객을 간파한 것이라고 하는 것이다."426)라고 설하고 있다. 이것은 바른 선지식이 수행자의 고정관념을 타파하고자 하는 것으로 선지식이 수행자를 간파한 것이다. 참문하는 수행자의 잘못된 경계[인혹과 경혹]를 빼앗아버리면 수행자들이 자신의 고정관념을 고수하며 눈앞의 선지식이 도인이라는 사실을 알지 못하는 것이다. 이것을 두고 부처가 아니면 부처를 보지 못한다고 하는 것으로 수행자의 안목을 열어주고자 하는 감변이다.

'주간주'에 대하여 임제는 "어느 사람이 수행자로서 일개성자의 청정한 경계를 가지고 와서 선지식의 앞에 내보이면 선지식이 이 경계를 분명히 체득하고는 그것을 구덩이에 묻어 제거하게 한다. 수행자가 말한다. 아주 위대한 선지식입니다. 선지식이 바로 말했다. 멍청한 놈 좋고 나쁜 것을 대상으로 알지 마라. 수행자가 바로 예배를 하여 긍정하게 되면 이것을 주인이 주인을 간파하는 것이라고 하는 것이다."427)라고 하고 있다. 이것은 선지식이 참문하는 수행자를 바른 안목을 구족하게 제접하는 것으로 수행자가 파악하여 고정관념을 버린 것이다.

---

426) 『臨濟語錄』(T47, p.501a8~10), "或是善知識, 不拈出物, 隨學人問處即奪. 學人被奪, 抵死不放, 此是主看客."
427) 『臨濟語錄』(T47, p.501a10~13), "或有學人, 應一箇淸淨境, 出善知識前, 善知識辨得是境, 把得抛向坑裏. 學人言. 大好善知識. 即云. 咄哉, 不識好惡. 學人便禮拜, 此喚作主看主."

이것은 수행자가 언하돈오를 할 수 있는 것으로 '줄탁동시'가 되어 수행자가 돈오하게 되는 것을 '주간주'라고 하고 있다.

'객간객'은 "어느 사람이 수행자로서 자신이 목에 칼을 쓰고 족쇄로 자신을 묶어 가지고 선지식 앞에 나타나 자신의 경계를 내보이면 선지식이 또 다시 칼(목에 거는 형틀)과 족쇄를 그에게 더 보태준다. 그러면 수행자는 이것이 속박인 줄도 모르고 환희하는데 이것을 선지식과 수행자가 분별하지 못하므로 객이 객을 간파하는 것이라고 하는 것이다."428)라고 설명하고 있다. 이것은 수행자나 선지식이 바른 안목이 없는 경우를 설명하는 것으로 자신들의 지식만 고집하는 경우를 말한다. 이런 것을 두고 "대롱구멍 같은 좁은 소견을 가지고 푸르고 넓은 창공을 비방하지 말라"429)고 하는 것처럼 자신의 교학적인 고정관념을 버려야 한다고 하는 것을 설명하는 것이다.

이상의 사빈주는 어느 누구나 자신이 진여의 지혜를 파악하여서 상량하여야 한다고 설명하는 것이다. 여기에서 언하돈오의 기연이라고 한 것은 자신들이 확신하지 못하였기에 말한 것이고 진여의 지혜를 확신하면 훈습하면 된다. 그러므로 확신하지 못하였다면 선지식을 찾아가서 확신하는 것을 돈오라고 하는 것이고 언하의 돈오는 자신의 수행이 익어져야 가능한 것이다.

---

428) 『臨濟語錄』(T47, p.501a13~15), "或有學人, 披枷帶鎖, 出善知識前, 善知識更與安一重枷鎖. 學人歡喜, 彼此不辨, 呼爲客看客."
429) 『永嘉證道歌』卷1(T48, p.396c28), "莫將管見謗蒼蒼."

(4) 임제의 할

임제의 할을 네 종류로 설명한 것으로 "첫째의 할은 금강왕
보검과 같은 할이고, 두 번째의 할은 웅크리고 앉아 있는 금모
사자[踞地金毛師子]와 같은 할이며, 세 번째의 할은 고기를 유
인하기 위해 장대 끝에 묶은 풀과 같은 할이고, 네 번째의 할
은 할의 역할을 하지 못하는 할이다."430)라고 하는 것이다. 선
지식이 수행자를 제도할 때 할이나 주장자[棒]와 불자(拂子)등
을 사용하여 감변하기도 하고 선병을 치료하는 것이다.

첫 번째의 할을 '금강왕보검(金剛王寶劍)'과 같다고 한 것은
"평생 금강왕보검을 사용하여 범부를 만나면 범부를 죽이고 성
인을 만나면 성인을 죽이는 것이 바람이 불어 풀을 쓰러뜨리
는 것처럼 팔방에서 호령하는 것이 마치 백색의 부처[象王]와
같다."431)라고 하는 것은 일체의 망념을 제거하게 하는 할이라
는 뜻이다. 즉 만나는 사람마다 인혹과 경혹을 모두 제거하게
하는 할로서 『오가종지찬요』에 의하면 다음과 같이 설하고 있
다.

> 삼산등래가 말했다. 금강보검은 말로 예리함을 말하기 어
> 렵다는 것이다. 만약에 수행자가 손발을 묶고 갈등 속에서
> 중생심의 견해를 버리지 못하는 것을 보면 바로 그것의 근
> 원을 절단하여 더 이상 번뇌 망념이 없게 하는 것이다. 만약
> 조금의 망념이 생기는 것이 있으면 금강보검에 목숨을 잃지

---

430) 『臨濟語錄』(T47, p.504a26~28), "有時一喝如金剛王寶劍, 有時一喝如
踞地金毛師子, 有時一喝如探竿影草, 有時一喝不作一喝用."
431) 『臨濟語錄』「臨濟慧照玄公大宗師語錄序」(T47, p.495b6~8), "平生用
金剛王寶劍, 逢凡殺凡、逢聖殺聖, 風行草偃, 號令八方, 如雪色象王"

않을 수 없는 것이다.432)

이 할은 모든 중생심의 견해를 모두 절단하는 할433)로서 상신실명(喪身失命)하게 하여 진여의 지혜를 체득하게 하는 것이다.

두 번째의 할은 '거지금모사자효후'하는 할로서 "금모사자가 땅에 웅크리고 앉아서 포효를 하는 것과 같은 할은 이리와 여우같은 교활한 심장을 파괴하고 뇌를 깨뜨려 모든 짐승들이 보고는 두려워하지 않는 것이 없는 것이다. 마치 큰 파도에 밀려 만길 낭떠러지에 서게 된 경우와 같아서 사람이 길을 가다가 앞으로 나아갈 수도 뒤로 나아갈 수도 없어서 상신실명하는 것을 두려워 비록 노인이 칼을 쓰고 작은 몽둥이를 가지고 있는 것만 보아도 두려워 땀이 나지 않을 수 없게 되는 것이다."434)라고 하고 있다. 그리고 이 할에 대하여 『오가종지찬요』에는 다음과 같이 설하고 있다.

삼산등래(三山燈來)가 말했다. 바닥에 웅크리고 앉아 있는 사자는 굴속에 살지도 않으니 집에서 살지 않는다. 위세가 웅장한 모습으로 웅크리고 앉아 있으며 누구를 공격할 생각 없이 포효를 한번하면 모든 짐승들의 머리가 깨어진다. 그대들이 밀치고 나아가 도망갈 곳이 없다. 조금만 그의 말

---

432) 『五家宗旨纂要』卷1(X65, p.258a17~19), "三山來云. 金剛寶劍者, 言其快利難當. 若遇學人, 纏脚縛手, 葛藤延蔓, 情見不忘, 便與當頭截斷, 不容粘搭. 若稍涉思惟, 未免喪身失命也."
433) 『人天眼目』卷2(T48, p.311b21), "金剛王寶劍者, 一刀揮盡一切情解."
434) 『臨濟語錄』「臨濟慧照玄公大宗師語錄序」(T47, p.495b8~12), "如金毛師子踞地哮吼, 狐狸野干心破腦裂, 百獸見之, 無不股慄. 如驚濤嶮崖, 壁立萬仞, 使途中之人其行次且不敢擧足下足, 惟恐喪身失命, 雖老子鉗槌者, 見之無不汗下."

238

을 침범하면 그의 이빨과 발톱에 당하게 되니 부처가 나아
가면 감당할 사람이 없는 것과 같다.435)

웅크리고 앉아서 사자가 포효하는 것과 같은 할이라고 하는
것은 감변할 때에 수행자를 옴짝달싹 못하게 하는 것으로 수
행자의 근기에 따라 인혹과 경혹을 모두 제거하여 대답할 수
도 대답하지 않을 수도 없게 하는 것이다. 즉 수행자를 궁극적
인 궁지까지 몰아붙여서 선병을 제거하는 것이 제도하는 것이
다.

세 번째로 '탐간영초'와 같은 할이라고 하는 것은 장대의 끝
에다 풀을 묶어 고기를 유인하여 잡는 도구이다. 탐간이란 물
의 깊이를 잴 수 있다는 것으로 수행자의 근기를 탐색하는 것
을 말하고 영초는 수행자의 잘못된 안목을 끌어내는 방편이다.
『인천안목』에 탐간과 영초에 대하여 다음과 같이 기록하고 있
다.

금강왕보검의 할은 한 번에 모든 중생심의 견해를 모두
없애는 칼과 같은 할이다. 바닥에 웅크리고 앉아있는 사자가
포효를 하면 그 소리만 들어도 위세가 대단하여 모든 짐승
들이 두려워하고 모든 중생들의 뇌가 깨어지는 할이다. 탐간
은 그에게[爾] 스승의 불법을 계승할 스승이 있는지 없는지
와 불법의 지혜가 있고 없고를 탐지하는 것이고 영초는 거
짓으로 그림자를 만들어 도적의 행세를 하며 그의 견해가
있는지 없는지를 살펴보는 할이다. 하나의 할에 객과 주인이
나누어진다고 하는 것은 할 중에 객과 주인은 저절로 나누

---

435) 『五家宗旨纂要』卷1(X65, p.258a24~b3), "三山來云. 踞地獅子者, 不居
窟穴, 不立窠臼. 威雄蹲踞, 毫無依倚, 一聲哮吼, 羣獸腦裂. 無你挨拶處,
無你迴避處. 稍犯當頭, 便落牙爪, 如香象奔波, 無有當者.

어진다. 조용을 일시에 행하는 것은 한 할 중에는 저절로 조
와 용을 사용하는 것이다.436)

수행자의 안목을 파악하여 제도하는 방법으로 먼저 수행자의
근기를 탐색하고 선병이 무엇인가를 찾아내고 제도하는 방편이
다. 그리고 『오가종지찬요』에도 비슷하게 기록하고 있다.

> 삼산등래가 말했다. 탐간영초는 하나의 할에 두 개의 작용
> 이 있는 것이다. 탐은 수행자의 견해가 어떤가를 시험하고
> 점검하는 것으로 대나무로 물의 깊고 낮은 것을 탐색하는
> 것과 같은 것으로 탐간을 손에 가지고 마음대로 사용하는
> 것이다. 즉 이와 같은 할에는 헤아리는 것을 용납하지 않으
> 니 의심하려고 할 수도 없으니 그 외에 특별히 행할 수 있
> 는 길을 기다릴 수도 없다. 그래서 자취를 감추고 흔적을 숨
> 겨 거짓으로 도둑의 행세를 하는 것이다. 그러므로 그림자는
> 항상 몸에 따라 다닌다고 하는 것이다.437)

여기에서는 조금 더 자세하게 설명하고 있는데 선지식이 방
편으로 여러 가지로 감변하는 것으로 자신이 거짓으로 도둑의
행세를 한다고 하는 것은 수행자의 선병을 파악하고자 하는
것이다. 그리고 그림자와 같이 항상 같이한다고 하는 것은 선
지식이 언제 어디에서나 항상 보살도를 실천하고 있다는 것이

---

436) 『人天眼目』卷2(T48, p.311b23~26), "探竿者, 探爾有師承無師承, 有鼻
孔無鼻孔. 影草者, 欺瞞做賊, 看爾見也不見, 一喝分賓主者, 一喝中, 自有
賓有主也. 照用一時行者, 一喝中, 自有照有用."
437) 『五家宗旨纂要』卷1(X65, p.258b8~11), "三山來云. 探竿影草者, 就一
喝之中, 具有二用. 探則勘驗學人見地若何, 如以竿探水之深淺, 故曰, 探竿
在手. 卽此一喝, 不容窺測, 無可摹擬, 不待別行一路. 已自隱跡迷踪, 欺瞞
做賊. 故曰, 影草隨身."

된다. 그러므로 선지식에게 질문이나 침묵을 하든지 간에 할을 사용하여 수행자의 선병을 파악하고 제도하는 방편으로 사용하는 할이다. 그러므로 선병에 따라 할을 하여 수행자를 제도하는 것이다.

네 번째 할은 '일할부작일할용(一喝不作一喝用)'의 할로서 임제의 종지가 모두 들어 있는 할이라고 『인천안목』에 다음과 같이 "할이 할의 작용을 벗어난다고 하는 할은 삼현삼요와 사빈주 그리고 사료간을 모두 구족한 할이기 때문이다. 대략 임제의 종풍은 이것에서 벗어나지 않는다. 임제를 알고자하면 맑은 하늘에 천둥소리와 벼락를 치는 것이고 육지에서 파도가 일어나는 것이다."438)라고 하면서 임제의 종풍이 모두 들어 있는 할 이라고 하고 있다. 이 말은 임제가 하는 할이기 때문일 것이다. 다른 사람이 아무나 할을 하면 이와 같은 것이 아니고 임제의 종지를 계승하여야 가능한 할이라고 할 수 있다. 『오가종지찬요』에 삼산래는 이 할을 최고의 할이라고 다음과 같이 설명하고 있다.

삼산등래가 말했다. 할이 작용을 벗어난 할이라는 것은 천만 가지로 변화하여 시작과 끝을 알 수 없는 것이다. 금강보검의 할이라고 불러도 역시 얻을 수 있고 거지사자의 할이라고 불러도 역시 얻을 수 있고, 탐간영초의 할이라고 해도 역시 얻을 수 있다. 신룡이 출몰하듯이 하여 모습을 나타내는 것이 특별하여 맞이하려고 하여도 그것의 시작을 알 수 없으며 뒤를 따라가며 알려고 해도 흔적을 찾을 수 없는 것

---

438) 『人天眼目』卷2(T48, p.311b26~29), "一喝不作一喝用者, 一喝中具如是 三玄三要 四賓主 四料揀之顯(類). 大約臨濟宗風, 不過如此. 要識臨濟麼, 靑天轟霹靂, 陸地起波濤."

과 같다. 불조라도 찾기 어렵고 귀신도 엿볼 수 없다. 뜻은 비록 할 속에 있지만 진실은 할의 밖에서 나타나는 것으로 이 네 가지 할 중에 가장 현묘한 것이다. 반드시 어느 때나 현묘라는 이 두 글자를 잘 살펴보면 매우 활발한 뜻이 있어 한결 같이 여시하게 사용하는 것만은 아니다. 또 여(如)라는 한 글자를 살펴보면 이와 같다고 하는 것과 비슷하다고 한 것에 불과하겠지만 진실은 이와 같다고 말하는 안목만 있는 것은 아니다. 이것의 뜻을 알려고 하면 여여의 뜻을 체득하여 여래의 법신이 되어야 비로소 임제노인을 친견하고 할의 활용을 알 수 있다.[439]

임제의 종풍을 자신이 계승하였다고 하는 것으로 보이며 임제의 할 중에서 가장현묘하다고 하고 있다. 여래가 되어야 도인으로서 할을 하게 된다고 하는 것이다. 임제의 입장에서 할을 하는 것이므로 최고로 뛰어나다고 하지만 일반중생들이 아무나 할을 하면 자신의 입과 타인의 귀만 상하게 한다고 할 수 있다. 그러므로 임제의 할을 하고자하면 임제를 알아야 하고 자신이 도인이 되어 임제로서 살아가야 한다.

(5) 도인의 경지

사종무상경이라는 것에서 네 가지 종자인 사대가 무상[440]의

---

439) 『五家宗旨纂要』卷1(X65, p.258b16∼23), "三山來云. 一喝不作一喝用者, 千變萬化, 無有端倪. 喚作金剛寶劍亦得, 喚作踞地獅子亦得, 喚作探竿影草亦得. 如神龍出沒, 舒卷異常, 迎之不見其首, 隨之不見其尾. 佛祖難窺, 鬼神莫覷. 意雖在一喝之中, 而實出一喝之外, 此四喝中之最玄最妙者. 須看有時二字, 甚是活潑, 非一向如此用也. 又看如之一字, 不過彷彿如此, 非眞有如此名目也. 向者裏轉得身來, 方見臨濟老人用處."
440) 무상(無相): 일체의 의식하는 상을 차별 분별하는 생각을 벗어나 청정하

경계라는 것을 깨우치게 하려고 설하고 있다. 인간의 육신은 사대로 이루어진 것인데 여기에서 인간의 육신이 영원할 것이라고 생각하고 육신으로 해탈하여 부처나 도인이 될 것이라고 생각하지만 육신은 죽어서 사라지는 것이다. 그러나 인간들은 육신을 위하여 좋은 옷과 좋은 밥을 구하려고 인생을 허비하고 있다. 그렇지만 사대가 무상한 경계라는 것을 깨달아 알게 되면 사대에 대한 집착을 놓고 살아가게 된다고 하고 있다.

사대에 대한 집착을 마음에서 끊게 하려고 "임제는 비유하여 자신의 본심에서 의심하면 자신의 고정관념이 되는 것을 지대(地大)라 하고, 자신의 본심에서부터 애착하게 되면 사랑에 빠지게 되는 것을 수대(水大)라고 하며, 자신의 본심에서부터 만족하지 못하고 화를 내면 화병이 되어 자신을 불태우게 되는 것을 화대(火大)라고 하고, 자신의 본심에서 나오는 마음을 즐기려고 하면 일어나는 마음에 따라 자신이 표류하게 되는 것을 풍대"441)라고 하고 있다.

임제는 여기에서 자신의 본성에서 나오는 마음을 의애진희(疑愛瞋喜)하지 않고 여시하게 체득하면 대상경계를 진여의 지혜로 활용할 수 있다고 하고 있다. 즉 "그대들이 지금 법문을 듣고 있는데 이것은 그대들의 사대가 듣는 것이 아니고 그대들의 사대를 사용하는 그대들이다."442)라고 하고 있다. 그리고 사대는 무상(無常)하므로 제법이 공상(空相)이라는 것을

게 보는 것

441) 『臨濟語錄』(T47, p.498c18~20), "師云. 爾一念心疑, 被地來礙, 爾一念心愛, 被水來溺, 爾一念心瞋, 被火來燒, 爾一念心喜, 被風來飄."

442) 『臨濟語錄』(T47, p.498c23~24), "爾秖今聽法者, 不是爾四大, 能用爾四大."

체득해야 하며 본심으로 살아가면서 '의애진희'의 번뇌 망념을 쉬면 보리수가 된다고 하고 있다. 그러나 번뇌 망념을 쉬지 못하면 무명수가 되어 무명수에 올라가서 살게 되어 사생육도에 윤회하는 중생으로 살게 된다고 하고 있다. 그러나 망념이 일어나지 않고 진여의 지혜로 살아가면 바로 보리수에 올라가 사는 것이고 삼계에서 신통변화를 나타내게 되니 마음대로 화신으로 살게 되어 법희선열을 만끽하게 된다. 그리고 자신이 항상 자신을 진여의 지혜로 관조하며 살게 되니 옷을 생각하면 고운 비단옷을 입은 것과 같고, 음식을 생각하면 어느 음식이든지 만족하게 되니 다시 자신을 장애하는 심병이 없게 되는 것이다. 이와 같은 깨달음도 어디에 실체가 있는 것이 아니므로 깨달음을 대상으로 얻는 것은 아니다.443)라고 하고 있듯이 지금 바로 인간의 몸을 가진 자신이 도인으로 살아가게 된다. 인간적인 도인이라고 하는 것은 자비심을 베푸는 사람이 도인이기 때문이다. 여기에서 체득하여 자신의 사대가 공(空)이라고 알고 이 사대를 사용하는 사람이 도인이지만 도인을 찾으려고 하면 도인은 이름만 있고 찾을 수 없다고 임제는 다음과 같이 설하고 있다.

> 그대들이 성자를 애착하여 성자를 찾으려고 하지만 성자
> 라는 이름만 있는 것인데도 만약에 일반적으로 수행자들이

---

443) 『臨濟語錄』(T47, p.500c18~27), "大德, 四大色身是無常, 乃至脾胃肝膽, 髮毛爪齒, 唯見諸法空相. 爾一念心歇得處, 喚作菩提樹. 爾一念心不能歇得處, 喚作無明樹, 無明無住處, 無明無始終. 爾若念念, 心歇不得, 便上他無明樹, 便入六道四生, 披毛戴角. 爾若歇得, 便是淸淨身界. 爾一念不生, 便是上菩提樹, 三界神通變化, 意生化身, 法喜禪悅. 身光自照, 思衣羅綺千重, 思食百味具足, 更無橫病. 菩提無住處, 是故無得者."

오대산에 가서 그곳에서 문수보살을 찾으려고 하고 있다면 이것은 아주 잘못된 것이라는 뜻이며 실제로 오대산에는 문수보살이 없는 것이다. 그대들이 문수보살이 무엇인지를 만나서 깨달아 알고 싶다면, 다만 그대의 눈앞에서 진여의 지혜로 생활을 하며 처음부터 끝까지 이와 같이 행하고 어디에서도 이것을 의심하지 않고 살아간다면 이 사람이 도인이며 바로 살아 있는 문수보살이다. 그대들이 지금 한결 같이 여시한 생각에서 나오는 마음으로 차별하지 않고 여시하게 진여의 지혜로 생활하기만 하면 어디든지 극락이 되고 진정한 보현보살로 살아가게 된다. 그대들이 지금 한결 같이 여시한 생각에서 나오는 마음으로 자신이 능히 속박된 것을 여시하게 해결하여서 어디에서나 도인으로 자유롭게 해탈하여 살면 이 사람이 바로 관세음보살인 것이다. 이와 같이 삼매가 되어 살아가는 법은 서로 주반이라는 사실을 깨달아 출현하면 곧바로 동시에 출현하는 도인인데 이 한 사람이 문수, 보현, 관음으로 출현하는 것이고, 이 문수, 보현, 관음이 되어야 도인이 되는 것이라는 사실을 깨달아 체득했을 때에 비로소 이 가르침을 알아듣는다고 할 수 있다.444)

사종무상경이라고 하는 것은 사대가 공(空)이라는 것을 알고 대상경계가 공(空)이라고 알고 몰종적의 도인으로 살아가게 하려는 임제의 서원이고 임제의 자비심이다. 임제는 지금을 벗어나지 말고 이곳에서 누구나 바로 도인으로 살아가야 한다고 설하고 있다. 도인이 되는 법을 사종무상경에서 자세하게 설하고 있는데 명구나 형상으로 찾으려고 하면 영원히

---

444) 『臨濟語錄』(T47, pp.498c26~499a3), "爾若愛聖, 聖者聖之名, 有一般學人, 向五臺山, 裏求文殊, 早錯了也, 五臺山無文殊. 爾欲識文殊麼, 祇爾目前用處, 始終不異, 處處不疑, 此箇是活文殊. 爾一念心, 無差別光, 處處總是眞普賢. 儞一念心, 自能解縛, 隨處解脫, 此是觀音. 三昧法, 互爲主伴, 出則一時出, 一即三, 三即一, 如是解得, 始好看敎."

찾을 수 없고 지금 자신이 지혜로 살아가는 도인이라는 사실을 자각해야 도인을 찾을 수 있다고 설하고 있다. 문수보살, 보현보살, 관세음보살은 멀리 있는 것이 아니고 자신이 진여의 지혜로 살아간다는 것을 자각하여 생활하고 관조하는 것을 문수와 보현 그리고 관세음보살이라고 한다. 그러므로 부처나 조사와 도인도 외부에 있는 것이 아니며 문수보살과 보현보살, 관세음보살도 외부에서 찾으려고 하면 찾지 못하게 된다. 이상에서 설한 삼구와 심현삼요, 시조용, 사료간, 사빈주, 사할 등은 결국에 자신이 도인이라는 사실을 자각하게 하는 방편이다.

결론적으로 삼구와 삼현삼요, 사조용, 사료간, 사빈주, 사할, 사종무상경을 요약하여보면 삼구를 속제인 방편으로 보면 일이삼구(一二三句)가 있고 조불(祖佛)이 있는 것이지만 진제의 입장에서는 명칭일 뿐이다. 이것은 세제에서 보면 중생도 있고 부처나 조사도 있지만 진제의 입장에서 보면 캄캄한 것으로 모두가 도인이 된다. 세 번째 구(句)의 내용인 '자구불료'와 '간취봉두롱괴뢰, 추견도래리유인'에서 보면 '자신도 구제하지 못한다.'고 하는 것은 지혜롭지 못한 번역이 된다. 그러므로 자신이 부처의 입장에서 불법을 요달하는 것을 대상으로 알지 않아야 하는 것이 된다. 이것은 결국에 자기 자신을 움직이고 있는 그 사람이 자신이 되는 것이다. 그 사람이 도인이고 자신이 되므로 자신을 구제하는 것이다. 결국에 삼구는 모두가 자신이 무의도인이 되어야 하는 것을 설하고 있는 것이다.

삼현에서 체중현은 일구이고 구중현은 이구이며 현중현은

삼구가 되는 것이다. 일구를 체중현의 입장에서 보면 조불의 스승이 되어 동등한 것이 되고 그 다음 구도 분별을 용납하지 않는 것이 된다. 승고는 현중현이나 삼구에서 깨달으면 철저하게 깨달았다고 하는 것은 일이삼구에 삼현이 모두 다 들어 있다고 하여 일이삼구가 차별이 되어 삼구가 최고라고 하는 것이다. 이것은 나누어 보는 것과 일구에 모든 것이 다 들어 있다고 보는 것으로 하나로 보든 각각으로 보든 모두 조사와 부처가 되는 것은 '향외치구' 하지 말고 진여의 지혜로 살아가면 도인이 된다.

삼요를 삼현에 짝짓지 말라는『종범』에 의하면 삼요는 불법도이므로 임제가 설한 부처는 청정한 것이고 법은 자신의 마음이 평등한 불심이라는 것을 지혜로 아는 것이고 도(道)라는 것은 어디에도 걸림 없이 진여의 지혜로 살아가는 것이므로 이 셋을 혼용하여 살아가는 것을 도인이라고 하는 것으로 임제가 설하는 것과 같다.

사료간은 수행자를 제접하는 것으로 "탈인불탈경, 탈경불탈인, 인경구탈, 인경구불탈"은 아공이나 법공을 체득하지 못한 수행자를 제접(提接)하는 것이고 또 그 다음은 이공(二空)을 깨닫지 못한 수행자를 제접하는 것이며 마지막은 삼공을 통달한 도인을 제접하는 수단이다.

사조용은 선지식이 수행자를 네 근기에 따라 제접하는 법으로 할이나 봉(棒)을 사용하여 직접 제도하는 것이다. 이렇게 제자에게 법을 전할 때에 확신하게 하는 것이다. 이와 같이 하여 임제가 탄생한 것처럼 수행자를 가르치는 방법으로 사용한 것이다. 그 내용을 이(爾)와 상량하게 하고 수행자가 일개성자라는 사실을 깨닫게 하며 수행자가 망념의 근원을 마땅히 균등하게 알고 수행하게 하고 수행자가 망념을 만법귀일이라고 알고 실천하게 하여 깨닫게 하는 것이다. 선지식이 이렇게 하여 돈오하게 하는 것으로 '줄탁동시'가 되어 불법을 계승하게 사조용을 사용한다.

사빈주는 선지식이나 수행자를 감변하는 것으로 주(主)는 진정견해를 구족한 것이고 객(客)은 진경견해를 구족하지 못한 것으로 심병을 파악하여 각자가 수행하고 제접(提接)하는 지침이다. 바른 선지식이 무엇인지 알아야 하는 것은 자신이 진여의 지혜를 파악하여서 상량(商量)하여야 하는 것이다. 바른 안목을 구족하여야 선지식과 수행자를 판별할 수 있고 언하돈오의 기연을 만나려고 하면 자신의 수행이 익어져야 하는 것이다. 그렇지만 감변을 하지 못하면 '객간객'이 되어 세월만 낭비하게 되는 것을 방지하려고 사빈주를 설한 것으로 보인다.

사할에서 할이나 봉은 아무나 사용하는 것이 아니고 여기에서는 임제의 불법을 계승해야 사용하는 것으로 볼 수 있다. 왜냐하면 아무나 사용하면 고함소리로 협박하는 것이 되고 봉은 몽둥이가 되어 형벌을 가하는 도구가 되기 때문이다. 여기에서 사용하는 것은 수행자의 근기나 선병을 파악하여 심병을 치료하기 위한 것이다. 타인에게 형벌을 가하는 것이 아니고 자신의 능력을 과시하는 도구가 아니다.

사종무상경은 사대가 무상(無相)하므로 대상 경계를 명구나 형상으로 알려고 하면 알 수 없고 자신이 진여의 지혜로 살아가는 도인이라고 확신해야 하는 것이다. 즉 무념(無念)으로 무상이 되어야 하는 것을 설하고 있는 것이다.

4. 『임제어록』에서 도인

1) 『임제어록』에서 인(人)의 종류

(1) 진정견해를 구족한 본래인

『임제어록』에서 진정견해를 구족한 사람을 진인이나 도인이라고 하며 조불과 같은 것이다. 왜냐하면 임제도 인혹을 받지 않고 진정견해를 구족하여 외부에서 구하려는 마음만 쉬면 조불과 다르지 않다고 다음과 같이 설하고 있기 때문이다.

> 그대들이 만약 항상 생각마다 무엇을 구하려고 자기 마음대로 대상경계를 생각하며 치구하는 마음만 쉬어 버린다면 바로 조불과 차이가 없다. 그대들이 조불의 경지를 알고자 한다면 단지 그대 자신들의 면전에서 법을 듣고 있는 자신이 무의도인이며 조불이다. 수행자들이 이것을 철저히 확신하지 않기 때문에 바로 향외치구하며 조불을 찾고 있다. 설령 외부에서 구하여 무엇을 얻었다고 할지라도 모두가 언어문자로 알고 있는 만법일 뿐이니, 결국은 본래 살아있는 조사의 뜻을 깨닫지 못한 것이다. 모든 선덕들이시여, 착각하지 말아야 한다. 지금 바로 여기에서 자신이 살아 있는 조불인 것을 깨달아 알지 못한다면 항상 삼계에서 번뇌 망념으로 생사윤회하며 자신이 좋아하는 경계만 주장하다가 당나귀나 소와 같은 축생으로 살게 된다. 수행자들이여 산승이 깨달아 아는 것으로 보면 그대들은 모두가 석가모니 부처님과 하나도 모습은 다른 것이 없다. 그리고 지금부터 그대들이 온갖 생활을 하면서 진여의 지혜로 생활하기만 하면 무

엇이 부족한 것이 있겠는가? 육도에서 항상 신령한 진여의 지혜로 생활하면서 잠시도 멈춘 적이 없다. 만약에 능히 이와 같은 여시한 경지를 체득하면 일생을 번뇌 망념 없는 무사한 사람으로 살아가게 된다.[445)]

누구나 진정견해를 구족하면 조사이고 부처라고 하지만 외부에서 구하는 부처와 조사는 만법이므로 살아있는 조사가 아니라고 하는 것은 자신의 내부에 조불을 말하는 것이므로 진정견해를 구족하면 누구나 조불이다. 지금 바로 자신이 조불이라는 것을 알지 못하면 육도에서 윤회하게 된다고 설하고 있다. 진정견해를 구족한 사람의 종류를 『임제어록』에서는 무의도인, 무위진인, 저인(底人), 차인(此人)이라고 하고 있다. 이 사람들이 모두 조사이고 부처이므로 살아있는 사람을 부처라고 하는 것이다. 임제는 지금 살아있는 그대가 바로 석가모니부처님과 조사들과 조금도 다르지 않다고 하고 있다. 이와 같은 도인이나 조사가 되려고 하면 진여의 지혜로 여시하게 생활하기만 하면 된다고 하고 있다.

(2) 좌주와 수행자

좌주는 불교를 전문적으로 연구하고 강의하는 사람을 말하지

---

445) 『臨濟語錄』(T47, p.497b7~14), "爾若能歇得念念馳求心, 便與祖佛不別. 爾欲得識祖佛麼, 秖爾面前聽法底是. 學人信不及, 便向外馳求. 設求得者, 皆是文字勝相, 終不得他活祖意. 莫錯, 諸禪德. 此時不遇, 萬劫千生, 輪回三界, 徇好境掇去, 驢牛肚裏生. 道流, 約山僧見處, 與釋迦不別. 今日多般用處, 欠少什麼. 六道神光, 未曾間歇. 若能如是見得, 秖是一生無事人."

만 선불교와 비교하려고 어록에서 자주 등장시키는 인물의 명칭이다. 좌주, 강사(講師), 강주(講主), 교수 등을 지칭하는 표현으로 지식으로 불교를 이해하는 사람들을 말한다. 원래의 뜻은 법좌의 주인이라는 말이므로 부처나 조사가 되어야 하지만 교학에 떨어진 사람의 존칭으로 사용하고 있다.

수행자를 학인이라고 하며 『임제어록』에 37번이나 등장하는데 좌주보다는 조금 더 낮은 단계의 수행자라고 할 수 있다. 그러나 조금 다르지만 비유를 하자면 좌주를 독각이라고 하면 수행자나 학인은 성문이상의 능력이 있다고 볼 수 있다. 여기에서 수행자나 학인은 선수행자이므로 조사의 바로 아래에 있는 사람을 말한다. 즉 수행자나 학인들이 철저하게 자신이 조불이라고 확신을 하지 않는 것446)이고 조불을 외부에서 찾지 말고 본심에서 찾아야 한다고 하며 한 걸음 더 나아가 명구에서 찾으려고 하지 말아야 한다고 다음과 같이 설하고 있다.

> 자신의 부처는 의지함이 없는 본심으로부터 태어난다. 만약 무엇에도 의지함이 없는 본심으로부터 (부처가) 태어난다는 사실을 깨달으면 부처 역시 얻는 것은 아니다. 만약에 이와 같이 여시한 견해를 체득하면 진정견해를 요달하게 된다. 수행자들이 이와 같은 것을 요달하지 못하는 것은 명구(名句)에 집착하기 때문이다. 즉 자신의 외부에서 말하는 범부와 성인이라는 명구에 빠져 그것을 집착하여 자신들의 도안을 방해하기 때문에 자신의 분명한 진정견해를 체득하지 못

---

446) 『臨濟語錄』(T47, p.497b8~9), "그대들이 조불의 경지를 알고자 한다면 단지 그대 자신들의 면전에서 법을 듣고 있는 자신이 무의도인이며 조불인 것이다. 수행자들이 이것을 철저히 확신하지 않기 때문에 바로 향외치구하며 조불을 찾고 있는 것이다.(爾欲得識祖佛麼, 秖爾面前聽法底是. 學人信不及, 便向外馳求.)"

한다. 단지 12분교라는 것도 진정견해를 언어문자로 표현하여 나타낸 말이라는 사실을 수행자들이 알지 못하고 바로 그 명구에서 알려고 알음알이를 내는데, 이것이 모두 명구로 인하여 인과에 떨어진 것이므로 삼계에서 생사하는 것에서 벗어나지 못한다.[447]

선수행자가 본심에서 진정견해를 체득하여 명구의 집착에서 벗어나 번뇌 망념의 생사에서 벗어나기를 바라고 있다. 즉 생사라는 것은 번뇌 망념이 일어나는 것을 생이라고 하고 이것이 사라지는 것을 사(死)라고 하는 것이므로 이 생사에서 벗어나고자하면 명구의 알음알이에서 벗어나야 한다고 하고 있다. 그러나 수행자가 이 말을 이해하지 못하여 부처나 조사를 찾아서 구하려고 하지만 외부의 어디에도 부처나 조사는 없다. 그러므로 수행자가 문수보살을 오대산에서 찾으려고 하여도 없고 자신이 진여의 지혜로 살아가면 자신이 문수보살이라고 다음과 같이 설하고 있다.

그대들이 성자를 애착하여 성자를 찾으려고 하지만 성자라는 이름만 있는 것인데도 만약에 일반적으로 수행자들이 오대산에 가서 그곳에서 문수보살을 찾으려고 하고 있다면 이것은 아주 잘못된 것이라는 뜻이며 실제로 오대산에는 문수보살이 없다. 그대들이 문수보살이 무엇인지를 만나서 깨달아 알고 싶다면, 다만 그대의 눈앞에서 진여의 지혜로 생활을 하며 처음부터 끝까지 이와 같이 행하고 어디에서도

---

447) 『臨濟語錄』(T47, p.498c2~8), "所以佛從無依生. 若悟無依, 佛亦無得. 若如是見得者, 是眞正見解. 學人不了, 爲執名句. 被他凡聖名礙, 所以障其道眼, 不得明分.祇如十二分教, 皆是表顯之說, 學者不會, 便向表顯, 名句上生解, 皆是依倚, 落在因果, 未免三界生死."

이것을 의심하지 않고 살아간다면 이 사람이 일개성자이며
바로 살아 있는 문수보살이다.448)

　살아있는 문수보살은 외부에 있는 것이 아니고 지금 문수보
살을 찾고 있는 수행자 자신이다. 수행자 자신의 마음속에서
조불과 도인이나 성자를 찾아야 하는 것인데도 외부에서 찾으
려고 기도를 하는 것은 명구에 떨어진 수행자이고 목적과 방
법이 잘못된 것이다. 성문연각보살이라는 사람들도 모두 경전
에 의하여 조불을 찾는 사람들이고 대장경에도 역시 불성을
분명하게 찾을 수 있게 설명한 것이라고 좌주들은 말하고 있
다. 그러나 이 말이 틀린 것은 아니지만 임제는 부처를 지식으
로 이해하려고하는 좌주를 질책하고 경전을 짊어지고 살아가는
수행자를 경책하고 있다. 수행자나 좌주는 결국에 명칭이지만
경전을 활용하여 조불로 살아가야 도인이 되는 것이므로 경에
속박되어 살아가는 이를 좌주라고 하고 이것을 벗어나 실천하
는 이가 수행자이다. 그리고 삼아승지겁을 수행하여야 부처나
조사가 된다고 알고 있는 교학자들을 좌주라고 한다면 선수행
자들은 지금 바로 자신의 안목만 구족하면 조불이 된다고 안
목을 구족하려고 수행하는 이들을 말한다.

(3) 소신근인(少信根人)과 외도

　소신근의 사람과 외도를 나눈 것은 불성(佛性)을 믿는 이들

---

448) 『臨濟語錄』(T47, p.498c26∼29), “爾若愛聖, 聖者聖之名, 有一般學人,
　　向五臺山, 裏求文殊, 早錯了也, 五臺山無文殊. 爾欲識文殊麼, 祗爾目前用
　　處, 始終不異, 處處不疑, 此箇是活文殊.”

과 불성이 없는 이들을 구분하기 위한 것이다. 일천제의 외도들은 불성이 전혀 없기 때문에 삼악도를 벗어날 기약이 없다. 그러나 천제성불을 말한다면 여기에서 논하고자 하는 것은 아니고 임제가 외도라고 한 것은 소신근인의 외도를 말한 것이다. 즉 내범을 외도라고 한 것이기에 다음과 같이 설하고 있다.

> 보살이 되려고 육바라밀을 실천한다고 하지만 역시 이것도 업을 짓는 일이고, 간경을 하고 간교를 하여 도를 구하는 것도 역시 업을 짓는 일이 되는 것이다. 부처와 조사라고 하는 것은 대상으로 무엇을 구하는 것 없이 지혜를 실천하는 사람이므로 번뇌가 있는 것을 번뇌가 없는 열반적정으로 조작하여 만드는 것은 청정하게 만드는 업이 된다. 그런데도 어느 눈먼 바보 같은 수행자는 배부르게 밥을 먹고 밥 먹는 것을 요달하여 마쳐야 바로 진정한 좌선을 실천한다고 하면서 관행을 하는 것이 번뇌망념이 일어나지 않도록 꽉 잡고 놓아주지 않는 것이 수행이라고 생각하고, 시끄러운 것을 싫어하고 조용한 것을 구하는 것이 수행이라고 하는데 이것은 외도법이다.[449]

이것은 북종선의 수행법인 자신에게 일어나는 망념을 '염기즉각 각지즉실'한다는 사실을 알고 계속 자신의 거울을 청정하게 하고 실천하는 간심간정의 수행법이나 만뜨라 요가수행법을 비판한 것이다. 그러므로 임제가 외도라고 한 것은 조불이나

---

449) 『臨濟語錄』(T47, p.499b8~14), "爾諸方言, 道有修有證, 莫錯. 設有修得者, 皆是生死業. 爾言六度萬行齊修, 我見皆是造業, 求佛求法, 即是造地獄業. 求菩薩 亦是造業. 看經看教 亦是造業. 佛與祖是無事人, 所以有漏有爲, 無漏無爲, 爲淸淨業. 有一般瞎禿子, 飽喫飯了, 便坐禪觀行, 把捉念漏, 不令放起, 厭喧求靜, 是外道法."

도인으로 살아가지 못하는 이들을 모두 외도라고 한 것이고 하근기의 사람이라고 한 것이다. 그러므로 명구에 떨어지지 말라고 외도의 견해는 다음과 같다고 설하고 있다.

> 수행자들이시여, 진정한 부처는 고정된 모습의 형상이 있는 것이 아니며, 또 진정한 자신의 불법은 일체의 상을 차별 분별하지 않고 청정하게 보는 것이다. 그러나 그대들이 다만 부처라는 고정된 환상을 최고라고 생각하여 전지전능해야 한다는 등의 자신이 마음대로 생각하여 만들어 놓고는 그것을 이루려고 추구한다면 가령 구하여 얻는다고 하더라도 그것은 모두 여우같은 요망한 견해이므로 진정한 부처가 아니고 외도의 견해이다. 대체로 진정한 수행자라면 부처가 되려고도 하지 않고, 보살이나 나한이 되려고도 하지 않고, 삼계에서 수승하게 뛰어난 깨달음의 경지를 구하려고 하지도 않는다. 왜냐하면 진정한 수행자라면 대상경계에 구속되는 것을 좋아하지도 않으니 하늘과 땅이 뒤집어져도 다시 괴이하게 생각하지 않기 때문이다. 또한 시방삼세의 제불이 지금 눈앞에 나타난다고 해도 한결같이 여시한 생각에서 나오는 마음으로 살아가므로 기쁘다는 마음이 조금도 없다. 그리고 삼도의 지옥이 바로 나타난다 해도 지금 한결같이 여시한 생각에서 나오는 마음으로 살아가기 때문에 두려움이 조금도 없이 수행을 하게 된다.450)

임제는 외도의 견해와 자신의 불성을 믿지 않는 소신근의 이들을 위하여 보살이나 부처가 무엇인지 설하고 있다. 보살이

---

450) 『臨濟語錄』(T47, p.500a12~18), "道流, 眞佛無形, 眞法無相. 爾祇麼幻化上頭, 作模作樣, 設求得者, 皆是野狐精魅, 並不是眞佛, 是外道見解. 夫如眞學道人, 並不取佛, 不取菩薩, 羅漢, 不取三界殊勝. 逈無(然)獨脫, 不與物拘, 乾坤倒覆, 我更不疑, 十方諸佛現前, 無一念心喜, 三塗地獄頓現, 無一念心怖."

되려고 육바라밀을 실천하는 것이나 간경이나 간교를 하여 도를 구하는 것도 업(業)을 짓는 것이고 부처가 되려고 하는 것도 외도라고 하고 있다. 즉 부처라는 것을 자신이 마음대로 미리 만들어 놓고 전지전능한 부처가 되려고 하는 것이기 때문에 만약에 부처나 조사가 되었다고 하더라도 외도의 견해라고 하고 있다. 그러므로 진불(眞佛)이나 조사는 무형(無形)이고 무상이라고 하는 것이다. 진정견해를 가진 수행자는 조불, 진인, 도인, 보살, 나한 등이 되려고 수행하는 것이 아니다.

그리고 형상이나 명구에 속박되지 않고 삼악도를 두려워하며 항상 어디에서나 도인으로 살아가는 사람이라고 하고 있다. 소신근의 사람이나 내범의 외도들이 대상으로 도달하려고 하는 견해는 잘못된 고정관념이므로 진정견해를 구족하여야 근기를 벗어날 수 있다.

2) 『임제어록』에서 인(人)의 내용

(1) 차별 분별이 없는 참사람이 진인

무위진인(無位眞人)에 대하여는 임제가 상당하여 설하고 있는데 그 내용에 대하여 자세하게 기록하고 있지 않지만 내용을 보면 다음과 같다.

임제가 상당하여 말했다. 우리들의 육신 속에 일개성자인 무위진인이 있는데 무위진인이 항상 우리들의(그대들의) 입[面門, 六門]으로 출입하고 있다. 아직까지 이것을 정확하게 보고 알지 못하였으면 지금 잘 보고 자세하게 알아보도록 하라. 그때에 어느 스님이 나와서 물었다. 무엇이 무위진인 입니까? 임제가 선상에서 내려와 그 스님을 파주(把住, 교화의 방편)로 잡고는 말했다. 무위진인이 무엇인지 말해보아라. 지금 말해 보아라. 그 스님이 사량 분별하여 무슨 말을 하려고 하니 임제가 그 스님을 밀쳐 버리고 말했다. 무위진 인은 무슨 똥 딱지 같은 소리하고 있네. 라고 하고는 바로 방장실로 돌아갔다.451)

무위진인은 다른데 있는 것이 아니고 적육단상이라는 자신의 육신에 있다고 하고 있다. 적육단상이라고 하면 발가벗은 몸뚱 이를 말하는데 이것은 번뇌 망념이 없는 육근을 말한다. 이 말은 즉 육근이 공(空)이라는 사실을 설하고 있으므로 무위진인의 본래면목을 여실하게 드러내고 있는 적육은 공(空)의 다른 표현이다. 그러므로 공(空)의 무위진인이 면문으로 출입하는 것은 육진의 경계를 공(空)의 입장에서 보고 실천하는 것을 말하고 있다. 이것을 알지 못하면 '무위진인'이라는 것은 하나의 명구에 불과하므로 똥 딱지와 같이 되어 버린다. 그런데 후대의 사람들이 무위진인을 건시궐(乾屎橛)이라고 생각하는 것은 사량 분별하는 학인의 수준이라고 자처하는 것이 된다. 소용없는 명구라고 생각할지 모르나 무위진인은 인간으로 살아가면서 최고의 목적이라고 해도 된다고 임제는 주장하고 있다. 임제는 학인이 건시궐 보다 못한 생각을 하고 있다고 질책하고 있다. 살아있는 사람이 무위진인이며 조불이라고 하고 있는 것이므로

---

451) 『臨濟語錄』(T47, p.496c10~14), "上堂云. 赤肉團上, 有一無位眞人, 常從汝等諸人, 面門出入, 未證據者, 看看. 時有僧出問. 如何是 無位眞人. 師下禪床 把住云. 道道. 其僧擬議, 師托開云. 無位眞人, 是什麼乾屎橛. 便歸方丈."

사람이 차별분별하지 않고 진여의 지혜로 살아가면 무위진인이
된다.

(2) 의지함 없이 생활하면 도인

무의도인은 무위진인과 마찬가지로 아무것도 의지하지 않는
사람을 말하는 것으로 아무런 속박 없이 살아가는 대자유인을
말한다. 즉 진정견해를 체득하여 어디에서나 자유롭게 공(空)
을 실천하며 살아가는 도인(道人)을 부처라고 하며 이들은 몰
종적을 실천하는 것이다. 즉 부처는 음성이나 형상으로 친견할
수 있는 것이 아닌 것처럼 고정된 실체가 없다는 것을 깨달아
아는 것을 제불의 어머니라고 다음과 같이 설하고 있다.

> 그리하여 오로지 본심으로 법을 듣는 무의도인이 지금 여
> 기에 있는데 이것이 바로 모든 부처의 어머니인 것이므로
> 자신의 부처가 의지함이 없는 본심으로부터 태어나게 되는
> 것이다. 만약 무엇에도 의지함이 없는 본심으로부터 (부처
> 가) 태어난다는 사실을 깨달으면 부처 역시 얻는 것은 아니
> 다. 만약에 이와 같이 여시한 견해를 체득하면 진정견해를
> 요달하게 되는 것이다.452)

불법을 본심으로 듣는 것을 청법(聽法)이라고 하는데 이렇
게 듣는 것이 근본이 된다고 하여 모든 부처의 어머니라고 하
고 있다. 여기에는 외부의 어떤 요인도 없으므로 자신의 육근

---

452) 『臨濟語錄』(T47, p.498c2~4), "唯有聽法, 無依道人, 是諸佛之母, 所
以佛從無依生. 若悟無依, 佛亦無得. 若如是見得者, 是眞正見解."

이 공(空)이라는 것을 요달하고 육진의 법을 본심으로 듣는 것이 근원이므로 의지함이 없는 것에서 부처가 태어난다고 한다. 그러므로 부처는 얻는 것이 아니라고 하는 것이고 이렇게 진정견해를 체득하기만 하면 진인이고 도인이 된다. 수행자들이 이렇게 요달하지 못하기 때문에 성인이라는 명구에 빠져 헤어나오지 못하고 성인의 종적을 따라 행하려고 하는 것이다. 즉 자신이 성자는 어떤 사람이라고 고정해놓고 그 사람이 되려고 하면 자신을 놓치는 오류를 범하게 된다. 그러므로 임세는 무의도인의 가치관에 대하여 다음과 같이 설하고 있다.

> 오히려 경계를 자유자재로 다스리는 무의도인을 자신이 친견하면 제불의 현지를 깨달아 알게 된다. 부처의 경지가 되면 자신이 자칭 내가 부처의 경지를 체득했다고 말하지 않아야 도리어 일개의 무의도인으로 경계를 자유자재로 다스리면서 나타나게 된다. 만약 어느 사람이 와서 나에게 부처가 되기를 원한다고 하면 나는 즉시 청정한 것을 설명하여 그 경계에서 벗어나게 설명하여 준다. 어느 사람이 와서 나에게 보살이 되기를 원한다고 하면 나는 즉시 자비를 설명하여 그 경계에서 벗어나게 설명하여 줄 것이다. 어느 사람이 와서 나에게 깨달음을 체득하기를 원한다고 하면 나는 즉시 정토를 설명하여 그 경계를 벗어나게 하여 줄 것이다. 어느 사람이 와서 나에게 열반이 무엇인가를 묻는다면 나는 즉시 적정의 경지를 설명하여 그 경계에서 벗어나게 할 것이다. 경계라는 것은 즉 온갖 것이 다 있어서 차별하여 나타내지만 무의도인이 되어서 차별하지만 않으면 경계를 자유자재로 다스리는 것이 된다. 그러므로 경계의 사물에 응하여 원래의 형상으로 나타내는 것을 마치 물속에 비치는 달과 같이 하여야 하는 것이다. [453]

대상경계를 자유자재로 다스리는 사람을 저인이라고 하는데 이는 무의도인을 말하는 것이고 부처이다. 부처와 보살은 청정과 자비이고 보리와 열반은 정토와 적정하게 되면 이루어지므로 무의(無依)의 저인이라고 하며 임제는 무의도인이라고 하였다. 그러므로 무의도인은 경계를 자유자재로 활용하지만 물속에 비친 달과 같이 해야 하므로 이름만 있을 뿐이고 실체는 없는 것이다. 자신을 부처나 무의도인이라고 하면 동념즉괴(動念卽乖)이므로 저인이라고 할뿐이다. 누구나 무의도인이 되고자 하면 청정하게 자비를 실천하면 되는 것이고 자신이 지금 이공(二空)이라는 것을 자각하면 바로 정토가 현전하게 되어 열반적정의 세계에서 삼공(三空)을 실천하게 된다. 그리고 무의도인이 조불이지만 지금 여기에 있는 그대들이 확신만하면 된다고 다음과 같이 설하고 있다.

　　대덕들이여, 지금 수행하여 구하고자 하는 것이 무엇인가? 현재 지금 눈앞에서 법을 청정하게 듣기만 하면 무의도인으로 확실히 분명하게 살아가게 되어 조금도 부족한 것이 없게 되는 것이다. 그대들이 만약에 조불과 다르지 않기를 바란다면 단지 이와 같이 여시하게 알고 무의도인이 사는 것이라는 것을 의심하고 착각하지 말아야 한다. 그대들이 지금 생각하고 쓰는 마음을 여시하게 사용하여 살아가기만 하면 살아있는 조사가 되는 것이라고 하는 것이고, 마음에 만약 차별분별 하는 마음이 있다면 곧 마음이 성상으로 나누어지

---

453) 『臨濟語錄』(T47, p.499a11~18), "却見乘境 底人 是諸佛之玄旨. 佛境
不能自稱 我是佛境, 還是這箇, 無依道人, 乘境出來.若有人出來, 問我求佛,
我即應淸淨境出. 有人問我菩薩, 我即應慈悲境出. 有人問我菩提, 我即應淨
妙境出. 有人問我涅槃, 我即應寂靜境出. 境即萬般差別, 人即不別. 所以應
物現形, 如水中月."

는 것이고, 마음에 차별분별 하는 마음이 없다면 마음이 성
상으로 나누어지지 않고 성상이 일치하게 되는 것이다.454)

자신들이 조불이라고 확신하고 차별분별 하는 마음만 없으면
조불이 되어 진여의 지혜로 살아갈 수 있는데 마음속에 조금
이라도 차별분별 하는 것이 일어나게 되면 성상으로 나누어진
다고 하고 있다. 성(性)은 자신의 본성이고 불성이며 상(相)은
대상경계이므로 본성인 육근과 육경을 모두 공(空)으로 보고
실천해야 하는데 성상이 일치하지 않으면 모순이 된다. 즉 모
두를 공(空)으로 알고 불공(不空)을 실천해야 하기 때문이다.
이와 같이 차별분별하지 않고 살아가면 누구나 무의도인이고
육신통을 가지고 살아가게 된다고 다음과 같이 설하고 있다.

산승이 이와 같은 것을 들어서 설명하는 것은 이와 같이
행하는 모든 것이 업통이고 의통인 것이고 대체로 경전에서
말하는 부처가 가진 육신통이란 그와 같은 것은 아니기에
이와 같이 말하는 것이다. 즉 경전에서 말하는 신통은 색계
에 들어가 살아도 색의 경혹을 받지 않는 것이고, 음성의 세
계에 들어가 살아도 음성으로 인한 혹란을 받지 않는 것이
고, 향기의 세계에 들어가 살아도 향기의 미혹을 받지 않는
것이고, 맛의 세계에 들어가 살아도 맛의 미혹을 받지 않는
것이고, 촉감의 세계에 들어가 살아도 촉감으로 인한 미혹을
받지 않는 것이고, 법계에 들어가 살아도 법으로 인한 혹란
을 받지 않고 살아가는 것을 신통이라고 한다. 그러므로 색
성향미촉법의 육진이 모두 공으로 청정하다는 사실을 통달

---

454) 『臨濟語錄』(T47, p.499c9~13), "大德, 覓什麼物. 現今目前, 聽法無依
道人, 歷歷地分明, 未曾欠少.爾若欲得, 與祖佛不別, 但如是見, 不用疑誤.
爾心心不異, 名之活祖, 心若有異, 則性相別, 心不異故, 即性相不別."

하여 깨달았기에 능히 어디에도 속박되지 않고 신통으로 살아간다. 이와 같은 사람을 무의도인이라고 하는데 이 사람은 비록 오온의 번뇌를 가지고 있으면서도 바로 지금 지상에서 행하는 모든 것이 신통묘용이 된다.455)

　　무의도인이 말하는 신통을 업통과 의통이라고 하는 것은 육신통456)을 지금 누구나 가지고 있기 때문이다. 마술이나 요술이 아니고 지금 바로 자각하여 실천하면 육신통이 나타나는 것이다. 일반적으로 알고 있는 육신통이 만약에 현대의 과학으로 증명되기를 바라는 마음으로 불교를 바라보면 불교는 석가세존 출가이전의 과거로 회귀하게 된다. 그러므로 임제가 말하는 천안통은 색의 세계에 들어가 살아도 색의 경혹을 받지 않는 것이고, 천이통은 음성의 세계에 들어가 살아도 음성으로 인한 혹란을 받지 않는 것이며, 무루통은 법계에 들어가 살아도 법으로 인한 혹란을 받지 않아야 하는 것이다. 숙명통은 과

---

455) 『臨濟語錄』(T47, p.500a6~12), "如山僧所擧, 皆是業通依通, 夫如佛六通者不然.入色界不被色惑, 入聲界不被聲惑, 入香界不被香惑, 入味界不被味惑, 入觸界不被觸惑, 入法界不被法惑. 所以達六種 色聲香味觸法, 皆是空相, 不能繫縛. 此無依道人, 雖是五蘊漏質, 便是地行神通."

456) 육신통: 일반적으로 말하는 육신통은 부처와 제자들인 아라한이 갖추고 있는 능력으로 설명하고 있다. 그러나 외도들이 말하는 육신통에서 신족통은 마음으로 몸을 만들거나 사라지게하고 벽을 통과하고, 물위에서 걸을 수 있고 하늘을 날 수 있는 것 등을 말한다. 신족통이 있으면 수명을 늘릴 수 있다고 하고 있다. 그리고 숙명통은 전생을 기억해 낼 수 있는 능력을 갖추어야 한다고 하고 있다. 천안통은 사람이 볼 수 없는 것을 볼 수 있어야 한다고 하고 있다. 천이통은 사람이 듣지 못하는 소리를 들어야 하고 타심통은 타인의 생각이나 마음을 알 수 있어야 한다고 하고 있다. 마지막으로 누진통은 누진은 번뇌를 모두 소진한 것으로 누진통은 번뇌를 소멸시켜 완전하게 벗어난 해탈에 이른 것을 말한다. ; [네이버 지식백과] 『한국민족문화대백과』육신통:
https://terms.naver.com/entry.naver?docId=4339968&cid=46648&categoryId=46648 [21. 12. 20검색]

거의 숙업을 정확하게 아는 것을 말하는 것으로 즉 잘못된 업(業)을 바로 알고 지혜로 전환하여 불법에 맞게 실천하는 것이고, 신족통은 자신이 어디를 비행기를 타고 날아다니듯이 다니는 것이 아니고 대상경계를 자유자재로 활용하는 것이며, 타심통은 타인의 중생심을 마음대로 아는 것이 아니라 자신의 중생심을 자유자재로 진여의 지혜로 전환하는 것이다. 이렇게 하면 누구나 육신통이 나오는 것이므로 육경의 세계에 들어가도 경혹을 받지 않게 된다. 즉 중생의 몸으로 무의도인은 항상 평상심으로 살아가기 때문에 신통묘용이 있다고 하는 것이며 '번뇌즉보리'를 그대로 실천하는 무의의 사람을 도인이라고 한 것이다.

(3) 공을 실천하여 일상생활을 하는 사람

무사인(無事人)에 대하여 임제는 지금 바로 살아있는 사람이 조불이므로 지금 바로 조불이라고 깨달아야 삼계에서 윤회를 하지 않는다고 다음과 같이 설하고 있다.

> 모든 선덕들이시여, 착각하지 말아야 한다. 지금 바로 여기에서 자신이 살아 있는 조불인 것을 깨달아 알지 못한다면 항상 삼계에서 번뇌 망념으로 생사윤회하며 자신이 좋아하는 경계만 주장하다가 당나귀나 소와 같은 축생으로 살게 된다. 수행자들이여 산승이 깨달아 아는 것으로 보면 그대들은 모두가 석가모니 부처님과 하나도 모습은 다른 것이 없다. 그리고 지금부터 그대들이 온갖 생활을 하면서 진여의 지혜로 생활하기만 하면 무엇이 부족한 것이 있겠는가? 육도

에서 항상 신령한 진여의 지혜로 생활하는 것을 잠시도 멈춘 적이 없다. 만약에 능히 이와 같은 여시한 경지를 체득하면 일생을 번뇌 망념이 없는 무사한 사람으로 살아가게 된다.457)

자신이 조불이라는 것을 자각하여 확신하지 못하면 축생으로 살아가게 된다고 임제는 설하고 있다. 육도윤회에서 축생을 소나 개라고 생각하면 큰 문제이다. 여기에서 말하는 축생은 축생과 같은 생활을 하는 사람들을 말하고 있다. 그러므로 죽고 나서 영혼이 윤회하여 태어나는 것이 아니고 지금 어떻게 생활하느냐에 따라 육도에서 윤회하는 것을 말한다.

임제는 지금 누구나 조불이고 석가모니라고 하면서 진여의 지혜로 생활하기만 하면 된다고 하고 있다. 누구나 조불이지만 축생으로 살아가는 수행자들을 위하여 진정견해를 구족하고 진여의 지혜로 생활하기만하면 일생을 대자유인으로 조불로 살아가게 된다고 하고 있다. 그리고 다시 임제는 조불에 대하여 설명하고 있다.

부처와 조사라고 하는 것은 대상으로 무엇을 구하는 것 없이 지혜를 실천하는 사람이므로 번뇌가 있는 것[有漏]을 번뇌가 없는[無漏] 열반적정으로 조작하여 만드는 것은 청정하게 만드는 업이 된다.458)

---

457) 『臨濟語錄』(T47, p.497b10~14), "莫錯, 諸禪德. 此時不遇, 萬劫千生, 輪回三界, 徇好境掇去, 驢牛肚裏生. 道流, 約山僧見處, 與釋迦不別. 今日多般用處, 欠少什麼. 六道神光, 未曾間歇. 若能如是見得, 祇是一生無事人."
458) 『臨濟語錄』(T47, p.499b11~13), "佛與祖是無事人, 所以有漏有爲, 無漏無爲, 爲淸淨業."

사람이 부처와 조사이지만 자신의 마음이 공이므로 육진경계에서 구하는 것이 없으므로 청정이라는 업(業)도 없어야 한다고 하고 있다. 그러므로 무사한 사람이라고 하는데 이 사람은 아무 일도 없는 사람이 아니고 아무런 조작을 하지 않고 진여의 지혜로 항상 생활하는 사람을 말한다.

무위진인과 무의도인이나 평상무사인은 임제가 말하는 도인인데 이들은 모두가 삼공(三空)을 실천하는 이들이므로 종적을 찾을 수가 없다. 이들은 항상 육신통을 나타내며 실천하고 살아가는 일반 사람이므로 특별한 마술과 같이 사람들을 현혹시키는 육신통이 아니다. 그러므로 기본적인 공의 개념도 모르면서 삼공을 실천하는 도인을 알려고 하면 더 종적을 볼 수도 없다. 그래서 십우도(심우도)에서 소의 발자국을 찾으라고 하고 자신을 바로 보라고 하는 것이다.

지금까지 임제선의 형성에서부터 임제가 말하는 사람이 부처라는 것에 대하여 살펴보았다. 임제선이 형성된 것은 교학의 쇠퇴에 의하여 사상적인 혼란에서 극복하기 위하여 자급자족하는 종단이 형성되면서 부터이다. 교학의 한계에서 시작된 마조와 석두계의 신불교는 교학적인 틀을 벗어난 새로운 조사선을 말한다. 지방에서 선종은 더욱더 발전하고 교학은 줄어들어 선종의 조사들이 자신의 선사상을 선양하며 실천적인 생활불교로 나아가게 된 것이다. 이런 것들이 임제선의 형성에 많은 영향을 주었고 사상적으로 마조의 '평상심시도'나 '도불용수'의 사상을 계승하여 임제선이 형성되었다.

임제선의 중심인 임제가 돈오한 내용을 보면 황벽의 선사상을 계승한 것이지만 황벽을 능가하는 사상을 전개하여 지금이 마음이 부처라는 사실을 체득하게 한 것이다. 임제의 수행은 초기에는 소승의 수행이었기에 황벽이나 대우의 가르침에 의하여 소승에서 대승으로 전환하여 돈오한 것이다. 이 돈오한 내용은 지금 이 마음이 부처라는 것을 자신이 체득한 것이다. 그러므로 이 마음이 자신의 자성에서 나온 마음이라는 것을 체득하면 자성은 불성이고 자성에서 나온 마음이 불심이고 지금 이 불심이 자신의 마음이 되어 실천하는 부처가 된다.

임제가 돈오한 내용을 보면 『송고승전』, 『조당집』, 『경덕전록』, 『임제어록』에서 황벽과 임제가 '명탁동시'한 일심이나 마음이 부처라는 것을 체득하여 자성에 의한 마음을 사용하는 조사라는 사실을 체득한 것이다. 그리고 진여의 지혜를 체득하여 치구하지 않는 마음으로 일체처에서 무루 해탈한 것이고, 이것은 육근과 육진이 청정하여 경혹을 받지 않는 임운자재 한 사람이 된 것이다. 이것은 고정관념을 버리고 지금 바로 자신이 무루 해탈하여 부처로 살아가는 것을 체득한 것이 돈오의 내용이다. 임제가 돈오한 이것은 어쩌다 우연히 돈오한 것이 아니라 철저하게 삼장의 불법을 공부하여 익힌 후에 '줄탁동시'가 되어 언하돈오 한 것이다.

임제가 돈오한 내용을 더 자세하게 나타낸 것이 삼구와 삼현삼요, 사조용, 사료간, 사빈주, 사할, 사종무상경으로 요약된다. 삼구는 속제로 보면 방편으로 조불이나 인천 등이 있지만 진제의 입장에서 보면 이런 것은 이름일 뿐이다. 그러므로 속제에서는 중생도 있고 부처나 조사도 있지만 진제의 입장에서 보면 모두가 청정한 도인이 된다. 그리고 '자구불료'를 자신도 구제하지 못하는 것이 아니고 부처의 입장에서 불법을 요달하는 것을 대상으로 알지 않아야 한다. 그러므로 결국에 자기 자신을 움직이고 있는 그 사람이 자신이라고 알게 된다. 결국에 삼구는 모두가 자신이 무의도인이 되어야 하는 것이다.

삼현에서 일구를 체중현으로 보면 조불의 스승이고 구중현은 분별을 용납하지 않아야 하며 현중현이나 삼구에서 깨달아야 한다. 이것을 나누어 보는 것과 일구에 모든 것이 다 들어 있다고 보는 것이며 모두 조사와 부처가 되는 법으로 '향외치구' 하지 않고 진여의 지혜로 살아가야 한다.

삼요는 불법도이므로 부처는 청정한 것이고 법은 자신의 만법으로 지혜로 자신이 평등하게 아는 것이며 도(道)는 진여의 지혜로 살아가는 것이므로 이렇게 불법도를 혼용하여 살아가야 도인이 된다.

사료간은 수행자를 제접하는 것으로 아공이나 법공을 체득하지 못한 수행자와 이공(二空)을 깨닫지 못한 수행자와 삼공을 통달한 도인을 제접하는 방법을 설명한 것이다.

사조용은 선지식이 수행자를 할이나 봉(棒)을 사용하여 직접 제도하여 제자에게 법을 전할 때에 사용한다. 내용으로 보면 수행자가 자신의 본래인을 만나게 하여 도인이라는 사실을 깨닫게 하고 실천하게 하며 불법을 계승하는 도구이다.

사빈주는 선지식이나 수행자를 감변하는 것으로 주객을 파악하여 각자가 수행하고 제접하는 지침이다. 바른 안목을 구족하여 선지식과 수행자를 판별하고 언하돈오의 기연을 만나는 법을 설한 것이다.

사할에서 할이나 봉은 임제의 불법을 계승한 이들이 사용하는 것이다. 왜냐하면 아무나 사용하면 고함소리나 협박이 되기도 하고 또 봉도 몽둥이가 되어 형벌을 가하는 이가 될 수 있다. 그러므로 아무나 사용하는 것이 아니고 할이나 봉은 수행자의 근기나 선병을 파악하여 심병을 치료하는 도구이다.

사종무상경은 사대가 무상이라고 알고 대상경계를 명구나 형상으로 알지 않고 진여의 지혜로 살아가는 도인이라고 확신하는 것으로 즉 무념으로 무상이 되어야 한다고 설하고 있다.

이상에서 보았듯이 임제선이 형성되어져 사람이 도인이 되어 임제라는 도인이 많은 도인을 만들어 낸 것이다. 지도하고 제접하는 방편으로 삼구와 삼현삼요, 사조용, 사료간, 사빈주, 사할, 사종무상경 등을 사용하여 자비를 베푼 것이다. 마음이 부처라는 '즉심시불'에서 '촉목시도'의 단계를 넘어 생활하는 사람이 진인이고 도인이며 부처와 여래라는 고차원적인 불법을 확신한 것이다. 그러므로 임제선을 최고라고 칭송하고 연구하는 것이다. 살아있는 사람이 지금 바로 인간으로서 도인이 되는 것을 설한 것은 석존이 초전법륜을 설한 것과 같다고 볼 수 있다.

V. 현대에서 도인의 표상

1. 도인의 가치관

가치관이란 바르고 바르지 않은 것이나 하고 하지 말아야 할 것 등에 대한 판단기준을 말하는데 사회·국가·세계·인간· 역사·예술·교육·직업·문화·경제 등의 가치관과 개인적인 가치관이 있다. 그러므로 시대의 변화에 따른 가치관이 바르게 되어야 개인들의 가치관도 양심에 부끄럼 없이 살아갈 수 있다. 이 말은 이런 가치관들이 개인들의 가치관을 따라가지 못할 경우와 개인들의 가치관이 이런 가치관 보다 못한 문맹률이 높은 경우로 나눌 수 있다. 이런 경우에는 성왕이나 전륜성왕의 출현을 바라는 것이다. 왜냐하면 이런 사회의 가치관이 개인의 양심과 윤리나 도덕 등의 인생관에 영향을 미치기 때문이다.

이런 것 때문에 민주주의459)라는 가치관을 가지고 통치를 하

---

459) https://100.daum.net/encyclopedia/view/14XXE0020297 [21. 11. 30검색] [다음 백과사전], 민주주의에 의하면 "현대에서 민주주의만큼 그 의미가 다양한 것은 별로 없을 것이다. 이 말은 각자가 자의적으로 개념 규정하여 사용하는데, 즉 독재체제의 국가에서도 그들의 정치를 민주주의라고 할 정도이다. 민주주의는 고전적인 아테네의 정치제도가 시민사회의 등장으로 변형되어 수용한 것이다. 고대 아테네의 민주주의는 전체구성원 중에서 참여권이 있는 시민만 정책결정에 관여하는 특징이 있었다. 그 당시 아테네는 생업의 노동은 노예가 하고 있었으므로 시민이 정치에 참여할 수 있을 정도로 충분한 시간이 있었다. 한정된 시민만 직접정치에 참여하는 것이 지배자와 피지배자 사이의 구분이 없는 대등한 정치권력으로 전개되었다. 아테네민주주의가 다시 주목을 받으면서 재조명되기 시작한 것은 근대시민사회의 대두에서부터였다. 당시 새로운 사회계급으로 등장하였던 부르주아는 대립관계에 있었던 귀족의 전제군주적인 절대체제와 맞서 민주

는데 민주주의라는 뜻이 소수의 집단에 의하여 좌지우지 된다고 하면 올바른 민주주의라고 할 수 없다. 이런 상황에서 개인의 가치관이 올바르다고 하면 하등의 문제가 되지 않겠지만 만약에 비뚤어진 가치관을 가진 사람에 의한 집단이 있다고 하면 작은 집단에 의한 독재를 조절하여 다스릴 수 있는 국가나 다른 집단이 필요할 것이다. 이런 경우에 그 가치관을 바르게 하여줄 수 있는 사람이 없기 때문에 올바른 가치관이 무엇인지 알아야 한다.

정의와 평등이나 자유와 종교라는 개념에서부터 시작하여 모든 사람들이 양심에 따라 살아갈 수 있는 가치관의 확립이 되어야 한다. 그러므로 정의(正義)와 평등(平等)은 누구에게나 동등한 진리에 맞는 가치관을 요구하는 것이고 자유(自由)는 어디에도 구속받거나 얽매이지 않고 자기 의지대로 행동하는 것이고 자기의 마음대로 행동한다고 하여 바른 가치관이 없는 방종(放縱)에 빠지지 않는 자유여야 한다. 방종은 자유의 독이 되는 것이고 이것이 종교라는 신앙에 치우친 것이라고 하면 종교라는 개념460)도 정확하게 알아야 한다.

주의를 주장하게 되었다."라고 하고 있다.

460) 종교: 현대의 종교는 "religion"이라는 뜻을 계승한 것이므로 [네이버 지식백과]에 의하면 https://terms.naver.com/entry.naver?docId=2076810&cid =41810&categoryId=41 812 [21. 11. 16검색] "religion은 라틴어로 re와 lig가 합쳐진 것이다. 즉 '주의해서 가르침을 다시 본다는 것이다. 그리고 faith나 belief system으로 사용하기도 한다." 이것은 religion을 faith나 belief system이라고 하고 있는 것은 믿음과 신앙이라는 faith와 믿음의 체계나 신앙화하는 체계라고 belief system이라는 것이 religion이라는 것이다. ; 네이버 표준국어대사전에 의하면 종교에 대하여 신앙과 같다고 다음과 같이 기록하고 있다. https://ko.dict.naver.com/#/entry/koko/6afe4463b38c456d9d911962 8ac6c7da [21. 11. 16검색] "종교와 일반신과 절대자나 힘에 대한 믿음을 통하여 인간 생활의 번뇌를 해결하여 인생의 궁극적인 의미를 추구하는 것을 말한다. 그것은 대상·교리·

종교가 인간이 해탈하는 방법을 제시하지 못하고 신앙에 빠져 삼세에 윤회하게 하는 가치관을 가지게 한다면 종교의 가치관이 없고 사회적인 가치관만 존재하는 것이 된다. 왜냐하면 종교가 신앙이 되어 위험한 낭떠러지에서 맹인이 맹인을 데리고 가는 격이 되기 때문이다. 그러므로 불교에서 말하는 도인의 가치관을 제시하고자 한다.

도인은 자신의 처지에 맞게 어디에서나 자유를 만끽하며 행복하게 진여의 지혜로 살아가는 사람을 말한다. 그러므로 도인의 가치관은 은둔생활이 아닌 어디에서나 만족할 수 있는 가치관이 되어야 한다. 즉 도인은 성왕(聖王)이나 전륜성왕461) 이상의 가치관을 가진 사람을 말한다.

여기에서 도인의 가치관은 외부의 도인보다는 내부의 도인인

행사에서 차이가 있는데 애니미즘·토테미즘·물신숭배의 초기적 신앙형태에서 샤머니즘이나 다신교·불교·기독교·이슬람교 등의 종교로 제도적인 것과 비제도적인 것이 있다." 이 내용에서 보면 초자연적인 절대자나 절대자의 힘을 믿음으로 인하여 라고 하는 것은 신앙에 의한 것에 기초하는 것을 종교라고 한 것이다. 그러나 종교는 누구에게나 평등한 것이기에 누구나 지금 이생에서 해탈하여 행복하게 살아야 한다고 생각한다. 그러나 삼세의 육도윤회를 하여서 해탈한다고 하면 궁극적으로는 죽지 않는 불사(不死)를 주장하는 것이므로 모순이다. 그러므로 종교는 인간이 해탈하는 방법을 제시하는 것이 되어야 한다.

461) 성왕: [네이버 나무위키]에 의하면 https://namu.wiki/w/%EC%84%B1% EC%99%95 [21. 12. 1검색] 성왕의 "성(聖)은 이(耳)와 구(口), 왕(王)이 합쳐진 글자인데 고대의 문서에는 소리 성(聲)으로 대체되기도 한다. 원래의 성(聖)은 천상의 소리를 안다는 의미가 있는데 이것은 고대에 왕에게 부여된 무속적인 기원의 측면이 있다." 그리고 인도의 전륜성왕은 "한자 그대로 수레바퀴[轉輪]처럼 생긴 신통한 보배를 굴리면서 세상을 교화하는 이상적인 왕을 뜻한다. 통치는 정의와 정법으로서 행하며 힌두교나 자이나교에도 있지만 특히 불교에서는 전륜이라고 칭하며 매우 중요한 상징으로 여긴다. 전륜성왕은 32상과 칠보를 갖추어 힘에 의존하지 않고 정법으로 세계를 정복하고 지배한다고 하는 것이다. 정법에 어긋나는 자는 전륜성왕의 상징인 법륜이 끝까지 정법으로 이끌게 하도록 한다"라고 한다.

개인의 바른 가치관을 가진 사람을 말한다. 왜냐하면 사회적인 도인은 성왕이나 전륜성왕을 말한다면 이런 사람이 되기를 바라는 가치관을 갖게 되므로 바른 가치관을 가진 사람이 되어야 한다. 성왕이나 전륜성왕이라고 이름으로 말하였지만 무의도인은 형상이 없는 사람이므로 사회적인 문제를 제기할 수 없고 어떤 사람인가는 이제까지 논한 내용이다. 즉 도인은 무위진인이고 무의도인을 말한다. 그러므로 진인이나 도인이 되는 방법을 임제에서 찾으려고 한 것이다. 임제가 바라는 올바른 인간상은 어디에도 치우치지 않는 불법(佛法)의 가치관을 가진 진여의 지혜로 살아가는 사람을 말한다.

2. 도인으로 살아가는 방법

도인(道人)으로 살아가는 방법은 지금까지 살펴본 것처럼 임제가 제시하고 있다. '수처작주입처개진(隨處作主立處皆眞)'이라는 유명한 언구로 임제는 다음과 같이 설명하고 있다.

임제께서 시중하여 말했다. 수행자여, 불법은 삼업을 짓지 않는 것이고 다만 진여의 지혜로 항상 생활하여 망념 없이 정념으로 살아가는 것이다. 즉 평상심으로 생활하는 것은 특별한 것이 아니고, 대소변을 보고 싶으면 대소변 보고, 옷 입고 밥 먹는 자연스런 일상생활을 하는 것으로 피곤하면 누워 자는 것이다. 이와 같이 평상심으로 무사하게 생활하는 것을, 어리석은 사람들은 나의 행동을 보고는 비웃겠지만 진여의 지혜로 사는 사람은 이내 이와 같은 것을 보고 바로 깨달아 안다. 고인이 말했다. 자신의 마음 밖에서 무의도인을 찾으려고 공부하여 조작하는 것은 모두가 어리석고 우둔한 사람들이다. 그대들이 장차 어디에서라도 자신이 진여의 지혜로 살아간다면 그대들이 있는 그 곳이 바로 좌도량이 되는 것이니, 무슨 경계가 닥쳐오더라도 자신이 진여의 지혜로 살아가는 것이므로 이것을 다시 예토로 바꿀 수는 없다. 설령 이제까지 살아오면서 남은 업이 있어 습기가 있고 또 오무간지옥에 떨어질 만한 업이 있다고 할지라도 진여의 지혜로 살아간다면 자신은 해탈의 대해에서 살아가게 된다. 지금의 수행자들은 이와 같은 법을 대상으로 알고 자신의 마음 밖에서 구하려고 하고 있는 것을 비유하면 염소들이 냄새만 맡고 입에 닿는 것들을 무조건 모두 먹는 것처럼 하므로 하인과 주인을 판단하지 못하는 것이고, 손님과 주인도 구별하지 못하니 계속하여 밖에서 찾고 있는 것이다. 이와 같은 무리들은 삿된 마음을 가지고 도를 깨달아 알고자 하

는 것이므로 영리나 명예를 탐착하고 많은 인파가 있는 곳
에서 구하려고 하는데 이와 같이 수행하는 사람들은 출가인
이라고 말할 수 없는 것이며 정말로 속인이라고 하는 것이
다.462)

여기에서 보았듯이 도인의 가치관을 출가인과 속인으로 구분
하여 제시하고 있다. 그리고 이것을 임제는 '수처작주 입처개
진'이라고 제시하며 자신들이 어디에서나 진여의 지혜로 생활
하면 자신이 불국토에서 살아가는 도인이 되는 것이다. 그러므
로 도인으로 살아가는 법은 올바른 출가인463)으로 살아가면
된다. 무작정 깨달음이라는 확실하지 않은 명구(名句)에 빠지
지 말고 정확하게 자각하여 진여의 지혜로 살아가면 평상심으
로 생활하는 것이다. '대소변을 보고 싶으면 대소변 보고, 옷
입고 밥 먹는 자연스런 일상생활을 하는 것으로 피곤하면 누
워 자는 것'과 같은 평상심으로 무사하게 일상 생활하는 것을
도인이라고 하고 있다.

그리고 도인이 가져야 하는 견해를 진정견해라고 하는데 올
바른 견해를 바른 가치관이라고 하면 될 것이다. 그러므로 진
정견해라는 가치관을 가지고 살아가면 도인으로 살아갈 수 있
다. 임제는 진정견해를 체득하면 조불이 되고 윤회를 하지 않

---

462) 『臨濟語錄』(T47, p.498a16~24), "師示衆云. 道流, 佛法無用功處, 祇
是平常無事. 屙屎送尿, 著衣喫飯, 困來即臥. 愚人笑我, 智乃知焉. 古人云.
向外作工夫, 總是癡頑漢. 爾且隨處作主, 立處皆眞, 境來回換不得. 縱有從
來習氣, 五無間業, 自爲解脫大海. 今時學者, 總不識法, 猶如觸鼻羊, 逢著
物安在口裏, 奴郎不辨, 賓主不分. 如是之流, 邪心入道, 鬧處即入, 不得名
爲眞出家人, 正是眞俗家人."

463) 출가인 : 출가라고 하는 것은 세속의 집착을 벗어났다는 것으로 신(身)
출가와 심(心)출가로 나눌 수 있다. 그리고 도인은 거사와 조불로 나눌 수
있으므로 승속을 떠나 누구나 어디에서나 도인으로 살아갈 수 있다.

게 된다고 다음과 같이 설하고 있다.

　　임제가 시중하여 말했다. 여러분에게 진정견해로 생활하기
를 간절하게 바라는 것은 세상에서 장애 없이 도인으로 살
아가기를 바라는 것이다. 그리고 일반적으로 요망한 견해에
집착하는 혹란에서 벗어나기를 요구하는 것이다. 그래서 조
작하는 마음이 없는 사람을 평상심으로 살아가는 사람이라
고 한다. … 사람들이 확신하여 자각하려고 하지 않고 명구
만 이해하며 문자 가운데에서 불법을 구하려고 하고 있는데
이것은 잘못이다.464)

　　임제는 조불이나 무의도인도 진정견해를 체득하면 되는 것이
라고 하며 명구에서 구하지 말기를 요구하고 있다. 자신이 알
음알이의 지식으로 구하려고 하면 자신의 머리로 머리를 찾는
것이고 연약달다가 자신의 얼굴을 찾는 것처럼 영원히 도인이
되지 못한다고 하고 있다. 그리고 계속하여 외부에서 찾지 말
고 자신의 지혜로 인혹을 받지 않는 진정견해를 체득하기를
바라고 있다.

　　임제가 이어 말했다. 지금부터 불법을 배우는 수행자들은
반드시 진정견해를 구족하도록 해야 한다. 만약 진정견해를
체득하게 되면 번뇌 망념의 생사에 오염되지 않게 되고, 생
사하는 번뇌 속에서 행주좌와에 항상 해탈하여 자유롭게 되
니, 특별한 깨달음을 구하지 않아도 깨달음에 자기의 마음대
로 도달하게 되는 것이다. 수행자들이여, 다만 본래부터 뛰

---

464) 『臨濟語錄』(T47, pp.497c26〜498a5), "師示衆云. 道流, 切要求取, 眞
正見解, 向天下橫行, 免被這一般精魅惑亂. 無事是貴人, 但莫造作, 祇是平
常. ... 人信不及, 便乃認名認句, 向文字中, 求意度佛法, 天地懸殊."

어난 선덕들과 같이 하고자 하면 모두가 인혹에서 벗어나는 근원적인 방법이 있어야 하는 것이다. 산승이 사람들에게 지시하고자 하는 것은 다만 그대들이 인혹을 받지 말기를 원할 뿐이다. 인혹을 받지 않는 진정견해를 체득하여 그대 자신이 진여의 지혜로 생활하고자하면 곧바로 자신이 그대로 생활하기만 하면 되는 것이기에 또 다시 주저하고 망설일 필요가 없는 것이다. 지금의 수행자들이 진정견해를 체득하지 못하는 것은 병을 많이 가지고 있기 때문인데 병은 자신의 진정견해를 철저하게 확신하지 않기 때문인 것이다. 그대들이 만약 자신의 진정견해를 확신하지 못하게 되면 곧바로 방황하는 경지가 되어 일체의 경계만 따라다니면서 자신만을 자랑하게 되는 것이다. 그러므로 외부의 온갖 경계에 따라서 윤회하게 되어 자유를 얻지 못하게 되는 것이다.[465]

진정견해를 체득하여 확신하면 인혹을 받지 않고 대상경계를 따라다니지 않게 되어 육진의 번뇌에서 자유롭다고 하고 있다. 이것은 육근이 공(空)이면 육진이 공(空)이 되어 육식이 공(空)이라고 설하고 있는 것이다. 그리고 출가 수행자들에게 당부하는 것이지만 승속을 탐진치와 계정혜라고 구분하고 있다.

무릇 출가한 수행자들은 반드시 항상 진정견해를 체득하여야 부처와 마장을 분별할 수 있고 진실과 거짓을 분별할 수 있고, 범부와 성인을 분별할 수 있게 된다. 만약 이와 같이 여시한 진정견해를 체득하여 분별할 수 있는 견해를 구족하였을 때에 진정한 출가수행자라 말할 수 있다. 만약 마

---

465) 『臨濟語錄』(T47, p.497a29~b7), “師乃云. 今時學佛法者, 且要求眞正 見解. 若得眞正見解, 生死不染, 去住自由, 不要求殊勝, 殊勝自至. 道流, 祇如自古先德, 皆有出人底路. 如山僧指示人處, 祇要爾不受人惑, 要用便 用, 更莫遲疑. 如今學者不得, 病在甚處, 病在不自信處. 爾若自信不及, 即 便忙忙地, 徇一切境轉. 被他萬境回換, 不得自由.”

장과 부처를 분별하지 못하면 이것은 정확하게 바로 어느 속가에서 나와서 다시 어느 속가로 들어가는 것이 되어 출가하여 승가에 들어가서도 탐진치를 가지는 것이므로 다시 업을 짓는 중생이 되는 것이라고 할 수 있으며 진정한 출가를 했다고 말할 수 없는 것이다. 다만 지금 여기 하나의 부처와 마장이 같은 몸뚱이 속에 있어서 분리할 수 없는 것과 같은데 진정견해를 체득하여 물과 우유가 혼합된 것에서 아왕이 우유만 마시는 것과 같이 진여지혜로 생활하여 불마(佛魔)를 분별하여야 한다. 그러므로 바른 안목을 구족한 수행자들은 누구나 마장과 부처를 모두 타파할 수 있어서 진출가인이라고 하는 것이다. 그러므로 그대들이 만약 성자를 좋아하고 범부를 증오하는 마음이 있다면 이것은 차별 분별하는 생사의 업해에서 벗어날 기약이 없게 되는 것이다.466)

출가를 하였더라도 마음속에 탐진치가 있으면 속가에서 나와서 다시 다른 속가로 들어가는 것이 된다. 즉 출가하여 승가에 들어가서도 탐진치를 가지면 진정한 출가가 아니고 업(業)을 짓는 중생이고 진정한 출가라고 할 수 없다. 그러므로 출가라는 것은 탐진치를 계정혜로 전환하는 것이고 진정견해를 체득하여 살아가면 육도의 윤회는 사라지게 되는 것이다. 이것을 누구에게 인가받으려고 하지 말고 자신이 진정견해를 체득해야 한다고 다음과 같이 설하고 있다.

　수행자들이시여, 누구에게 인가증명을 받았다고 제멋대로

---

466) 『臨濟語錄』(T47, p.498a24~b1), "夫出家者, 須辨得平常, 眞正見解, 辨佛辨魔, 辨眞辨僞, 辨凡辨聖. 若如是辨得, 名眞出家. 若魔佛不辨, 正是 出一家 入一家, 喚作造業衆生, 未得名爲眞出家. 秖如今有, 一箇佛魔, 同 體不分, 如水乳合, 鵝王喫乳. 如明眼道流, 魔佛俱打. 爾若愛聖憎凡, 生死海 裏浮沈."

제방의 노사들의 경지에 도달하였다고 하며 면전에서 타파했다고 말하지 말아야 한다. 그리고는 인가증명을 받았다고 하며 나는 선을 깨달아 알고 도를 깨달아 안다고 하며 말을 청산유수와 같이 잘할지라도 이것은 모두가 지옥 업을 짓는 것이다. 만약 진정한 도인으로 수행하는 이라면 세간에서 주고받는 인가증명을 받으려고 하는 등의 세간의 허물들을 구하지 않고 자신이 직접 간절하게 진정견해를 자신이 체득하려고 할 것이다. 만약 자신이 진정견해를 통달하여서 원만하고 명백하게 자신이 살아갈 수 있는 안목을 구족하게 된다면, 비로소 진정견해를 깨달아 마쳤다고 할 수 있다.467)

진정한 도인이라면 세간에서 주고받는 인가증명을 받으려고 하지도 않고 또 받았다고 자신을 나타내려고 말을 청산유수와 같이 잘하여 여러 사람들의 박수갈채를 받으려고 하지도 않는다. 그리고 자신이 직접 간절하게 진정견해를 자신이 체득하려고 하고 외부에서 구하려고 하는 것을 경계한다. 또 무조건 많이 보고 들어서 많은 지식을 가지는 것이 진정견해라고 생각하지 않는다. 출가하면 계정혜에 맞게 수행하여 진정견해를 자신이 확신하고 바른 안목을 구족하기를 바라는 것이지 명리와 부귀를 구하는 것이 아니라고 경책하고 있다.

도인으로 살아가는 가치관은 진정견해를 구족하는 것으로 "수처작주입처개진(隨處作主立處皆眞)"하며 어디에서나 진여의 지혜로 살아가면 된다. 그러므로 이렇게 하면 승속을 떠나서 누구나 도인으로 살아갈 수 있는 이런 가치관을 가지고 자유와 해탈을 만끽하며 좌도량에서 항상 살게 된다.

---

467) 『臨濟語錄』(T47, p.498b20~24), "道流, 莫取次被 諸方老師 印破面門. 道我解禪解道, 辯似懸河, 皆是造地獄業. 若是眞正學道人, 不求世間過, 切急要求, 眞正見解. 若達眞正見解, 圓明方始了畢."

3. 도인으로서 교화법

어떻게 하면 도인이 되는가를 살펴보았는데 탐진치를 계정혜로 전환하여 진정견해를 구족하고 진정한 출가인으로 살아가면 된다고 하고 있다. 여기에서 한걸음 더 나아가 실제로 한 중생이라도 제도하고자 하면 어떻게 해야 할 것인가를 생각해야 한다. 즉 어떻게 보살도를 실천해야 하는가하는 것이다. 보살도를 실천하려고 하면 먼저 이 사회의 문제점을 알고 사소하다고 생각할지 모르나 다음과 같은 문제점들을 전환하게 하는 것이 바른 교화인 것이다.

우리들이 잘못알고 있는 것들을 몇 가지만 지적하여 보면 육도윤회, 업(業), 복(福), 부처, 출가, 진인, 도인, 만뜨라, 수행 등이 있다. 이런 것에 대한 오해를 바르게 전환시키는 것이 시급한 문제라고 생각한다. 이것을 해결하기 위하여 논쟁 속으로 파고들어가는 것보다 이렇게 합리적으로 논파하는 것이 바른 교화법이라는 생각이 된다.

육도윤회에 대하여는 많은 설명을 하였지만 다시 살펴보면 지금 살아있는 육도를 말하는 것이지 사후(死後)의 윤회를 말하는 것은 아니다. 즉 『수능엄경』에 의하면 다음과 같이 설하고 있다.

> 아난아, 일체 세간에는 생사가 서로 상속하고 있는데 생은 잘못된 훈습에 따라 생기는 것이고, 사는 변화의 흐름에 따라 사라지는 것을 말한다. 중생심의 목숨을 버리고자 하나 따뜻한 애착을 버리지 못하면 일생의 선악이 모두 번갈아 나타나는데 사를 거역하고 번뇌 망념이 생기는 것을

따르는 두 가지의 습이 서로 교차하게 된다. 순수한 지혜[想]가 생겨나면 반드시 천상에 태어나는데 만약에 마음에 복덕과 지혜와 청정한 서원까지 겸하면 자연히 마음이 열려서 시방의 부처를 친견하고 일체의 정토에 소원대로 왕생하게 된다. 지식[情]이 적고 지혜가 많으면 멀리까지 날지는 못하지만 곧 날아다니는 신선이나, 대력귀왕, 날아다니는 야차, 땅에 다니는 나찰이 되어 사천에서 다니는데 걸림이 없게 된다. 그중에 만약 위대한 서원과 선심으로 나의 법을 호지하고, 혹은 금계를 잘 지켜 계를 수지한 사람을 따르고, 혹은 신묘한 주문을 가지고 주문으로 수행을 잘하는 사람을 따르고, 혹은 선정을 호지하여 무생법인을 잘 보임하면 이런 이들은 바로 여래의 지위 바로 밑에 살게 된다. 지식과 지혜 균등하면 날지도 않고 떨어지지도 않아 인간으로 태어나 지혜가 밝으면 총명하고 감정[情]이 깊으면 우둔하게 된다. 지식이 많고 지혜가 적으면 축생이 되어 정이 많으면 털 달린 짐승이 되고, 정이 적으면 깃 달린 조류가 된다. 정(情)이 7이고 지혜가 3이면 수륜에 잠겨 내려가서 화륜에 태어나는데 맹화의 정기를 받아 아귀가 되었기에 항상 불이 타고, 물이 몸을 태우기에 먹고 마시지도 못하며 백 천겁을 지내는 것이다. 지식이 9이고 지혜가 1이면 밑으로 화륜을 뚫고 내려가서 몸이 바람과 불이 맞닿는 곳에 들어가 두 지옥인 고통을 쉴 틈이 있는 가벼운 곳과 고통을 쉴 틈이 없는 무거운 곳에 태어나게 된다. 순수하게 지식만 있으면 침체되어 아비지옥에 떨어지고 만약 침체된 마음으로 대승을 비방하고 부처의 금계를 어기거나 속이거나 허망한 설법을 하고 시주의 보시를 탐하거나 분에 넘치는 공경을 받거나 오역죄와 십중죄를 지으면 다시 시방의 아비지옥에 태어난다. 자신이 지은 악업에 따라 비록 자신이 과보를 초래하였으므로 많은 종류의 같은 업으로 받는 과보도 그 처소[元地]가 있는 것이다.468)

이처럼 육도윤회도 죽어서 윤회하는 것이 아니고 살아 있으면서 어떻게 지식과 지혜를 사용하느냐에 따라 윤회하는 것을 육도윤회라고 하고 있다. 중생을 교화한다고 하는 것은 이런 사상의 문제를 해결하여 지금 바로 행복하게 도인으로 살아가게 하는 것이 교화이다. 그런데 이 세상에서 아주 나쁜 짓만 하지 않으면 사후에 다음 생에 다시 태어나 잘살고자 하는 것은 불사(不死)라는 영혼이 존재한다는 주장을 하는 것으로 불교와는 다른 업(業)의 윤회를 주장하는 것이다. 즉 죽어서 극락에 간다고 하는 것을 경(經)에 임명종시라는 언구가 사람의 목숨이 다하여 죽을 때라고 번역을 하는데 이것은 중생심의 목숨이 다하고 불심(佛心)의 목숨이 살아나는 것을 말하는 것이다. 왜냐하면 여러 경전마다 여래를 친견하고 아미타불이 영접한다고 하는 것은 자신이 여래가 되고 아미타불이 되는 것을 말하기 때문이다. 『대반열반경』9에 의하면 일천제를 제외하고는 모두가 중생심의 목숨을 버리고 불심으로 전환하려고 하면 보리의 인을 일으키게 된다고 하고 있다.

---

468) 『大佛頂如來密因修證了義諸菩薩萬行首楞嚴經』卷8(T19, p.143b14~c3), "阿難. 一切世間生死相續, 生從順習死從變流, 臨命終時未捨暖觸, 一生善惡俱時頓現, 死逆生順二習相交. 純想即飛必生天上, 若飛心中兼福兼慧及與淨願, 自然心開見十方佛, 一切淨土隨願往生. 情少想多輕擧非遠, 即爲飛仙, 大力鬼王, 飛行夜叉, 地行羅刹, 遊於四天所去無礙. 其中若有善願善心護持我法, 或護禁戒隨持戒人, 或護神呪隨持呪者, 或護禪定保綏法忍, 是等親住如來座下. 情想均等不飛不墜生於人間, 想明斯聰情幽斯鈍. 情多想少流入橫生, 重爲毛群輕爲羽族. 七情三想沈下水輪, 生於火際受氣猛火, 身爲餓鬼常被焚燒, 水能害己, 無食無飮經百千劫. 九情一想下洞火輪, 身入風火二交過地, 輕生有間重生無間二種地獄. 純情即沈入阿鼻獄, 若沈心中有謗大乘, 毀佛禁戒, 誑妄說法, 虛貪信施, 濫膺恭敬, 五逆十重, 更生十方阿鼻地獄. 循造惡業雖則自招, 衆同分中兼有元地."

282

부처님이 말했다. 선남자여 모든 중생들이 만약에 꿈속에
서 지옥에 떨어져 모든 고뇌하는 것을 보고 뉘우치는 마음
을 내는 것이다. 슬프다. 우리들이 스스로 이런 죄를 초래한
것이니 만약에 내가 지금 이런 죄업에서 벗어난다면 반드시
보리심을 내겠다. 내가 지금 본 것은　가장 고통이 심한 것
이라고 생각하고 꿈에서 깬 뒤에 정법을 깨달으면 큰 과보
가 있는 것은 마치 저 아이가 성장하여 항상 생각하는 것과
같다. 양의가 처방전을 잘해주는 것과 같다. 내가 본래 태에
있을 때 나의 어머니에게 약을 주어서 어머니를 위한 약이
되어 몸이 안락해지게 하는 것이다. 이런 인연으로 나의 생
명을 완전하게 하는 것과 같다. 기특하게 나의 어머니는 큰
고통을 받으면서 10개월을 나를 태속에 품고 내가 난 후에
도 마른자리와 젖은 자리를 가려가며 키우고 더러운 똥오줌
을 받아내며 젖 먹여 양육하고 나의 몸을 보호하였다. 그러
므로 나는 당연히 은혜를 갚기 위하여 공양하고 모시며 보
호하여야 한다. 사중금계와 오무간죄를 범한이라도 중생심의
목숨을 버리려고 하면 이 대승의 대열반경을 염(念)하면 비
록 지옥・축생・아귀・천상・인간에 떨어져 있더라도 이 경
전을 여시하게 수지하면 이 사람은 보리의 인을 일으키게
되지만 일천제만은 안 된다.[469]

　육도윤회에서 벗어나고자 하면 열반경을 수지 독송해야 한다
고 하는 것을 꿈속에서 본 것에 비유하여 설명하고 있는 내용

---

469)『大般涅槃經』卷9(T12, p.419c14~27), “佛言. 善男子, 是諸衆生, 若於
　　夢中 夢墮地獄, 受諸苦惱, 即生悔心. 哀哉, 我等自招此罪, 若我今得脫是
　　罪者, 必定當發菩提之心. 我今所見最是極惡, 從是覺已, 即知正法有大果
　　報, 如彼嬰兒漸漸長大, 常作是念. 是醫最良, 善解方藥. 我本處胎, 與我母
　　藥, 母以藥故, 身得安隱. 以是因緣, 我命得全. 奇哉, 我母受大苦惱, 滿足
　　十月懷抱我胎, 既生之後, 推乾去濕, 除去不淨大小便利, 乳餔長養, 將護我
　　身. 以是義故, 我當報恩, 色養侍衛, 隨順供養. 犯四重禁及無間罪, 臨命終
　　時, 念是大乘大涅槃經, 雖墮地獄, 畜生, 餓鬼, 天上, 人中, 如是經典, 亦
　　爲是人作菩提因, 除一闡提.”

인데 이것을 육신이 죽고 나서 윤회하는 것으로 이해하면 안된다. 『불설아미타경』에도 '임명종시'에 대하여 다음과 같이 설하고 있다.

　　사리불이여 만약 선남자 선여인이 아미타불의 설법을 정확하게 듣고 아미타불의 명호를 수지하여 만약에 일일(一日)에서 칠일(七日)이라도 삼매에 들어 불심으로 산란하지 않게 되면 그 사람이 중생심의 목숨을 버리려고 할 때에 아미타불과 성인들이 그의 앞에 현전하게 되는 것이다. 이 사람이 중생심의 목숨을 버리고 마음이 전도되지 않으면 곧바로 아미타불의 극락국토에 왕생하게 된다.470)

『아미타경통찬소』에 의하면 "是人終時心不顚倒, 即得往生 阿彌陀佛 極樂國土"라고 하며 규기는 다음과 같이 찬하고 있다.

　　'경'에 말하기를 이 사람이 중생심의 목숨을 버리고 마음이 전도되지 않으면 곧바로 극락국토에 왕생하게 된다고 하였다. 찬하여 말하기를 사부의 중생들이 왕생할 때에 전도되지 않는다고 하는 것은 정념이 변하지 않아야 극락국토에 왕생하게 된다고 하는 것이다. 연화에 화생하여 용모가 단정한 모든 보살처럼 마음이 전도됨이 없고 마음을 바르게 수행하면 바로 예토가 정토로 변하여 바로 왕생하게 되는 것을 '즉득왕생'이라고 한다.471)

---

470) 『佛說阿彌陀經』(T12, p.347b10～15), "舍利弗, 若有善男子, 善女人, 聞說阿彌陀佛, 執持名號, 若一日, 若二日, 若三日, 若四日, 若五日, 若六日, 若七日, 一心不亂, 其人臨命終時, 阿彌陀佛與諸聖衆, 現在其前. 是人終時, 心不顚倒, 即得往生阿彌陀佛極樂國土."

471) 『阿彌陀經通贊疏』卷3(T37, p.343c12～16), "經云. 是人終時, 心不顚倒, 即得往生阿彌陀佛極樂國土. 贊曰. 第四衆生往生, 不顚倒者, 不移正念也, 即得往彼國也. 蓮華化生 顏貌端正 如諸菩薩, 心無顚倒 意想正修, 便

이처럼 사후의 영혼이 왕생하는 것이 아니고 중생심의 마음만 전환하여 불심으로 살아가면 극락세계에 왕생하게 된다. 그리고 『불설대가섭문대보적정법경』에 의하면 아뇩다라삼먁삼보리를 체득하면 바로 여래가 된다고 다음과 같이 설하고 있다.

> 아뇩다라삼먁삼보리를 체득하여 중생심을 버리면 여래를 친견하고 여래가 되는 것이다. 또 그 법사는 10가지의 신업을 청정하게 하여야 한다. 무엇을 열 가지라고 하느냐 하면 첫째는 중생심의 목숨을 버렸으므로 모든 고통을 받아들이지 않아야 한다. 둘째는 안식을 명랑하게 하여 악상을 보지 말아야 한다. 셋째는 손을 안정하게 하여 헛된 짓을 도모하지 말아야 한다. 넷째는 발을 안은하게 하여 마구 짓밟지 말아야 한다. 다섯째는 대소변을 버리지 말아야 한다. 여섯째는 신체의 모든 근을 냄새가 나지 않게 하여야 한다. 일곱번째는 적당하게 먹어 배를 완만하게 하여 배가 나오지 않게 하여야 한다. 여덟 번째는 말을 바르게 하여야 한다. 아홉 번째는 안목이 엄연하여 추악하게 보지 말아야 한다. 열째는 중생심의 몸이 입멸하지만 불심의 몸이 다시 살아나게 하여야 한다. 이와 같이 하는 것을 10가지 신업을 청정하게 한다고 한다.472)

여래로 살아가는 법을 10가지로 청정하게 하면 이생에서 현신으로 도인이 되어 살아가게 되는 것이다.

別穢方 頓生淨土, 故云即得往生."
472) 『佛說大迦葉問大寶積正法經』卷5(T12, p.216b10~18), "當得阿耨多羅三藐三菩提, 臨命終時得見如來. 又彼法師復得十種身業淸淨. 何等爲十, 一者臨命終時不受衆苦. 二者眼識明朗不觀惡相. 三者手臂安定不摸虛空. 四者脚足安隱而不蹴踏. 五者大小便利而不漏失. 六者身體諸根而不臭穢. 七者腹腸宛然而不腫脹. 八者舌相舒展而不彎縮. 九者眼目儼然而不醜惡. 十者身雖入滅形色如生. 如是得此十種身業淸淨."

다음은 업(業)이란 무엇인가하면 산스크리트어인 카르마(Karma)의 번역으로 훈습된 습관을 말한다. 즉 기억이든 추억이든 자신이 행한 것이 업(業)이 되는데 이것을 잊어버리면 사용하지는 못하지만 현대의 컴퓨터에 비유하면 우리의 뇌는 한번 보고 들은 것이 모두 컴퓨터에 기억되듯이 입력되어 있다. 그러므로 다시 입력이 되면 그 기억을 되살려 행하게 된다. 이것을 오온이라고 하는데 다시 판단하고 실행을 하려고 하면 현재의 가치관과 맞아야 실행에 옮기는 것이다. 그렇지만 지금의 가치관이 과거에 입력된 것보다 못하다고 판단하면 과거에 입력된 업(業)에 따라 행하게 된다. 그러므로 업(業)을 돈오하여 전환하면 업(業)이 청정하게 되는 것을 불교에서는 참회라고 한다. 참회에 대하여 『천수경』에서 "백겁이나 쌓인 죄업도 일념으로 돈오하면 제거되어 사라지는 것이고, 마른풀을 불에 태운 것처럼 흔적조차 남아 있는 것이 없어지네. 죄는 무자성이므로 망심에 따라 일어나는 것이니, 망심이 만약에 사라지면 죄도 역시 끝나는 것이네. 죄도 사라지고 망심도 사라져서 죄와 망심 두 개가 모두 공(空)이 되어야 하는 것이니, 이렇게 하는 것을 바로 이름 하여 진정한 참회라고 하는 것이네."473) 라고 하며 백겁동안 쌓인 죄업도 돈오(頓悟)474)하면 마른 풀을

---

473) 양지(2014). pp.210~212.
474) 돈오: 『頓悟入道要門論』(X63, 18a9~11), "問. 欲修何法, 即得解脫. 答. 唯有頓悟一門, 即得解脫. 云何爲頓悟. 答. 頓者, 頓除妄念, 悟者, 悟無所得. 問. 從何而修. 答. 從根本修, 云何從根本修. 答. 心爲根本";『大般涅槃經義記』卷1(T37, 613a22~25), "除先修習, 學小乘者, 我今亦令入是法中, 此是漸人. 言頓悟者, 有諸衆生久習 大乘相應善根, 今始見佛. 則能入大, 大不由小, 目之爲頓.";『宗鏡錄』卷36(T48, 627b9~13), "又頓悟者, 不離此生, 即得解脫. 如師子兒, 初生之時, 是眞師子. 即修之時, 即入佛位. 如竹春生筍, 不離於春, 即與母齊. 何以故, 心空故. 若除妄念, 永絕

태운 것처럼 아무런 흔적도 없는 것[如火焚枯草 滅盡無有餘]이라고 하고 있다. 그러므로 업(業)도 십악참회를 하여 계율에 맞게 살아가면 된다고 하는 것이다. 여기에서 돈오라는 것은 중생심을 불심으로 전환하는 것이며 죄업이라는 것도 무자성인데 마음의 업(業)에 따라 일어나는 것[罪無自性從心起]이므로 마음에 업(業)이 인(因)이 없고 청정하여 공(空)이 되게 하는 것을 참회라고 하고 있다. 이렇게 참회를 하고 다시 뒤로 돌아가지 않아야 진정한 참회이고 업(業)에서 자유로워질 수 있다. 죄업의 근본은 자성이 없다고 무자성을 주장하는 것은 일념으로 돈오하면 공(空)으로 돌아가 청정하게 되기 때문이다. 만약에 공(空)으로 돌아가지 않는다면 용서와 화합은 불가능하고 태어나서 죽을 때까지 한 번의 실수와 잘못도 저지르지 말고 살아야 하는 이상형의 완벽한 인간이 되어야하고 전지전능한 기계와 같은 사람이 되어야 한다. 그래서 마음에서 죄업이 사라지면 죄(罪)라는 실체가 없기 때문에 죄가 사라지는 것은 자성(自性)이 공(空)이므로 무자성이 되어 죄업이라는 마음도 청정[空]하게 되는 것이다. 그러므로 이와 같이 교화하여 죄와

我人, 即與佛齊." ; 돈오는 전환하는 의미로 이해하여야 한다. 빨리라든지 '갑자기'나 '단번'에 라고 번역을 하는데 이렇게 되면 천재일우의 기연을 기다려야 하는 것이다. 그러므로 인아상을 버리고 망념이 없는 공으로 자각하면 누구나 부처와 같게 되는 것이다. 그래서 지금의 차생(此生)을 버리지 않고 해탈하는 것이지만 소승의 철저한 수행을 한 후에 대승으로 전환하여 깨달음을 체득한 것이 돈오인 것이다. 돈오는 자신의 자성이 불성이라는 사실을 공으로 확신하는 것이므로 일념에 공과 상응하게 되는 것을 체득해야 한다. 그러므로 돈오하면 초지보살이나 성문이라고 하며 범어로는 '수다원'이라 말하며 성자의 지위에 들어갔다고 한다. 돈오를 "단박의 깨달음"이라고 하는데 모든 것을 단박이라는 일념에 모든 지식들을 깨닫는다고 하는 외부의 돈오는 불가능한데 자성으로 돌아오면 가능하기 때문에 자성의 돈오가 되어야 일념에 공과 상응하게 된다고 하는 것이다.

마음이 모두 공(空)으로 돌아가게 하는 참회를 하게 하여 도인으로 살아가게 하는 것을 진정한 교화라고 한다. 그러나 교화를 자신이 도인이 되지 않고 타인을 교화한다고 하는 것은 실제로 불가능한데도 자신들이 하는 것처럼 하기도 하는데『대승기신론열망소』에 의하면 다음과 같이 설하고 있다.

사홍서원을 발원하는 것은 위로 불도를 구하는 것이 자성의 지혜를 결정하는 것이고 아래로 중생을 제도하는 것은 널리 자비를 베푸는 것이다. 자신이 능히 자성에서 홍(弘)으로 무거운 짐을 지는 것을 대용맹심이라고 한다. 자신이 능히 과감하게 어려운 도를 실천하려고 하는 것을 큰 서원을 세운 것이라고 한다. 원컨대 나의 마음으로 하여금 모든 전도 된 망념을 벗어나 모든 분별을 끊는 것을 '번뇌무진서원단'이라고 한다. 자신도 제도하여 벗어나지 못하면서 타인을 제도하고자하는 것은 옳지 못한 것으로 있을 수 없는 것이다. 그러므로 첫머리에 밝힌 것이고 사홍서원은 일심에 맞게 사용해야 하는 것으로 선후를 초월해야 한다. 일체의 제불과 보살을 가까이 친근하여 정례하고 공양하고 공경 찬탄해야 정법을 바르게 듣고 이와 같이 미래세가 다하도록 쉬지 않고 수행하는 것을 '법문무량서원학'이라고 한다. 전도된 분별을 벗어나지 않고 제불보살들을 친견하는 것은 불가능하다. 부지런히 공양하고 청법하지 않으면 수행할 수 없고 무량한 중생하고 법문을 듣고도 사홍의 완전상(宛轉相)을 이루게 된다. 무량한 방편으로 일체의 고해중생을 제도하는 것을 '중생무변서원도'라고 한다. 열반의 제일락에서 살아가도록 하는 것을 '불도무상서원성'이라고 한다. 모든 중생을 모두 성불하게 하려는 것이고 혼자만 성불하게 하는 것은 아니며 다시 구경에 자성을 관조하기를 원하는 것이다.475)

---

475)『大乘起信論裂網疏』卷6(T44, p.462a23), "發四弘誓, 上求佛道, 名決定

도인으로 참회를 하여 살아가면 업(業)이 사라지고 윤회의 고리를 끊어 지금 이 자리가 불국토가 된다. 이렇게 돈오하고 나면 도인으로 살아가게 되는데 무명(無明)에서 지혜로 살아가게 되는 것을 명(明)이라고 하는 것이고 수행이라고 하는 것은 무명을 명으로 전환하는 것을 수행이라고 한다.

　수행을 간혹 고행이라고 알고 석가모니의 6년 고행을 생각하고 고행을 즐기는 것은 불교가 아니고 석가모니가 잘못된 수행이라고 포기한 것이다. 그런데도 고행이 수행이라고 생각하고 시간을 낭비하는 것은 잘못이고 수행은 자신의 본능적인 업(業)을 포기하게 하는 것이 아니고 신심(身心)을 청정하게 하는 일반적인 업(業)을 버리는 것이다. 일반적인 업(業)은 마음을 청정하게 하면 공(空)으로 돌아가 신심을 청정하게 할 수 있다 그렇지만 만약에 본능적인 숨 쉬는 것을 10분이나 20분 동안 참아야 하는 것을 수행이라고 하면서 이렇게 해야 도인이라고 하는 것은 고행이고 무모하다. 이런 수행을 하여야 행복하다고 하면서 노력하게 만든다면 여러 문제가 있게 마련이다. 그러므로 불교에서 말하는 수행은 어느 누구나 할 수 있는 것이고 누구나 도인으로 살아갈 수 있기 때문에 지금 바로 할 수 있게 하는 것을 수행이라고 한다. 수행법을 어떻게 하느냐에 따라 여러 문제가 있을 수 있다. 근본적인 수행의 첫째는

智. 下化衆生, 名廣大悲. 弘能任重, 名大勇猛. 毅能道遠, 名大誓願也. 願令我心, 離諸顚倒, 斷諸分別, 此即煩惱無盡誓願斷也. 自未度脫, 欲度他人, 無有是處. 故首明之, 其實四弘, 在一心中, 非有先後. 親近一切, 諸佛菩薩, 頂禮供養, 恭敬讚歎, 聽聞正法, 如說修行, 盡未來際, 無有休息, 此即法門無量誓願學也. 不離顚倒分別, 則不能親, 諸佛菩薩. 不勤供養聽法, 則不能修, 無量度生法門, 是故四弘宛轉相成. 以無量方便, 拔濟一切, 苦海衆生, 此即衆生無邊誓願度也. 令住涅槃第一義樂, 此即佛道無上誓願成也. 同一切衆生皆成佛道, 非願獨成佛故, 二弘願觀竟."

최소한의 계율인 오계인데 유상계가 아닌 무상심지계476)인 것이다. 그리고 자신의 육근이 공(空)이라고 확신하는 것이고 또 육진 경계가 공(空)이라고 아는 것이다. 그리고 육식이 공(空)이라고 확신하고 실천하는 것을 수행이라고 한다.

부처와 진인이나 도인에 대하여는 이제까지 언급하였지만 다시 말하면 이들은 이름만 있을 뿐이고 실체는 없다. 이들이 전지전능한 사람은 아니므로 모든 지식을 다 아는 것이 아니라는 것이다. 모든 지식들을 다 알아야 된다고 하면 부처와 도인이라고 하지 않고 현자라고 하든지 아니면 로봇이 되어야 한다. 부처와 도인은 자신의 망념을 모두 자각하여 아는 것을 말한다. 그러므로 『금강반야바라밀경』에서도 실지실견이라고 한 것이다.

여래라고 하는 것은 실제로 자신이 진여의 지혜로 자성이 모두 불법이라는 것을 알고 불법에 맞게 실천하는 것을 말하는 것이어서 모든 중생들도 이와 같은 여시한 진여의 지혜를 체득하는 것이므로 무량한 복덕이 있게 되는 것이다. 왜냐하면 이와 같이 여시한 진여의 지혜를 체득한 모든 중생들은 다시는 무사상(無四相)이고 법상(法相)477)과 법상을

---

476) 무상심지계: 무상계(無相戒)는 실제로 주고받는 것이 아니고 자신의 심지(心地)에서 본성(本性)을 친견하게 하여 지키게 하는 것.

477) 法相: 『金剛般若波羅蜜經』(T8, pp.756c29〜757a1), "須菩提. 所言法相, 法相者, 如來說即非法相, 是名法相." ; 『摩訶般若鈔經』卷4(T08, p.525a14〜16), "其法相者 爲無所礙, 如空法者, 爲無所生, 諸所生不可得, 是爲法生 故無所得." ; 『金剛場陀羅尼經』(T21, p.85 7c18), "眞法相者實空." ; 『摩訶止觀』卷4(T46, p.37a17〜b1), "如金剛般若云. 若見法相者, 名著我人衆生壽者. 若見非法相者, 亦著我人衆生壽者. 不見法相不見非法相, 如筏喻者, 法尚應捨 何況非法. 故知法與非法 二皆空寂, 乃名持戒. 今云法者, 秖善惡兩心假實之法也. 若見有善惡假名, 即是著我人衆生壽者. 若見善惡實法, 亦是著我人衆生壽者, 所言非法相者. 若見善惡假名是無者, 亦

290

초월했다는 마음도 없기 때문이다.478)

　수행이라고 하는 것은 자신이 가지고 있는 중생심의 만법을 불심의 만법으로 전환하는 것을 수행이라고 한다. 이런 수행을 하기 어렵다고 육신의 고행을 하여 자신의 본심을 청정하게 하려고 하며 영혼을 청정하게 하기 위하여 육신의 고행을 하여야 한다고 하면 수레를 빨리 가게 하려고 소를 때리지 않고 수레만 때리는 것이 된다. 이런 수행을 어리석은 수행이라고 하며 회양이 마조에게 부처는 앉아 있는 것이 아니라고 한 것이다.479) 부처는 자신이 진여의 지혜로 살아가는 사람을 말하는 것이므로 사상(四相)이 없는 것이고 이런 법상을 초월했기 때문에 청정하게 진여의 지혜로 살아간다고 하는 것이다.

　그리고 복(福)과 공덕(功德)은 다른 것인데도 복을 공덕이라고 알고 있기도 하고 또 복을 재물이 많은 것이라고 알고 있다. 실제로 복이 많다는 것은 재산이 많은 부자(富者)와는 다른 것으로 베푸는 마음이 많은 사람을 복이 많다고 하고 재물이 많은 사람을 부자라고 한다. 불교에서는 복이 많은 사람을 복덕이 많다고 하고 보시바라밀을 실천하는 사람을 말한다. 보시와 보시바라밀은 자신의 마음가짐에서 차이가 있는 것으로 보시는 불교에서 복덕을 말하고 공덕은 아닌 것이다. 『육조단

是著我人衆生壽者. 若見善惡實法是無者, 亦著我人衆生壽者. 何以故. 依無起見 故不應著, 乃至依非有非無起見, 皆名著我人衆生壽者. 觀如是等 法與非法 皆即是空. 由此觀故能順無漏."

478) 『金剛般若波羅蜜經』(T08, p.749b3〜6), "如來悉知悉見, 是諸衆生 得如是無量福德. 何以故. 是諸衆生 無復我相, 人相, 衆生相, 壽者相. 無法相, 亦無非法相."

479) 『祖堂集』卷3(B25, p.370a14〜b11) 재인용.

경』에 의하면 공덕과 복덕을 다음과 같이 설하고 있다.

　　제자가 듣기로는 달마대사가 처음으로 교화할 때에 양무
제가 달마대사에게 물었다. 짐이 일생동안 사찰을 짓고 보시
하고 공양을 올리고 대중들에게 공양을 했는데 공덕이 있습
니까? 달마가 대답했다. 공덕이 하나도 없습니다. 양무제가
한탄하고 원망하며 달마대사를 국경 밖으로 내쫓았다고 하
는 이 말의 뜻을 잘 모르겠는데 청하오니 화상께서 설명하
여 주십시오. 육조가 말했다. 실제로 공덕이 없습니다. 위사
군께서는 달마대사가 양무제에게 한 말을 의심하지 말아야
합니다. 양무제는 사도에 빠져서 정법을 정확하게 몰랐던 것
입니다. 위사군이 물었다. 어찌하여 공덕이 없습니까? 대사
가 대답했다. 사찰을 짓고 보시하고 공양을 올리는 것은 단
지 복을 짓는 것인데 복을 가지고 공덕이라고 하시면 안 됩
니다. 공덕은 법신으로 살아가는데 있는 것이지 복전에 있는
것은 아닙니다. 자신의 법성에 공덕이 있는 것이니, 평등하
고 정직하게 살아가는 것이 덕이고 자신의 불성으로 밖의
일체를 공경해야 하는 것입니다. 만약에 일체의 사람들을 업
신여기면서 나는 깨달았다고 하는 마음을 없애지 못하면 곧
자신의 공덕은 없는 것이 됩니다. 자성이 허망하면 자신의
법신에는 공덕이 없는 것이다. 생각마다 항상 덕을 실행하면
서 마음이 평등하고 진심이면 그 덕이 가볍지 않아서 항상
공경을 실행하게 됩니다. 자신이 안으로 자신의 마음을 닦는
것이 공이고 자신이 밖으로 법신의 마음으로 수행하는 것을
덕이라고 합니다. 공덕은 자기의 본심으로 깨달아야 하는 것
이므로 복과 공덕은 다른 것입니다. 양무제가 이와 같은 불
법의 바른 도리를 알지 못한 것이지 달마대사에게 허물이
있는 것은 아닙니다.480)

---

480) 『六祖壇經』(T48, p.341a22~b5), "弟子見說達摩大師化梁武帝, 帝問達
　　摩. 朕一生以來, 造寺布施, 供養有功德否. 達摩答言. 並無功德. 武帝惆悵,

292

복덕과 공덕이 이와 같이 다른 것에 대하여 흥성사본에 의하면 "자신의 본성을 견성하는 것이 공(功)이고 밖으로 평등하고 정직하게 살아가는 것이 덕(德)이며, 항상 생각마다 집착하지 않고 항상 본성으로 진실하게 현묘한 생활을 하는 것을 공덕이라고 하는 것이다. 밖으로 일체를 공경하는 것을 덕이라 하고, 안으로는 자신의 마음을 겸손하게 낮추는 것을 공(空)이라고 하는 것이다. 자성으로 만법을 건립하는 것이 공(空)이고, 심체에 망념이 없이 실행하는 것을 덕이라고 한다. 자성을 잃지 않는 것을 공(空)이라 하고 본성으로 오염되지 않고 실행하는 것을 덕이라고 한다. 만약에 공덕을 실천하는 자성의 법신을 깨달아 찾으면 단지 이것에 의지하여 실행하는 것을 진실한 공덕이라고 한다. 만약에 공덕으로 수행하려는 사람들은 마음을 경솔하게 하지 말고 항상 널리 공경하는 마음으로 실행해야 한다."481)라고 하고 있다. 이처럼 공덕은 복과 다른 것인데도 명예만 중요시하여 모든 사람들에게 칭송받기를 바라는 욕망 때문일 것이다. 이러한 것들은 석공(析空)에 의하면 궁극에는 모두가 사라질 것인데도 여기에 집착하는 것은 눈앞의 이익만 바라보는 좁은 소견이다. 넓은 의미에서 체공(體空)으

遂遣達摩出境. 未審此言, 請和尚說. 六祖言. 實無功德. 使君勿疑, 達摩大師言. 武帝著邪道, 不識正法. 使君問. 何以無功德. 和尚言. 造寺布施, 供養, 只是修福, 不可將福, 以爲功德. 功德在法身, 非在於福田. 自法性有功德, 平直是佛性, 外行恭敬, 若輕一切人, 吾我不斷, 即自無功德. 自性無功德, 法身無功德. 念念行平等直心, 德即不輕. 常行於敬, 自修身即功, 自修心即德. 功德自心作, 福與功德別. 武帝不識正理, 非祖大師有過."

481) 柳田聖山(1976), p.59. 에 의하면 "見性是功, 平等是德, 念念無滯, 常見本性, 眞實妙用, 名爲功德. 外行於礼是功, 內心謙下是德. 自性建立萬法是功, 心體離念是德. 不離自性是功, 應用無染是德. 若覺功德法身, 但依此作是眞功德. 若修功德之人, 心即不輕常行普敬也."

로 이해를 하면 이와 같은 불법을 바르게 볼 수 있을 것이다. 양무제와 같은 소견을 체공의 공덕으로 전환시키는 것이 진정한 교화이다.

여러 가지가 있지만 마지막으로 만뜨라에 대하여 우리들이 잘못알고 있는 것을 알아보면 진언이나 주문이다. 산스크리트어를 진언이라고 하며 번역하지 말아야 한다고 하면 초기의 경전 전체를 번역하지 말아야 하는 것이 된다. 그러므로 우리들이 많이 독송하고 있는 여러 진언들의 뜻을 정확하게 알고 독송해야 공덕이 있는 것이 된다. 즉 나무아미타불, 옴마니반메훔, 다라니 등은 현대와 같은 문명의 시대에는 문맹의 시대로 되돌아갈 필요가 없는 것이다. 삼매에 들기 위하여 진언을 독송하는 것이라고 하면 삼매는 경계지성이 되는 것이므로 공(空)을 정확하게 이해하면 된다. 공(空)은 청정한 것인데도 비운다고만 이해하고 마음을 비우려고 하면 할수록 비워지지 않는 것이 마음이므로 지식으로 이해하기는 어렵다. 이 만뜨라를 힌두교의 수행으로까지 넓히면 더 복잡하고 지금 불교에서 수행하는 다라니기도는 힌두교의 만뜨라 요가수행과 같다. 그러므로 지금 수행하는 것이 불교의 수행이 아니고 요가 수행이되어 삼매를 원하는 비상비비상처천에 태어나기를 바라는 수행이므로 석가모니가 출가하기 이전의 수행으로 되돌아가는 것이된다. 이것은 부처를 비방하는 수행이고 외도의 수행이 된다.

진언에 대한 번역이 많이 진행되고 있지만 신을 인정하는 번역의 한계를 극복하지 못하고 번역하는 것이 대부분이다. 그러므로 이러한 문제를 극복하게 하는 것이 교화이고 제도하는 것이다. 여기에서 만뜨라에 대한 설명을 하지 않는 것은 다른 교단의 수행이므로 그들 자신들의 문제를 여기에 논할 필요는 없다. 언어가 석가모니가 출생하기 이전부터 있었던 것이고 그들의 문화이므로 그들의 문화를 바꿀 필요는 없는 것이다. 중요한 것은 삼매를 뛰어넘는 부처의 수행을 해야 하는데 석가가 수행하다가 잘못된 수행이라고 포기한 수행을 하려고 하면 과거로 회귀하는 것이 된다. 앞으로 전진을 해도 아까운 시간을 뒤로 되돌아가서 추억만 먹고 살아가려고 하면 과거에 얽매인 불행한 수행자가 된다. 이렇게 과거로 돌아가지 못하게 하는 것이 교화인 것이다.

지금까지 도인에 대하여 알아보았는데 도인이 어떤 가치관을 가지고 현대에서 살아가야 하는지를 살펴보았다. 누구나 승속을 떠나 세속의 탐진치만 버리고 진여의 지혜로 살아가면 된다. 임제는 진정견해를 구족하면 된다고 하고 있다. 진정견해를 구족하려면 올바른 가치관을 가져야 한다. 올바른 가치관을 가지기 위하여 지금 알고 있는 육도윤회와 업(業), 부처, 출가, 도인, 진인, 수행 등을 설명하였듯이 바르게 알아야 한다. 만약에 육신이 죽고 나서 극락이나 천당에 다시 지금의 몸으로 태어난다고 하면 죽는 것이 아닐 것이다. 그리고 보이지 않는 영혼이 다시 태어난다고 하면 지금까지 그 영혼이 지금 살아 있는 그 사람일 것이다. 그러므로 윤회라고 하는 것을 번뇌 망념의 생사(生死)라고 하는 것이고 생사가 없다고 하는 것은 번뇌 망념이 없다는 것을 말한다. 즉 이와 같은 가치관을 가지게 하는 것을 교화법이라고 한다. 중생심만 버리면 여래가 되는 것을 신구의 삼업을 청정하게 하면 현신(現身)으로 도인이 된다. 업장이라고 하는 것도 자신이 배우고 익힌 것이 자신을 장해(障害)하는 것이므로 이 업장을 근원적인 참회를 통하여 바른 가치관을 형성하여야 한다.

진정견해나 바른 가치관을 가지고 진여의 지혜로 공덕을 실천하면 불교에서 추구하는 가장 완벽한 인간상을 가진 도인으로 살아가게 될 것이다.

VI. 결론

불교가 탄생한 것은 석가모니가 출가하여 정각을 이루어 아라한이 되면서 부터이다. 이 아라한이 부처가 되어 소승불교의 일불에서 대승불교의 다불이 되고 보살에서 부터 중생의 마음도 부처가 된다는 것을 알아보았다. 그러므로 신구의 삼업이 청정하고 진여의 지혜로 살아가면 도인이 된다. 이와 같은 것을 대승경전과 어록에서 살펴본 것을 정리하면 다음과 같다.

『반야경』에서 여래는 여여와 여시이며 반야지를 체득하여 반야바라밀을 실천하면 된다고 하고 있다. 자신의 만법을 공(空)이라고 자각하여 단상(斷常)의 견해를 초월해야 한다. 즉 여래는 법신이고 반야바라밀을 실천하는 것으로 반야지에 의하여 여래가 탄생하는 것이다. 이 말은 자성이 공(空)이고 일체법이 공(空)이라는 사실을 확신하여 진여의 지혜를 실천하면 여래가 되는 것이다.

『법화경』은 일승으로 나아가게 하는 방편법문이며 여래는 구원겁이전에 성불하였다고 하고 있다. 이것도 본래성불이라는 말과 연관되는 것으로 중생들을 구제하기 위한 방편이지만 자신의 불성이라는 마니보주를 찾아 사용하면 여래가 된다고 하는 것이다. 그리고 열반을 나타낸 것도 방편이므로 법신은 불성이고 여래로서 영원하다는 것이다. 즉 『법화경』은 많은 중생들을 제도하려는 자비심으로 설하고 있다는 것을 알고 나무보다 숲을 보는 바른 견해가 있어야 한다. 여래의 수명이 시공간을 초월한 것은 모두가 여래가 될 수 있다고 하는 것이 된다.

그러므로 모두에게 있는 불성을 여실지견으로 알고 실천하면 여래가 되는 것이므로 일승으로 나아가는 방편으로 비유하여 설한 경이다. 즉 자신의 불성을 찾아 여실한 지견을 구족하기를 바라는 자비심으로 설한 방편의 경전이다. 여래가 되어 열반성에서 더 나아가게 하는 것은 누구나 여래로서 살아가기를 바라는 상구보리의 자비심이고 정견을 구족하게 하려는 서원이다.

『화엄경』은 보살이 법신을 구족하여 여래가 되는 것이고 중생을 제도하는 설법을 하는 것이다. 중생심을 자각하는 보살로서 반야바라밀을 실천하여 반야의 지혜로 삼계에서 벗어나 피안에 도달하게 하는 것이다. 자신의 중생심을 자각하여 반야바라밀을 실천하면 부처가 된다. 그러므로 반야바라밀이 여래이고 부처라고 한다.

선어록에서는 본래인이라고 하였는데 근본적인 사람, 참사람, 도인, 진인 등으로 표현할 수 있다. 『소실육문』에서 달마의 벽관도 자신의 망념을 자각하여 본래인이 되는 방편이다. 잘못된 망념을 제거하고 불성을 찾아 불심으로 전환하여 본래인으로 살아가게 하는 것이다. 그러므로 벽관을 하여 우연히 아니면 몰록 특별한 깨달음을 구한다고 하면 잘못이다. 마음을 편안하게 하는 안심도 자신의 마음을 공(空)이라고 자각하여 편안한 마음을 체득하는 것이다. 이 마음이 본래심이고 이 마음으로 살아가는 사람을 본래인 이라고 한다. 그리고 이 마음을 무심이나 무념이라고 하며 벽관하는 것은 자성이 공(空)이라는 사실을 깨달아 체득하는 방편인 것이다.

『입도안심요방편법문』에서 안심은 불심을 자각하여 본성이 공(空)이라고 체득해야 되는 것이고 이것은 달마의 안심법문을 답습하는 내용이다. 안심은 차별분별하지 않는 불심으로 염불이 중생심이 없는 삼학의 마음이 되므로 부처가 된다.

『육조단경』에서 부처는 자신이 자신을 제도하는 것으로 사견이나 미혹과 우치를 정견이나 깨달음과 지혜로 하는 것이다. 이렇게 하여 진여의 지혜로 공덕행을 실천하면 부처가 된다. 그런데도 부처를 밖에서 구하려하면 부처가 중생이 되고 자신의 본성이 부처를 만든다는 것을 자각하면 중생이 부처가 되고 출세한다고 한다. 즉 이것은 불성을 공(空)이라고 자각하여 반야바라밀을 실천하면 피안에 태어나게 된다.

마조는 평상심이 만법의 근원이고 부처의 어머니이므로 평상심으로 생활하는 자신이 바로 부처가 되는 것이라고 했다. 이것은 일법이 색문이면 법성이 공(空)이고 색은 법성의 색으로 되어 색이 무형상이 되고 공(空)이 되어 색신이 부처이고 일체처가 부처가 된다.

혜해는 돈오하여 일체에 집착이 없는 마음으로 차별분별하지 않고 중도의 실천을 해야 해탈한다고 하고 있다. 돈오하는 것은 지금 생사하는 마음을 버리지 않고 해탈하는 것이다. 그리고 돈오하여도 육신의 형상이 바뀌지 않고 살아 있는 모습 그대로 부처가 된다. 만약에 부처가 되면 32상 80종의 형상으로 모습이 변하여 되는 것이 아니고 마음이 아공과 법공이 되어 해탈하여 본래인으로 살아가는 것이다.

황벽은 일심이 무심이라고 자각하면 불성과 중생성이 같게 되어 무심으로 무주를 실천하게 된다고 했다. 이것은 견성하여 돈오하면 부처가 되므로 "무수무증"이고 "도불용수"의 진여불이 된다. 자신의 본성을 공(空)으로 자각하면 부처가 탄생하는 것이다. 그래서 마음이 부처라고 하며 망념과 정념을 판단할 수 있는 가치관만 있으면 진여의 지혜로 생활하는 부처가 된다. 여기에서도 일천제가 아닌 수행자면 부처가 될 수 있다고 하는 것은 잘못된 고정관념을 가진 선병은 지금 부처와 같이 살아도 치료하기 어렵다고 하는 것이다.

선어록에서 주장하는 조사나 여래, 도인, 진인은 부처와 동등한 것으로 본래인 이며 이것은 진여의 지혜로 살아가는 사람을 말한다. 그러므로 본성을 자각하여 누구나 본래인 으로 살아가게 하는 것을 종교라고 한다. 종교가 중생을 부처로 이끌어 가지 못하고 신앙에 떨어지게 하여 중생으로 살아가게 하면 신앙의 교단이 되고 종교라고 할 수 없다.

마지막으로 임제선은 교학의 쇠퇴와 사상적인 혼란을 극복하기 위하여 종단이 형성되면서부터 시작된 마조와 석두계의 새로운 불교로 교학적인 틀을 벗어난 새로운 조사선이다. 즉 지역에서 선은 발전하고 교는 약화되어 조사들이 실천적인 생활불교로 나아가게 된 것을 말한다. 임제선은 사상적으로 '평상심시도'나 '도불용수'의 사상을 계승한 것이다.

그리고 임제가 돈오한 내용에서 보면 황벽의 법을 계승하지만 황벽을 능가하는 사상을 전개하여 마음이 바로 부처라는 것을 체득한 것이다. 즉 마음이 자신의 자성에서 나온 마음이라는 것을 깨달으면 자성은 불성이고 자성에서 나온 마음이 불심이 되어 부처가 된다.

그리고 부처가 되는 이런 깨달음은 진여의 지혜를 체득하여 치구하지 않는 마음으로 어디에서나 무루 해탈한 것으로 육근과 육진이 청정하여 인혹과 경혹을 받지 않는 임운자재 한 사람을 말한다. 임제가 돈오한 것은 우연히 돈오한 것이 아니고 삼장의 불법을 익힌 후에 언하돈오 한 것을 말한다.

임제가 제접하고 감변한 것으로는 삼구와 삼현삼요, 사조용, 사료간, 사빈주, 사할, 사종무상경 등이 있는데 삼구는 속제의 입장에서 보면 중생이나 부처와 조사도 있지만 진제에서 보면 모두 도인이다. 그러므로 진제에서 보면 자신을 조종하고 있는 사람은 자신인 것으로 삼구는 모두가 자신이 무의도인이다. 삼현에서 체중현은 조불의 스승을 말하고 구중현은 언어문자로 분별하지 않아야 하며 현중현에서 체득해야 한다. 삼요는 불법도로 부처는 청정이고 법은 평등하게 아는 지혜이며 도(道)는 청정한 지혜인데 이것으로 살아가야 한다. 사료간은 아공, 법공, 이공(二空)을 체득하지 못한 수행자와 삼공을 통달한 도인을 제접하는 법을 설명하고 있다. 사조용은 수행자를 할이나 봉(棒)을 사용하여 제도하고 전법할 때에 사용한다. 즉 수행자가 본래인을 만나 도인이라는 사실을 체득하게하고 불법을 전승하는 방법으로 사용한다. 사빈주는 감변하는 것으로 주객을 각자가 파악하고 제접하는 것으로 안목을 구족하여 언하돈오의 기연을 만나는 법을 설하고 있다. 사할에서 할이나 봉은 불법을 계승한 이들이 사용하여야하지만 잘 알지 못하고 사용하면 고함소리가 되고 몽둥이가 되어 협박이나 형벌이 될 수 있다. 아무나 사용하면 할이나 봉이 심병을 치료할 수 없게 된다. 사종무상경은 지수화풍이 무상이라고 알고 대상경계를 만나 진여의 지혜로 살아가면 무념이고 무상이 되는 것이다.

임제선은 '즉심시불'에서 '촉목시도'의 단계를 넘어 살아서 생활하는 사람이 진인이고 도인이며 부처와 여래라는 불법을 확신하게 하는 것이므로 최고라고 한다. 즉 이것은 살아있는 사람으로서 도인이 되는 법을 설한 것으로 세존의 초전법륜과 같은 것이다.

임제의 도인에 대하여 알아보았는데 현대에서 도인이나 진인으로 살아가려면 승속을 떠나 탐진치를 계정혜로 전환하여 진여의 지혜로 살아가면 된다. 임제는 진정견해를 구족하여 올바른 가치관을 가지기 위해 기본적인 언어의 이해가 필요하다. 즉 육도윤회와 업(業), 부처, 출가, 도인, 진인, 수행 등에 대하여 바르게 이해해야 한다. 우연히 행운으로 깨달음을 얻으면 생사를 벗어나 영생한다는 말을 믿는 것과 자신이 신앙에 빠져 자살하면 다시 부활할 것이라는 등의 말은 불가능한 것이다. 그런데도 육신이 죽고 나서 극락이나 천당에 다시 태어난다고 하면 실제로는 사람은 죽는 것이 아니게 된다. 그러므로 잘못된 것이고 영혼으로 다시 태어난다고 하면 영혼은 불사(不死)가 된다. 불교에서 윤회는 살아있는 사람의 번뇌 망념의 생사를 윤회라고 하고 생사가 없는 것은 번뇌 망념이 없는 사람이다. 가치관을 바르게 하여 진정견해를 구족하면 중생으로서 돈오하여 현신으로 도인이 될 수 있다. 진정견해나 바른 가치관으로 진여의 지혜를 체득하여 공덕을 실천하면 완전한 도인으로 살아가게 된다.

참고문헌

* 高麗大藏經(K), 韓國佛教全書(H), 大正新脩大藏經(T),
卍新纂續藏經(X), 大藏經補編(B)

원전류(原典類)

[後秦]佛陀耶舍共竺佛念譯, 『長阿含經』卷1·2, (T01)
[隋]闍那崛多譯, 『佛本行集經』卷31, (T03)
[吳]維祇難等譯, 『法句經』卷2, (T04)
[姚秦]竺佛念譯, 『出曜經』卷25, (T04)
[唐]玄奘奉詔譯, 『大般若波羅蜜多經』卷363·400, (T06)
[姚秦]鳩摩羅什譯, 『金剛般若波羅蜜經』, (T08)
[後漢]支婁迦讖譯, 『道行般若經』卷8·10, (T08)
[秦天]曇摩蜱共竺佛念譯, 『摩訶般若鈔經』卷4, (T08)
[梁]僧伽婆羅譯, 『文殊師利所說般若波羅蜜經』, (T08)
[西晉]無羅叉奉　詔譯, 『放光般若經』卷2·5·12·16, (T08)
[後秦]鳩摩羅什譯, 『小品般若波羅蜜經』卷1·2, (T08)
[陳]月婆首那譯 『勝天王般若波羅蜜經』卷6, (T08)
[東晉]佛馱跋陀羅譯, 『大方廣佛華嚴經』卷8·10·11·19·20·28·38, (T09)
[北涼]失譯, 『金剛三昧經』, (T09)
[後秦]鳩摩羅什奉詔譯, 『妙法蓮華經』卷4·5·6, (T09)
[北涼]曇無讖譯, 『大般涅槃經』卷5·6·9, (T12)
[宋]慧嚴等依泥洹經加之, 『大般涅槃經』卷6, (T12)
[姚秦]鳩摩羅什譯, 『佛說阿彌陀經』, (T12)
[宋]施護奉詔譯, 『佛說大迦葉問大寶積正法經』卷5, (T12)
[梁]僧伽婆羅譯, 『文殊師利問經』卷2, (T14)
[吳]支謙譯, 『佛說維摩詰經』卷1, (T14)
[唐]地婆訶羅譯, 『大乘百福相經』, (T16)
[唐]般剌蜜帝譯, 『大佛頂如來密因修證了義諸菩薩萬行首楞嚴經』卷8, (T19)
[隋]闍那崛多譯, 『金剛場陀羅尼經』, (T21)
[元魏]菩提流支譯, 『金剛般若波羅蜜經論』卷3, (T25)
[宋]子璿錄, 『金剛經纂要刊定記』卷1, (T33)
[唐]窺基撰, 『金剛般若經贊述』卷1, (T33)

[宋]師會述, 『般若心經略疏連珠記』卷2, (T33)

[明]宗泐.如玘奉詔同註, 『般若波羅蜜多心經註解』, (T33)

[梁]法雲撰, 『法華經義記』卷1·2·5·6, (T33)

[唐]湛然述, 『法華玄義釋籤』卷2·9·20, (T33)

[宋]天台智者說　灌頂記, 『仁王護國般若經疏』卷5, (T33)

[新羅]元曉述, 『金剛三昧經論』卷2, (T34)

[隋]天台智者說, 『妙法蓮華經文句』卷5·8·9, (T34)

[唐]窺基撰, 『妙法蓮華經玄贊』卷8, (T34)

[唐]湛然述, 『法華文句記』卷2·9, (T34)

[梁]法雲撰, 『法華義疏』卷6, (T34)

[新羅]元曉撰, 『法華宗要』, (T34)

[唐]澄觀撰, 『大方廣佛華嚴經疏』卷21·42·44·54, (T35)

[唐]法藏述, 『華嚴經探玄記』卷5·14·16, (T35)

[唐]澄觀述, 『大方廣佛華嚴經隨疏演義鈔』卷76, (T36)

[唐]李通玄撰, 『新華嚴經論』卷1, (T36)

[梁]寶亮等集, 『大般涅槃經集解』卷19, (T37)

[隋]慧遠述, 『大般涅槃經義記』1, (T37)

[唐]窺基撰, 『阿彌陀經通贊疏』卷3, (T37)

[宋]智圓述, 『維摩經略疏垂裕記』卷2, (T38)

[新羅]元曉撰, 『起信論疏』卷2, (T44)

[明]智旭述, 『大乘起信論裂網疏』卷6, (T44)

[後秦]僧肇著, 『寶藏論』卷1, (T45)

[後秦]僧肇作, 『肇論』卷1, (T45)

[唐]法藏撰, 『華嚴經問答』卷1, (T45)

[唐]法藏述, 『華嚴一乘教義分齊章』卷4, (T45)

[隋]智顗說, 『摩訶止觀』卷4, (T46)

[元]普度編集, 『廬山蓮宗寶鑑』卷2, (T47)

[宋]蘊聞編, 『大慧普覺禪師語錄』卷24, (T47)

[唐]慧然集, 『鎮州臨濟慧照禪師語錄』卷1, (T47)

[宋]紹隆等編, 『圓悟佛果禪師語錄』卷6, (T47)

[宋]妙源編, 『虛堂和尚語錄』卷3, (T47)

[宋]仁勇編, 『楊岐方會和尚語錄』, (T47)

[宋]才良編, 『法演禪師語錄』卷1, (T47)

[宋]正覺頌古, 『萬松老人評唱天童覺和尚頌古從容庵錄』卷3·5, (T48)

『少室六門』, (T48)

[唐]宗密述, 『禪源諸詮集都序』卷1, (T48)

[唐]法海集記, 燉煌寫本『六祖壇經』, (T48)

[唐]玄覺撰, 『永嘉證道歌』卷1, (T48)

[宋]智昭集, 『人天眼目』卷1, (T48)

[宋]延壽集, 『宗鏡錄』卷1·4·9·14·36·86·97, (T48)

[唐]裴休集, 『黃檗山斷際禪師傳心法要』, (T48)

_____, 『黃檗斷際禪師宛陵錄』, (T48)

[宋]贊寧等撰, 『宋高僧傳』卷10·12·16·18, (T50)

[唐]道宣, 『續高僧傳』卷20·23, (T50)

[唐]懷信述, 『釋門自鏡錄』卷2, (T51)

[宋]道源, 『景德傳燈錄』卷1·5·6·9·12·13·18·28, (T51)

[唐]道宣撰, 『廣弘明集』卷25, (T52)

[唐]道世撰, 『法苑珠林』卷48, (T53)

[梁]僧祐撰, 『出三藏記集』卷7, (T55)

[唐]淨覺, 『楞伽師資記』卷1, (T85)

[宋]冶父著, 『金剛般若經挾註』, (T85)

[隋]靈裕集記, 『華嚴經文義記』卷6, (X03)

[唐]澄觀撰述, 『華嚴經疏鈔玄談』卷8, (X05)

[唐]澄觀述, 『華嚴經行願品疏』卷4, (X05)

[唐]澄觀疏義, 『華嚴綱要(第45卷-第80卷)』卷60, (X09)

[唐]宗密撰, 『圓覺經大疏釋義鈔』卷3·6, (X09)

[唐]宗密於大鈔略出, 『圓覺經略疏鈔』卷4, (X09)

[宋]行霆解, 『圓覺經類解』卷3, (X10)

[明]錢謙益鈔, 『楞嚴經疏解蒙鈔』卷10, (X13)

[清]靈耀全彰述, 『楞嚴經觀心定解』卷5, (X15)

[清]濟時述, 『楞嚴經正見』卷1, (X16)

[清]續法集, 『楞嚴經勢至圓通章疏鈔』卷1, (X16)

[明]曾鳳儀宗通, 『楞伽經宗通』卷1, (X17)

[明]洪蓮編, 『金剛經註解』卷1·2, (X24)

[唐]慧能解義, 『金剛經解義』卷1, (X24)

[宋]善月述, 『金剛經會解』卷2, (X24)

[明]覺連重集, 『銷釋金剛經科儀會要註解』卷3, (X24)

[清]仲之屏彙纂, 『金剛經註正訛』, (X25)

[淸]孫念劬纂, 『金剛經彙纂』卷2, (X25)

[明]益證疏, 『般若心經一貫疏』, (X26)

[淸]續法述, 『般若心經事觀解』, (X26)

[中天竺國]提婆註, 『般若心經註』, (X26)

[唐]湛然述, 『法華經大意』, (X27)

[淸]道霈纂要, 『法華經文句纂要』卷1·6, (X29)

[宋]道威入注, 『法華經入疏』卷2, (X30)

[明]通潤箋, 『法華經大窾』卷5, (X31)

[淸]智祥集, 『法華經授手』卷8, (X32)

[淸]一松講錄·廣和編定, 『法華經演義』卷6, (X33)

[唐]栖復集, 『法華經玄贊要集』卷14·27, (X34)

[淸]續法會編, 『起信論疏記會閱』卷3, (X45)

[淸]性權記, 『四敎儀註彙補輔宏記』卷1, (X57)

[宋]彦琪註, 『證道歌註』, (X63)

[唐]慧海撰, 『頓悟入道要門論』卷1, (X63)

[朝鮮]退隱述, 『禪家龜鑑』, (X63)

[明]虗一撰, 『宗門玄鑑圖』, (X63)

[淸]錢伊庵編緝, 『宗範』卷2, (X65)

[淸]性統編, 『五家宗旨纂要』卷1, (X65)

[宋]宗杲集幷著語, 『正法眼藏』卷2, (X67)

[宋]賾藏主集, 『古尊宿語錄』卷1, (X68)

[宋]黃龍慧南集, 『馬祖道一禪師廣錄』(四家語錄卷一), (X69)

[宋]黃龍慧南集, 『百丈懷海禪師語錄』四家語錄卷二·三, (X69)

[唐]道誠註, 『釋迦如來成道記註』卷1, (X75)

[宋]本覺編集, 『釋氏通鑑』卷1, (X76)

[宋]李遵勗勅編, 『天聖廣燈錄』卷8, (X78)

[宋]惠洪撰, 『禪林僧寶傳』卷12, (X79)

[南宋]普濟集, 『五燈會元』卷9, (X80)

[明]瞿汝稷集, 『指月錄』卷1, (X83)

[明]如巹集, 『禪宗正脉』卷6, (X85)

[唐]未詳, 『曹溪大師別傳』, (X86)

[南唐]靜·筠編著, 『祖堂集』卷3·13·14·16·19·20, (B25)

[南唐]靜·筠編著, 『祖堂集』卷2·3·7·17·18·19, (K45)

[日帝强占期]李能和輯述, 『朝鮮佛敎通史』卷2, (B31)

306

[高麗]天頙著,『禪門綱要集』, (H6)
[朝鮮]退隱述,『禪家龜鑑』, (H7)

단행본(單行本)

鎌田茂雄 著, 鄭舜日 譯(1996),『中國佛敎史』, 서울: 경서원.
柳田聖山 著(1976),『六祖壇經諸本集成』, 京都市: 中文出版社.
_____著, 徐景洙·李沅河 譯(1984),『禪思想』, 서울: 한국불교
                                        연구원.
_____著, 一指 譯(1988),『임제록』, 서울: 고려원.
木村淸孝 著, 章輝玉 譯(1995),『중국불교사상사』, 서울: 민족사.
무비(2005),『임제록 강설』, 서울: 불광출판사.
서옹스님(2012),『임제록 연의』, 서울: 아침단청.
양지(2014a),『관세음보살이 되는 천수경』, 부산: 맑은소리맑은나라.
____(2014b),『윤회를 벗어나는 마하반야바라밀다심경』, 부산: 맑은소리
                    맑은나라.
____(2015),『진여의 지혜로 살아가는 법을 설한 돈황본 육조단경』, 부산:
                    맑은소리맑은나라.
____(2017),『무의도인으로 살게 하는 임제록』, 부산: 맑은소리맑은나라.
王志躍 著, 김진무·최재수 공역(2002),『분등선』, 서울: 운주사.
에드워드 콘즈저, 안성두.주민황 옮김(1988),『인도불교사상사』, 서울:
                                        민족사.
이기영(1999),『임제록 강의』, 서울: 한국불교연구원.
伊吹敦 著, 崔鈆植 譯(2005),『중국 禪의 역사』, 경기: 대숲바람.
_____, 崔鈆植 譯(2005),『새롭게 다시 쓰는 중국 禪의 역사』, 경기:
                    대숲바람.
田中良昭(1983),『敦煌禪宗文獻の 硏究』, 일본 동경: 대동출판사.
정성본(1991),『中國禪宗의 成立史硏究』, 서울: 民族社.
_____(1993),『中國禪宗의 成立史 硏究』, 서울: 민족사.
_____(2000),『선의 역사와 사상』, 서울: 불교시대사.
_____(2003),『임제어록』, 서울: 한국선문화연구원.
_____(2005),『간화선의 이론과 실제』, 서울: 동국대학교 출판부.
_____(2010),『선종의 전등설 연구』, 서울: 민족사.
정유진(2009), 돈황본『육조단경비교연구』, 서울: 경서원.

_____(2012), 『중국선종사』, 서울: 운주사.

종호(1996), 『臨濟禪 硏究』, 서울: 경서원.

平川彰·梶山雄一·高崎直道 編著, 정승석 역(2005), 『대승불교개설』, 경기: 김영사.

후지타코타즈외 저, 권오민 옮김(1992), 『초기.부파불교의 역사』, 서울: 민족사.

논문류(論文類)

강길주(2009), 「임제 의현의 생애와 선사상 연구」, 동국대, 석사논문.

김동율(2021), 「臨濟義玄의 선사상 연구」, 동국대, 석사논문.

김명호(2016), 「임제종의 선풍 고찰-삼현삼요.사빈주. 사료간을 중심으로」, 『불교학보』74, 불교문화연구원.

김용관(1997), 『臨濟義玄의 ´人´사상 연구』, 서강대, 박사논문.

김용환(2006), 「무심선과 임제선의 맥락보편화용 연구」, 「종교교육학연구」 23, 한국종교교육학회.

김우식(2020), 「조사선에서 깨침의 본질에 관한 연구」, 동국대, 석사논문.

김호귀(2012a), 「불성사상의 수용과 조사선의 형성」, 『불교학연구』32, 불교학연구회.

_____(2012b), 「『선문오종강요사기』에 나타난 백파의 임제삼구 에 대한 해석 고찰」, 정토학연구18, 한국정토학회.

박문기(1994), 「임제의현의 선사상 연구」, 동국대, 박사논문.

박민규(2016), 「당송선종어록『임제록』선시게송십수번역과 선미감상」, 『중국어문논총』73, 중국어문연구회.

박종균(1993), 「임제선사의 교육사상 연구」, 동국대, 석사논문.

서윤길(1994), 「고려 임제선법의 수용과 전개」, 『보조사상』8, 보조사상 연구원.

서인성(2004), 『임제의 선사상 연구』, 동국대, 석사논문.

신규탁(2001), 「『임제록』 부처를 죽이고 달마를 죽이고」, 『철학과 현실』 50. 철학문화연구소.

심재룡(1994), 「보조선과 임제선」, 『보조사상』8, 보조사상연구원.

오경후(2015), 「여말선초 임제선의 법통형성과 조선후기 논쟁」, 『신라문화』45, 신라문화연구소.

오용석(2013), 「임제종 양기파 선자들의 공안인식~법연, 원오, 대혜를 중심으로」, 『한국불교학』65, 한국불교학회.

이언의(2016a), 「『임제록』에 나타난 임제의현의 선사상 연구」, 충남대, 박사논문.

_____(2016b), 「임제의 약동하는 주체적 불성사상」, 『유학연구』34, 유학 연구소.

_____(2017), 「백장과 임제의 선사상에 대한 小考」, 『동서철학연구』85, 한국동서철학회.

이종수(2010), 「조선후기 불교의 수행체계 연구」, 동국대, 박사논문.

이창안(2016), 「청허 휴정의 선사상과 임제종의 관계」, 『유학연구』36, 유학연구소.

이현배(2021), 「임제종과 조동종의 제접법 비교연구」, 『정토학연구』35, 한국정토학회.

이혜옥(2009), 「임제의 선사상과 수행」, 『한국선학』23, 한국선학회.

임성순(2006), 「임제의 진인사상 연구」, 동국대, 석사논문.

장영숙(2020), 「臨濟 義玄의 선사상 연구」, 동국대, 석사논문.

정영식(2009), 「천복승고, 각범혜홍 그리고 보조지눌의 삼현문해석」, 한국불교학54, 한국불교학회.

_____(2010), 「삼현삼요의 개념에 대한 고찰~『선문강요집』연구를 위한 기초로서」, 『한국선학』25, 한국선학회.

정은해(2012), 「임제선법과 지눌선법의 현상학적—시간론적 해명」, 『현상학과 현대철학』53, 한국현상학회.

조명제(2014), 「수선사의 『선문념송집』 편찬과 임제종 황룡파의 어록」, 『불교학보』68, 불교문화연구원.

최종선(2021), 「『임제종지』에 나타난 삼구·삼현·삼요 해석에 관한 고찰」, 『한국교수불자연합학회지』27(3), 사단법인 한국교수불자 연합회.

하미경(2011a), 「『선문강요집』에 나타난 임제삼구 고찰」, 『보조사상』30, 보조사상연구원.

_____(2011b), 「선어록을 통한 임제삼구의 전개와 그 특징」, 『한국선학』 29, 한국선학회.

인터넷 검색

[다움] 『백과사전』, 민주주의:

(https://100.daum.net/encyclopedia/view/14XXE0020297)[21. 11. 30검색]

　[네이버지식백과], 종교:

(https://terms.naver.com/entry.naver?docId=2076810&cid=41810&categoryId=4
　　　1812) [21.11.16검색]

[네이버 지식백과] 『표준국어대사전』, 종교:

(https://ko.dict.naver.com/#/entry/koko/6afe4463b38c456d9d9119628ac6
　　　c7da) [21. 11. 16검색]

[네이버 나무위키], 성왕:

(https://namu.wiki/w/%EC%84%B1%EC%99%95) [21. 12. 1검색]

[네이버 지식백과] 『한국민족문화대백과』, 육신통:

(https://terms.naver.com/entry.naver?docId=4339968&cid=46648&categoryId=4
　　　6648) [21. 12. 20검색]

색인목록 (가나다 순)

무의도인으로 살아가는 법 연구
無 依 道 人   法   研 究

초판발행 | 2024年 3月 5日

著　者 | 임성순

發行處 | 남청

경남 김해시 김해대로1017번길 54

ISBN 979-11-965143-5-8 (93220)

농협 351-1037-4373-13 (남청)

전화 010-3856-9852

값 30,000원